Einführung in das Behindertenrecht

D1670860

Springer
Berlin
Heidelberg
New York
Hongkong
London
Mailand
Paris
Tokio

Rainer Wagner
Daniel Kaiser

Einführung
in das Behindertenrecht

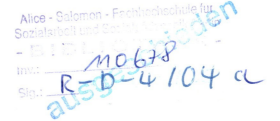
 Springer

Rainer Wagner
Oberrechtsrat im Kirchendienst
Bischöfliches Ordinariat Mainz
Bischofplatz 2
55116 Mainz
rainer.wagner@bistum-mainz.de

Daniel Kaiser
Rechtsanwalt
Gaisbergstraße 70/72
69115 Heidelberg
danieljohkaiser@aol.com

ISBN 3-540-20367-2 Springer-Verlag Berlin Heidelberg New York

Bibliografische Information Der Deutschen Bibliothek
Die Deutsche Bibliothek verzeichnet diese Publikation in der Deutschen Nationalbibliografie; detaillierte bibliografische Daten sind im Internet über <http://dnb.ddb.de> abrufbar.

Springer-Verlag ist ein Unternehmen von Springer Science+Business Media

springer.de

© Springer-Verlag Berlin Heidelberg 2004
Printed in Germany

SPIN 10968338   64/3130/DK-5 4 3 2 1 0 – Gedruckt auf säurefreiem Papier

Vorwort

Die vorliegende Einführung in das Behindertenrecht hat es sich zum Ziel gesetzt, dem Leser eine weitgehend komplette und dabei gleichzeitig sehr gestraffte Übersicht über das auf die unterschiedlichsten Rechtsgebiete verteilte Recht der Behinderten zu geben. Als Zielgruppe spricht das Buch all diejenigen an, die in der Praxis mit Fragen des Behindertenrechts befasst sind, sei es aufgrund der Tätigkeit in einer Behörde oder sozialen Einrichtung, sei es als Berater oder Beraterin in Fragen des Behindertenrechts, sei es als Betroffene oder Betroffener.

Das Ziel prägt die Darstellung. Im Vordergrund steht für die Autoren der Wunsch, mit der Einführung ein Arbeitsbuch und damit gleichsam ein Vademekum für den täglichen Gebrauch anzubieten. Die juristische Diskussion in ihrer Filigranität hat demgegenüber in den Hintergrund zu treten, um das Handbuch nicht mit Diskussionen zu befrachten, die zwar für sich genommen von hohem wissenschaftlichen Interesse sind, aber bei der Suche nach einer konkreten Antwort auf eine konkrete Frage wenig weiterhelfen.

Nach einer kurzen Begriffsbestimmung sowie einer sehr gestrafften Darstellung der Entwicklung des Schwerbehindertenrechts widmet sich ein großer Absatz zunächst dem Schwerbehindertenrecht, das im Jahre 2001 eine gesetzliche Neufassung erfahren hat. Die Darstellung berücksichtigt die neuesten Entwicklungen der gerichtlichen Praxis, soweit sich hier überhaupt schon Tendenzen nachzeichnen lassen.

Sodann werden die Spezifikationen im Zivilrecht dargestellt. Selbstverständlich ist, dass die Darstellung bereits die Schuldrechtsreform und ihre Ergebnisse berücksichtigt. Auch das neue Haftungsrecht zum 01.08.2002 ist bereits eingearbeitet. Das Handbuch geht auch auf die Diskussion um das zivilrechtliche Antidiskriminierungsgesetz ein, das sich gegenwärtig noch in der gesetzgeberischen Arbeit befindet.

Ein breiter Abschnitt ist dem neuen Behindertengleichstellungsgesetz des Bundes gewidmet, das in den Landesgesetzen seine Umsetzung erfahren hat. Hier wie auch an anderer Stelle bezieht sich das Handbuch, soweit dies das Landesrecht betrifft, beispielhaft auf die Situation in Rheinland-Pfalz. Ausführlich behandelt werden auch Fragen das Baurechts, des Nachbarrechts, des Schulrechts, des Straßenverkehrsrechts, des Strafrechts sowie des Unterbringungsrechts, soweit hier die Stellung der Behinderten betroffen ist. Ein Überblick über das Recht der Sozialhilfe einschließlich des Rentenrechts rundet die Darstellung ab.

Mainz und Heidelberg im September 2003

Die Verfasser

Inhaltsverzeichnis

Abkürzungsverzeichnis

ABl.	Amtsblatt
Abb.	Abbildung
ABIS	Aktionsprogramm berufliche Integration Schwerbehinderter
ADA	Americans with Disabilities Act
aG	aussergewöhnlich gehbehindert
AGB(G)	Allgemeine Geschäftsbedingungen (Gesetz zur Regelung des Rechts der Allgemeinen Geschäftsbedingungen)
AnwBl.	Anwaltsblatt
AO	Abgabenordnung
apf	Ausbildung, Prüfung, Fortbildung (Zeitschrift)
Arbeitgeber	Der Arbeitgeber (Zeitschrift)
ArbGer	Arbeitsgericht
ArbZG	Arbeitszeitgesetz
Art(t).	Artikel (sg./pl.)
ASbH-Brief	Zeitschrift der Arbeitsgemeinschaft Spina bifida und/oder Hydrocephalus e.V.
ATG	Altersteilzeitgesetz
BAG	Bundesarbeitsgericht
BAR	Bundesarbeitsgemeinschaft Rehabilitation
bayBGGuÄndG	Bayerisches Gesetz zur Gleichstellung, Integration und Teilhabe von Menschen mit Behinderung und zur Änderung anderer Gesetze vom 19.07.2002
BayObLG	Bayerisches Oberstes Landesgericht
BayVBl.	Bayerische Verwaltungsblätter
BayVGH	Bayerischer Verwaltungsgerichtshof (München)
BB	Betrieb-Berater (Zeitschrift) Jahr, Seite
Bd	Band
BetrVG	Betriebsverfassungsgesetz
BeurkG	Beurkundungsgesetz
BfA	Bundesversicherungsanstalt für Angestellte
BGB	Bürgerliches Gesetzbuch
BGBl. I	Bundesgesetzblatt, Teil I, Jahr, Seite
BGG	Behindertengleichstellungsgesetz
BGG-RegE	Behindertengleichstellungsgesetz-

	Regierungsentwurf
BHO	Bundeshaushaltsordnung
BImSchG	Bundesimmissionsschutzgesetz
BITV	Barrierefreie-Informationstechnik-Verordnung
BMin	Bundesministerium
BMJ	Bundesministerium der Justiz
BO	Bischöfliches Ordinariat
BR	Behindertenrecht (Fachzeitschrift)
BSG	Bundessozialgericht
BSHG	Bundessozialhilfegesetz
Bt-Drs.	Bundestagsdrucksache
BtG	Betreuungsgesetz
BtPrax	Betreuungsrechtliche Praxis, Zeitschrift für soziale Arbeit, gutachterliche Tätigkeit und Rechtsanwendung in der Betreuung
BVerfGE	Entscheidungen des Bundesverfassungsgerichts, Band, Seite
BVerwGE	Entscheidungen des Bundesverwaltungsgerichts, Band, Seite
Deutsches Bundesrecht	Nomos-Sammlung Deutsches Bundesrecht
DB	Der Betrieb (Zeitschrift), Jahr, Seite
DSchPflG	Denkmalschutz- und pflegegesetz
dtv	Deutscher Taschenbuchverlag
DVBl.	Deutsche Verwaltungsblätter (Zeitschrift), Jahr, Seite
DWW	Deutsche Wohnungswirtschaft (Zeitschrift), Jahr, Seite
E	Entscheidungen
EG	Europäische Gemeinschaft
EJMB	Europäisches Jahr der Menschen mit Behinderung
EStG	Einkommensteuergesetz
EU	Europäische Union
FamRZ	Zeitschrift für das gesamte Familienrecht
FeV	Fahrerlaubnisverordnung
FEVS	Fürsorgerechtliche Entscheidungen der Verwaltungs- und Sozialgerichte (Entscheidungssammlung)
FGG	Gesetz über die Angelegenheiten der freiwilligen Gerichtsbarkeit
FoR	Forum Recht (Zeitschrift)
Forum	Forum – das Online-Magazin für Behinderte (Internetzeitschrift)
FS	Festschrift
GaststG	Gaststättengesetz

GBl.	Gesetzblatt
GdB	Grad der Behinderung
gem.	gemäß
GG	Grundgesetz
Gl	gehörlos
GSchO	Gesamtschulordnung
GVBl.	Gesetz- und Verordnungsblatt, Jahr, Seite
GVG	Gerichtsverfassungsgesetz
H	hilflos
HAG	Heimarbeitsgesetz
HeimG	Heimgesetz
Hg.	Herausgeber
hM	herrschende Meinung
HRG	Hochschulrahmengesetz
HS	Halbsatz
ICF	International Classification of Functioning, Disability and Health
InfVO	Informationspflichtenverordnung für Reiseveranstalter
ISBN	International Standard Book Number
JGG	Jugendgerichtsgesetz
JZ	Juristen-Zeitung
KG	Kammergericht Berlin
KHV	Kommunikationshilfeverordnung
KSchG	Kündigungsschutzgesetz
KuR	Kirche und Recht (Loseblattsammlung)
LBauO	Landesbauordnung Rheinland-Pfalz
LBB	Landesbehindertenbeirat (Sachsen)
LBlindenGG	Landesblindengeldgesetz
LGGBehM	Landesgesetzes zur Gleichstellung behinderter Menschen vom 04.12.2002
LStrG	Landesstraßengesetz
LWahlG	Landeswahlgesetz
LWahlO	Landeswahlordnung
MAV	Mitarbeitervertretung
MdE	Minderung der Erwerbsfähigkeit
MVG	Mitarbeitervertretungsgesetz
mwN	mit weiteren Nachweisen
NDV	Nachrichtendienst des Deutschen Vereins für öffentliche und private Fürsorge (Zeitschrift)
n.F.	neue Fassung
NJW	Neue Juristische Wochenschrift
NJW-RR	NJW-Rechtsprechungsreport Zivilrecht
neue caritas	Neue Caritas (Zeitschrift) Jahr, Nr., Seite
NVwZ	Neue Zeitschrift für Verwaltungsrecht
NZA	Neue Zeitschrift für Arbeitsrecht

NZM	Neue Zeitschrift für Miet- und Wohnungsrecht
OECD	Organisation for economic co-operation and development
ÖPNV	öffentlicher Personennahverkehr
OVG	Oberverwaltungsgericht
PISA	Program for International Student Assessment
PStG	Personenstandsgesetz
RF	Befreiung von der Rundfunkgebührenpflicht (Merkzeichen)
RGSt	Reichsgericht-Rechtsprechung in Strafsachen (Band u. Seite)
RiA	Recht im Amt (Zeitschrift)
Rn	Randnummer (Randzeichen)
RdJB	Recht der Jugend und des Bildungswesens (Zeitschrift)
RGBl.	Reichsgesetzblatt
RiA	Recht im Amt, Zeitschrift für den öffentlichen Dienst
RLP	Rheinland-Pfalz
RRa	Reiserecht aktuell (Zeitschrift)
S.	Satz/Seite
SchlHA	Schleswig-Holsteinische Anzeigen
SchulG	Schulgesetz
SchwbBAG	Gesetz zur Bekämpfung der Arbeitslosigkeit Schwerbehinderter
SchwbAVo	Schwerbehinderten-Ausgleichsabgabenverordnung
SchbAwV	Schwerbehindertenausweisverordnung
SchVWO	Wahlordnung Schwerbehindertengesetz
SGB (IX)	Sozialgesetzbuch (z.B. 9. Buch)
SPE	Sammlung Schul- und prüfungsrechtlicher Entscheidungen
SSchO	Sonderschulordnung
StGB	Strafgesetzbuch
StVO	Straßenverkehrsordnung
StVollzG	Strafvollzugsgesetz
TzBfG	Teilzeit- und Befristungsgesetz
UKlaG	Unterlassungsklagengesetz
UrhG	Urheberrechtsgesetz
UWG	Gesetz gegen den unlauteren Wettbewerb
VB	behindert mit Versorgungsanspruch
VBD	Verordnung über barrierefreie Dokumente in der Bundesverwaltung
VdK	Verband der Kriegsbeschädigten und Wehrdienstopfer, Behinderten und Rentner
VersR	Versicherungsrecht (Zeitschrift)

VG	Verwaltungsgericht
VGH	Verwaltungsgerichtshof
VwGO	Verwaltungsgerichtsordnung
VwV	Verwaltungsvorschrift
WEG	Wohnungseigentumsgesetz
WHO	Weltgesundheitsorganisation
WRV	Weimarer Reichsverfassung
ZB	Behinderte Menschen im Beruf (Zeitschrift), (Jahr, Nr., Seite)
ZEV	Zeitschrift für Erbrecht und Vermögensnachfolge
ZfS	Zeitschrift für Sozialhilfe (Jahr, Seite)
ZFSH/SGB	Zeitschrift für Sozialhilfe und Sozialgesetzbuch
ZMV	Zeitschrift für Mitarbeitervertretungen (Jahr, Seite)
ZRP	Zeitschrift für Rechtspolitik
ZsL	Zentrum selbstbestimmtes Leben
ZVS	Zentralstelle für die Vergabe von Studienplätzen

§ 1 Was ist Behinderung?

1. Definition des SGB IX

Nach § 2 Abs. 1 SGB IX sind Menschen behindert, wenn zwei Elemente zusammentreffen: Ihre körperliche Funktion, geistige Fähigkeit oder seelische Gesundheit muss mit hoher Wahrscheinlichkeit *länger als 6 Monate* von dem für das Lebensalter *typischen Zustand* abweichen. Infolge dieser Abweichung muss bei dem Betroffenen die Teilhabe am Leben in der Gesellschaft beeinträchtigt sein. Menschen sind von Behinderung bedroht, wenn die Beeinträchtigung zu erwarten ist.

Zunächst ist hinzuweisen auf die vielfältigen *unterschiedlichen* und auch *gemischten Arten* von Behinderung: Das Gesetz unterscheidet körperliche, geistige und seelische Behinderungen.

Eine solche Unterscheidung war schon in der römischen Antike bekannt, wie das Ideal *„mens sana in corpore sano"*, ein gesunder Geist in einem gesunden Körper, belegt. Heinrich Reichert[1] spricht in diesem Zusammenhang von einem „viel missbrauchten Wort", das zu berichtigen sei: „Der Dichter Juvenalis (Juv. sat. 10, 356) geißelt die Torheit menschlicher Gebete an die Götter. Man solle es ihnen überlassen, was zu geben ihnen beliebe. *Eines nur flehe der Mensch: gesund am Körper zu sein und einen gesunden Menschenverstand zu erhalten.* Orandum est, ut sit mens sana in corpore sano. Eine kausale Wechselwirkung, die bedeutet, dass ein guter Verstand nur in einem gesunden Körper möglich sei, enthält des Dichters Satz ebenso wenig wie die irrige Ansicht, man brauche nur für das Wohlbefinden des Körpers zu sorgen, dann stelle ein gesunder Geist sich von selber ein."

- *Körperliche* Behinderung unterteilt sich in motorische und organische Behinderung.
- Motorische Behinderung bedeutet die Einschränkung der Funktion des Bewegungsapparates.
- Organische Behinderung bedeutet die Einschränkung oder den Ausfall der Funktion eines Körperorgans, z. B. Blindheit, Schwerhörigkeit.

- *Geistige* Behinderung

---

[1] *Heinrich G. Reichert:* Urban und Human, Gedanken über lateinische Sprichwörter, 3. Aufl. 1957; ebenso Stadler in: Zeitschrift für Heilpädagogik 2001, 99f.

Diese liegt vor, wenn bei körperlicher Unversehrtheit eine Fehlfunktion des Geistes vorliegt, z.B. epileptische Anfälle. Die Intensität geistiger Behinderung kann sehr unterschiedlich sein: Es wird unterschieden zwischen

- „hochgradigem Schwachsinn" (Idiotie),
- „mittelgradigem Schwachsinn" (Imbezillität) und
- „leichtem Schwachsinn" (Debilität).

Gesetzliche Regelungen umfassen teilweise nur schwerere, teilweise aber auch die leichteren Ausprägungen. Unter Umständen kann eine geistige Behinderung bereits bei Intelligenzrückständen angenommen werden, auf die der Begriff der Debilität noch nicht anzuwenden ist, wie z.B. bei andauerndem unzulänglichem Lernverhalten schulpflichtiger Kinder.[2]

- *Seelische* Behinderung ist eng verwandt mit psychischer Behinderung. Die „seelische Gesundheit" ist ausdrücklich in § 2 Abs. 1 SGB IX erwähnt.

Seelisch behindert sind Menschen, die an Traumen, Wahnvorstellungen leiden, die zwar kaum körperlich festgestellt werden können, aber doch als Behinderung anerkannt werden. Bei seelisch behinderten Menschen ist infolge seelischer Störungen die Fähigkeit zur Eingliederung in die Gesellschaft in erheblichem Umfang beeinträchtigt ist. Gemeint sind:[3]

- körperlich nicht begründbare Psychosen
- seelische Störungen als Folge von Krankheiten oder Verletzungen des Gehirns oder von Anfallsleiden
- Suchtkrankheiten
- Neurosen
- Persönlichkeitsstörungen

Ebenso fallen darunter:

- Legasthenie als Teilfunktionsstörung des Nervensystems
- Autismus (krankhafte Ich-Bezogenheit mit affektiver Teilnahmslosigkeit verbunden mit dem Verlust des Umweltkontaktes)
- Mager- und Fettsucht.

An dieser Einteilung sieht man, wie breit gestreut Behinderungen auftreten können. Abgesehen davon können Behinderungen

- *angeboren*, d.h. schon bei der Geburt erkennbar,
- *krankheitsbedingt*, d.h. erst im Laufe des Lebens auftretend (wobei wiederum Krankheit und natürlicher Alterungsprozess zu trennen sind) oder
- durch einen *Unfall* hervorgerufen sein (z. B. Querschnittslähmung aufgrund eines Unfalls).

---

[2] *Quambusch* Rn 2.
[3] *Metzler/Wacker* Beitrag Behinderung in: Handbuch Sozialarbeit, Sozialpädagogik.

2.   Neuer Begriff der Behinderung

Mit der Legaldefinition des § 2 Abs. 1 SGB IX hat der Gesetzgeber die im Rahmen der *Weltgesundheitsorganisation (WHO)* stattfindende Diskussion um eine Weiterentwicklung der internationalen Klassifikation (ICIDH – 1) zur „Internationalen Klassifikation der Funktionsfähigkeit und Behinderung" (ICIDH – 2) aufgegriffen, die *nicht* mehr die Orientierung an wirklichen oder vermeintlichen *Defiziten, sondern* das *Ziel der Teilhabe* an verschiedenen Lebensbereichen *(Partizipation)* in den Vordergrund gestellt hat:[4]

Auf der Grundlage von Überlegungen des englischen Arztes *P. Wood* führte die WHO 1980 ein dreistufiges Konzept für den Umgang mit dem Begriff Behinderung ein, das laufend weiterentwickelt wird.

Mit dieser WHO-Sprachregelung orientierte sich die internationale Klassifikation seinerzeit auf Begriffe wie Impairment (Schädigung), Disability (Fähigkeitsstörung) und Handicap (Beeinträchtigung), die alle drei negativ belegt sind. Die Anfangsbuchstaben dieser drei englischen Begriffe bilden zusammen mit dem vorangestellten IC von International Classification die üblicherweise verwendete Bezeichnung für die WHO-Definition ICIDH.

ICIDH-, wurde deutsch in seiner Beta-2-Version vom Juni 1999 schon „*Internationale Klassifikation der Funktionsfähigkeit und Behinderung"* genannt. Diese *Funktionsfähigkeit* nun stellt sich in der ICIDH-2-Fassung in drei Dimensionen dar, die sich überlappen können und wertneutral benannt sind:

• Körperfunktionen und -strukturen
• Aktivitäten
• Teilhabe an den Lebensbereichen.

Mit Hilfe dieser Begriffe und Leitlinien wird geprüft, ob und in welchem Masse eine Person beeinträchtigt ist. Dabei muss das gegebene Instrument möglichst objektiv angewendet werden.

Eine Annäherung der bislang noch recht unterschiedlichen Definitionen von Behinderung und Rehabilitation in der Gesetzgebung der einzelnen Staaten sollte in der ICIDH-2 eine hoffnungsvolle Basis bekommen. Unterschiedliche Auffassungen stehen nämlich jeglicher Vergleichbarkeit als Voraussetzung für die Verallgemeinerungsfähigkeit wissenschaftlicher Untersuchungen zum Behindertenbegriff entgegen. Wenn beispielsweise Behindertenzahlen bei weltweit durchgeführten Untersuchungen zwischen den einzelnen Ländern stark differieren, kann der Grund dafür in der unterschiedlichen Beantwortung der Frage bestehen, wer als behindert angesehen wird, bestehen. Auch der von vielen behinderten Menschen seit langem gewünschte grenzüberschreitend anerkannte Behindertenausweis und die Harmonisierung der mit diesem Dokument zu erlangenden Vergünstigungen scheitern selbst in der EU an unterschiedlichen Meinungen über den Behindertenbegriff.

---

[4] BT-Drucks. 14/5074, S. 98 zu § 2.

Im Mai 2001 wurde auf Beschluss der Vollversammlung der Weltgesundheitsorganisation die jahrelange Revisionstätigkeit am ICIDH-Dokument beendet. Es trägt nunmehr die Bezeichnung *„International Classification of Functioning, Disability and Health"* (ICF).[5] Eine offizielle Übersetzung ins Deutsche liegt zur Zeit noch nicht vor.[6]

Behördliche Feststellungen zur Schwerbehinderteneigenschaft, die auf dem Boden des alten Schwerbehindertengesetzes getroffen wurden, gelten auch über den 30.06.2001 hinaus.[7]

3. Alternativer Definitionsvorschlag

Die neue Definition wird teilweise als nicht konsequent und weitgehend genug angesehen: Auch der neue Behinderungsbegriff bleibe einem medizinisch-somatischen Begriffsverständnis verhaftet. Zu einer konsequenten Orientierung an gesellschaftlichen und sozialen Bedingungen des Lebens behinderter Menschen wird vorgeschlagen, *als Behinderung jede Verhaltensweise, Maßnahme oder Struktur anzusehen, die Menschen aufgrund nicht nur vorübergehender körperlicher, geistiger oder seelischer Beeinträchtigungen Lebens-, Entfaltungs- und Teilhabemöglichkeiten nimmt, beschränkt oder erschwert.*[8]

4. Behindertenrecht

Das Behindertenrecht stellt keine einheitliche Rechtsmaterie dar. Man bezeichnet mit diesem Begriff eine Vielzahl von Gesetzen und untergesetzlichen Normen, die auf den Sachverhalt „Behinderung" Bezug nehmen und daraus Rechtsfolgen ableiten.[9]

---

[5] Informationen dazu unter: www.dimdi.de/de/klassi/ICF/index.html.
[6] nach: www.behindertenbeauftragter.de „B wie Behinderung".
[7] *Braun* in: RiA 2001, 217, 222.
[8] dafür: *Schorn* in: Soziale Sicherheit 2002, Heft 4, S. 127, 128 mit Bezug auf diesen Definitionsvorschlag in: BT-Drucks. 14/8382.
[9] *Thust/Trenk-Hinterberger* S. 21.

§ 2 Die Geschichte des Behindertenschutzes

1. Altertum

Im Altertum wurden oftmals behinderte Personen bereits im Kindesalter ausgesetzt oder getötet. Für geistig und körperlich gebrechliche Kinder schien kein Raum zu sein: Weder beim Vater noch bei der Sippe noch beim Staat. Wer nicht vollwertig schien, galt als minderwertig und in einer von Krieg und Nahrungssorgen geprägten Gesellschaft als Hindernis.[1]

Plato trat in seinem Werk „politeia" für die Beseitigung von „Minderwertigen" ein. Dieser Gedanke wurde durch die Gesetzgebung Lykurgs in Sparta, Solons und später Aristoteles´ in Athen in die Tat umgesetzt:

In Sparta stand dem Ältesten der Phyle, dem Phylarch, die Entscheidung über Leben und Tod des Neugeborenen zu; er untersuchte es auf seine Tauglichkeit. Behinderte Kinder wurden ausgesetzt; Gleiches tat man auch in Athen.[2]

Das *römische Zwölftafelgesetz* (ca. 451 – 449 v. Chr.) überließ dem Vater die alleinige Macht: Kinder, die nicht gefielen, wurden in ein Weidenkörbchen gelegt und in den Tiber geworfen. Nach *Tacitus* war auch bei den Germanen die Aussetzung gebrechlicher Kinder gestattet.

Die potestas des pater familias über Kinder und Unfreie war dergestalt ausgeprägt, dass der Vater, solange er lebte, das Sagen über alle Abkömmlinge hatte: Kinder, Enkel, Urenkel usw. Das Hausvermögen gehörte rechtlich allein ihm. Kinder und Enkel waren vermögenslos, bis der Familienvater starb. Die Hausgewalt war ursprünglich unumschränkt und schloss die Gewalt über Leben und Tod der Unterworfenen ein (ius vitae necisque), wenngleich anzunehmen ist, dass die Ausübung dieses Rechts von Anbeginn an feste Verfahrensregeln gebunden war.

Die Weite der väterlichen Gewalt führte gerade bei behinderten Kindern oft zu deren Tötung. Auf der anderen Seite gab es schon im alten Athen eine Art Staatsversorgung für Gebrechliche:[3] Auf Antrag des vermögenslosen Bürgers entschied der Rat der 500, eine tägliche Unterstützung zu gewähren, die gerade zur Deckung des notwendigen Lebensbedarfs ausgereicht haben dürfte. Es handelte sich also um eine Art Invalidenrente.[4]

Der römischen Kultur war eine durch Kultus und Religion geprägte Wohltätigkeit fremd: So wurden Aufwendungen für die Armen nicht aus ethisch-sozialen

---

[1] *Strehl* in: ZfS 1970, 209, 213.
[2] *Strehl* in: ZfS 1970, 209, 213.
[3] *Strehl* in: ZfS 1970, 209ff., 241.
[4] *Strehl* in: ZfS 1970, 209ff., 241.

Gründen getätigt, sondern diese sollten das Ansehen des Gebers fördern und seine Eitelkeit befriedigen.[5]

Blinde fristeten ein Dasein voller Not und Elend: Sie durchzogen die Städte und suchten Mitleid zu erregen. Oft standen sie im Dienst von Spekulanten, für die sie betteln mussten; brachten sie nicht genug Bettelbeute herein, so wurden sie gegeißelt.[6]

Allerdings soll es im *Ägypten* der Pharaonenzeit auch positive Verhaltensweisen gegenüber „Krüppeln" gegeben haben, denen man mit Achtung und Zuwendung begegnete.[7]

Das *Christentum* brachte eine völlig neue Auffassung vom Wert des Menschen, auch des behinderten Menschen, mit sich. So antwortet Jesus Christus auf die Frage Johannes des Täufers, ob er der Messias sei: (Matthäus 11, 5) „Blinde sehen wieder, und Lahme gehen; Aussätzige werden rein, und Taube hören; Tote stehen auf, und den Armen wird das Evangelium verkündet."

Das Gebot Jesu Christi zur *Nächstenliebe* schuf die Grundlage für die christliche Caritas und Diakonie; in der Frühzeit war die Fürsorge für Arme und Behinderte nach dem jüdischen Gesetz des Almosengebens gestaltet.[8]

2.   Mittelalter

Das teilweise auf heidnischen Vorstellungen beruhende mittelalterliche Recht bevorzugte meistens den körperlich Stärkeren als den von Gott gewollten Besseren oder Tüchtigeren: So musste nach dem Sachsenspiegel[9] (entstanden zwischen 1215 und 1235) ein neugeborenes Kind seine Lebensfähigkeit dadurch unter Beweis stellen, dass sein Schreien im ganzen Hause zu vernehmen war.

Frauen, denen nachgesagt wurde, an körperlichen oder geistigen Beeinträchtigungen zu leiden, konnten das Gegenteil dadurch unter Beweis stellen, dass sie allein zur Kirche gingen. (1.4ff.) Der Wehrhaftigkeit und körperlichen Leistungsfähigkeit kam in einer von der Gültigkeit von Gottesurteilen geprägten Gesellschaft große Bedeutung zu. Der Gottesbeweis war ein irrationales Beweismittel in der magisch-religiösen Vorstellung, Gott offenbare die sonst nicht zu ermittelnde

---

[5] *Strehl* in: ZfS 1970, 209ff., 241.

[6] *Strehl* in: ZfS 1970, 209ff., 241.

[7] *Stadler* in: Zeitschrift für Heilpädagogik 2001, 99.

[8] *Stadler* in: Zeitschrift für Heilpädagogik 2001, 99.

[9] Hierbei handelt es sich um das wichtigste deutsche Rechtsbuch. Der Autor *Eike von Repgow* (=Reppichau, Sachsen-Anhalt) war Dienstmann des Grafen Heinrich von Anhalt. Er war Rechtspraktiker, kein gelehrter Jurist. Beim Sachsenspiegel handelt es sich um eine private Rechtssammlung, der seinerzeit ein grosser Erfolg beschieden war, obwohl die Sammlung nach heutigen Vorstellungen einer logischen Struktur entbehrt und eine Mischung historischer Ausführungen mit Privat-, Staats und Kirchenrecht enthält. Der Sachsenspiegel war bis zum Inkrafttreten des BGB im Jahre 1900 in Mittel- und Norddeutschland eine wichtige, wenn auch subsidiäre Rechtsquelle. so: *Petzke* in: apf 2002, 118.

Wahrheit. Im Sachsenspiegel gebräuchlich waren Zweikampf, Wasserurteil, Feuerprobe, Kesselfang und Kampf gegen Lohnkämpfer.[10]

Als starkes Indiz für das Vorliegen der körperlichen Leistungsfähigkeit galt daher auch das selbständige Besteigen eines Pferdes.[11]

Hingegen kam dem Tauben die Wehrhaftigkeit nicht zu, er musste einen Fürsprecher und Pfleger haben. Er galt als rechtsfähig, aber nur als bedingt schadensersatzpflichtig und straffähig; er war jedoch erbfähig.[12]

Sachsenspiegel, Erstes Buch, 4.: Wer kein Erbe nehmen kann:

An Blöde und an Zwerge
erstirbt weder Lehn noch Erbe,
auch nicht an ein verkrüppeltes Kind.
Wer dann die Erben sind
und ihre nächsten Verwandten,
die sollen sie in ihre Obhut nehmen.

Wird auch ein Kind stumm, ohne Hände oder Füße oder blind geboren, das ist wohl zu Landrecht Erbe, aber nicht Lehenserbe. Hat aber einer Lehen empfangen, ehe er so behindert wurde, das verliert er damit nicht. Ein Aussätziger empfängt weder Lehen noch Erbe. Hat er aber bereits vor seiner Erkrankung empfangen, so behält er es und vererbt es wie jeder andere.[13]

Der *Schwabenspiegel* zählt die Personengruppen auf, die weder eine Lebens- noch Erbfähigkeit besaßen. Auch der Sachsenspiegel bestimmt, dass körperlich behinderte Personen vom Erbrecht ausgeschlossen sein sollen. Hierbei wurde aber nicht generalisierend körperbehinderten Menschen die Handlungsfähigkeit abgesprochen, vielmehr differenzierte der Sachsenspiegel stark und stufte vorwiegend schwachsinnige, zwergwüchsige oder missgebildete Kinder als handlungsunfähig ein.[14]

Für den, der nicht handlungs-, lebens- oder erbfähig war, wurde ein Vormund bestellt, der das Hab und Gut des Schützlings verwaltete.[15]

Besonders diskriminierend war die Behandlung *Aussätziger*: So bestimmte das zwischen dem 7. und 13. Jahrhundert gültige, auf den langobardischen König Rothari zurückgehende Edictum Rothari, dass ein Aussätziger wegen der Ansteckungsgefahr aus der menschlichen Gesellschaft auszuschließen (expulsus foris) und für „tot" zu erklären sei (tamquam mortuus habetur).[16]

Erst mit dem *Sachsenspiegel* verbesserte sich die Lage der Aussätzigen, indem Aussätzige das Hab und Gut behalten durften, das sie bereits vor Ausbruch der Krankheit besaßen.[17]

---

[10] *Schott* in: Anhang zum Sachsenspiegel S. 396.
[11] *Herbst* 4.3.1. S. 231.
[12] *Herbst* 4.3.1. S. 231f.
[13] Übersetzung *Clausdieter Schott* in: Sachsenspiegel S.39.
[14] *Herbst* 4.3.1. S. 231.
[15] *Herbst* 4.3.1. S. 231.
[16] *Herbst* 4.3.1. S. 232.
[17] *Herbst* 4.3.1. S. 232.

Bezeichnend für den Umgang der mittelalterlichen Gesellschaft mit körperlich und geistig behinderten Menschen ist die Herausbildung des Narrentums an den Fürstenhöfen und die Zurschaustellung körperlicher Missbildungen auf Jahrmärkten. Nach dem Aberglauben der Existenz von Wechselbälgen schob der Teufel einer Mutter ein missgebildetes Kind unter und entführte das gesunde Kind; um das rechtmäßige Kind wiederzuerlangen, sollten solche Wechselbälge misshandelt werden. *Martin Luther* sah in entstellten Säuglingen eine „massa carnis – sine anima", einen Fleischklumpen ohne Seele, und empfahl das Ertränken solcher Wechselbälge.[18]

Unter dem Einfluss christlichen Gedankenguts änderte sich im Mittelalter die Einstellung der Gesellschaft zu behinderten Menschen.

Die *Kirche* bemühte sich, behinderten Kindern Fürsorge zuteil werden zu lassen. Auch dies geschah meist durch Abkapselung von der Gesellschaft.[19]

Die geistlichen Orden nahmen sich in ihren Klöstern der Krüppel durch Fürsorge und Pflege an. Behinderte junge Menschen wurden sogar als Novizen aufgenommen, so dass für sie in der klösterlichen Gemeinschaft gesorgt war. Vom Benediktinerkloster auf der Insel Reichenau existieren Berichte, nach denen dort gelehrte Mönche mit sprachlichen und körperlichen Gebrechen wirkten.[20]

Dennoch sind auch im mittelalterlichen Recht Bemühungen erkennbar, vorhandene Benachteiligungen auszugleichen. So konnten sich bereits im 13. Jahrhundert Stotterer und Sprechgestörte von einem Dolmetscher vor Gericht vertreten lassen.

Im Mittelalter betrachtete man die Aussätzigen mit einer gewissen Ehrfurcht. Hierzu trug Jes. 53, 4 bei: „Aber er hat unsere Krankheit getragen/und unsere Schmerzen auf sich geladen (...)" Hierin sah man eine Schilderung des Leidens Christi; man verehrte somit im Aussätzigen Jesus Christus selbst.[21]

Gleichzeitig forderte die Kirche aber auch die Aussonderung der Leprosen: Man unterschied drei Arten von Aussätzigen: den niederen, den mittleren und den höheren Aussatz. „Nur jene, welche von letzterem behaftet waren, wurden zur Absonderung verurteilt. Nach kirchlicher Vorschrift wurden sie als Abgeschiedene der Welt, als von Gott selbst dem Tode Geweihte angesehen, weshalb sie in stiller Einsamkeit in einer Zelle leben, die Welt gänzlich meiden und in freier Ergebung auf die Erlösung von ihrem Leiden, auf die Aufnahme in ein besseres Jenseits harren mussten."[22]

Auf dem Konzil vom Compiègne (757) wurde beschlossen, dass Lepra einen legitimen Scheidungsgrund darstellte; dem gesunden Ehepartner war es bei Zustimmung des kranken Ehepartners erlaubt, sich erneut zu verheiraten. Erst mit dem Decretum Gratiani (1139 – 1142) wurde festgelegt, dass Krankheit nicht länger als Grund für eine Ehescheidung anerkannt werden könne.[23]

---

[18] *Stadler* in: Zeitschrift für Heilpädagogik 2001, 99, 100.
[19] *Thieler*, SchwBG S. 48.
[20] *Stadler* in: Zeitschrift für Heilpädagogik 2001, 99, 100.
[21] *Ratzinger* S. 338.
[22] *Ratzinger* S. 339.
[23] *Herbst* 4.3.1. S. 232f.

3.   Neuzeit

In der frühen Neuzeit traten neben die Institutionen der Kirche auch die sozialen Einrichtungen des Staates wie Findelanstalten und Waisenhäuser.[24]

Ende des 19. Jahrhunderts wurden Vorschriften geschaffen, die sich mit der Versorgung invalider Veteranen befassten. Wer für das Vaterland im Krieg seine Gliedmaßen geopfert hatte, der sollte dafür auch vom Vaterland entschädigt werden.[25] Hierbei wurde bereits dem Gedanken der Wiedereingliederung in das Arbeitsleben Rechnung getragen.[26]

Im Laufe des 19. Jahrhunderts führte der Druck eines verstärkten Sicherungsbedürfnisses in allen Lebensbereichen zu einer breitgefächerten Neukonzeption, in der die Belange geschädigter und kranker Menschen mit einbezogen wurden. Aus dem „Gnadenlohn" für erlittene Invalidität aus dem Invalidenfonds wurde 1849 eine Pension für Kriegsbeschädigte. Weitere gesetzgeberische Maßnahmen waren:

- Freizügigkeitsgesetz (1867)
- Unterstützungswohnsitzgesetz (1870)
- Sozialversicherungsgesetz (1881)
- Krankenversicherungsgesetz (1883)
- Gewerbe-Unfallversicherungsgesetz (1884)[27]

Die christlichen Kirchen errichteten gegen Ende des 19. Jahrhunderts große Anstalten mit Krankenhäusern und Schulen für körperlich und geistig behinderte Kinder. 1867 wurden von Bielefelder Bürgern die Anstalten in Bethel gegründet, die seit 1872 von Pfarrer *Friedrich von Bodelschwingh* geleitet wurden. Innere Mission und Diakonie wollten als Reformbewegung im Protestantismus an der geistigen Gesundung des Volkes mitwirken; die Diakonie wurde vor allem von *Johann Hinrich Wichern* (1808 – 81) und *Theodor Fliedner* (1800 – 1864) geprägt.

1897 kam es zum Zusammenschluss der caritativen Vereine und Initiativen innerhalb der Katholischen Kirche zum *„Deutschen Caritasverband"*. 1904 gründete der Theologe *Heinrich Sommer* in Bigge an der Ruhr die „Josefsgesellschaft e.V." als karitativen Verein zur Pflege sowie zur schulischen und gewerblichen Ausbildung von Körperbehinderten. Die „Katholische Gebrechlichenfürsorge" wurde 1921 im „Verband Katholischer Krüppelanstalten Deutschlands" (heute: „Verband Katholischer Einrichtungen für Körperbehinderte in Deutschland e.V.") zusammengefasst.[28]

---

[24] *Thieler*, SchwBG S. 48.
[25] *Herbst* 4.5.1. S. 265.
[26] *Thieler,* SchwBG S. 48.
[27] *Herbst* 4.5.1. S. 266.
[28] *Stadler* in: Zeitschrift für Heilpädagogik 2001, 99, 104f.

4.   Die Entwicklung nach dem Ersten Weltkrieg

Während des ersten Weltkriegs zeigte sich deutlich, dass in Anbetracht der großen Zahl von Kriegsbeschädigten die Familie als Notgemeinschaft sowie kirchliche und staatliche Einrichtungen der Fürsorge nicht mehr ausreichten.[29]

Die allgemeine Erkenntnis wuchs, dass den Opfern des Krieges nicht nur mit einer Rente geholfen werden konnte, sondern dass es vielmehr erforderlich war, sie soweit wie möglich wieder in den Arbeitsprozess einzugliedern.[30]

Den Kriegsbeschädigten musste das Gefühl genommen werden, infolge ihrer körperlichen Schäden nutzlose Glieder der menschlichen Gesellschaft geworden zu sein. Sie sollten das Bewusstsein zurückgewinnen, dass sie die ihnen verbleibende Arbeitskraft noch zu ihrem eigenen Vorteil und dem Vorteil der Allgemeinheit einsetzen konnten.[31]

Die erste arbeitsrechtliche Einstellungspflicht wurde durch die Reichsverordnung über die Beschäftigung Schwerbeschädigter vom 09.01.1919 (RGBl. I S. 28) geschaffen. Demnach hatte jeder Arbeitgeber 1% seiner Arbeitsplätze mit Schwerbeschädigten zu besetzen; Schwerbeschädigt waren Kriegsbeschädigte, deren Erwerbsfähigkeit um wenigstens 50% gemindert war. Auch Arbeitsopfer wurden bei Bezug einer mindestens 50%igen Unfallrente in die Vorschrift einbezogen.[32]

Das *Schwerbeschädigtengesetz* aus dem Jahre *1923*, Endpunkt einer Gesetzesentwicklung Anfang der 20er Jahre, gilt als eines der besten sozialpolitischen Gesetze nach dem ersten Weltkrieg: Es führte trotz der Wirtschaftskrise dieser Jahre zu einer fast vollständigen Wiedereingliederung der schwerbeschädigten Kriegsopfer in das Arbeitsleben. Neben der Beschäftigungspflicht enthielt es die Möglichkeit der Zwangseinstellung durch Beschluss der Hauptfürsorgestelle.[33] Weitere wichtige Regelungen des Gesetzes:

- Beteiligung der Arbeitnehmervertretung bei Einstellung und Beschäftigung der Arbeitnehmer
- Schaffung eines Vertrauensmanns
- Abhängigkeit der Kündigung von der Zustimmung der Hauptfürsorgestelle
- Einrichtung eines Schwerbeschädigtenausschusses bei jeder Hauptfürsorgestelle und bei der Reichsarbeitsverwaltung.

---

[29] *Thieler,* SchwBG S. 49.
[30] *Cramer,* SchwBG Einf. S. 2.
[31] *Cramer,* SchwBG Einf. S. 2.
[32] *Thieler,* SchwBG S. 49.
[33] Thieler, SchwBG S. 49.

5. Die Zeit zwischen 1933 und 1945

Mit der Machtübernahme durch die Nationalsozialisten änderte sich die Situation der Behinderten grundlegend: Zwar wurde das *Schwerbeschädigtengesetz 1923 formal nicht geändert*, seine Anwendung wurde jedoch der nationalsozialistischen Doktrin unterworfen. Leistungsunfähige galten von vornherein als wertlos, nur die gesunden und leistungsfähigen Bürger „deutschen Blutes" wurden als vollwertige Mitglieder der „Volksgemeinschaft" anerkannt.[34]

Während das Gesetz zur Einführung der allgemeinen Wehrpflicht bewusst auch auf die Aussonderung der zum Kriegsdienst untauglichen Personen gerichtet war, und die „Krankfeierei" durch Überwachungsmaßnahmen verhindert werden sollte, wurden *Kriegsveteranen* als verdienstvolle Bürger eingestuft. So trat am 06.07.*1939* als Fürsorgemaßnahme für beschädigte Soldaten das sog. „*Einsatzfürsorge- und -versorgungsgesetz*" in Kraft, wonach eine Rente bei Arbeitsunfähigkeit gewährt wurde; weitere Versorgungsmöglichkeiten bestanden bei Pflegebedürftigkeit und Blindheit.[35]

Die *Kriegsopferversorgung* sollte die besondere Stellung der Frontsoldaten sinnfällig machen. Dadurch sollte – wie es hieß – den Frontsoldaten bewusst werden, dass sie als deutsche Männer nicht ins Feld zogen, um Rentenempfänger zu werden, sondern um Volk und Heimat zu schützen.[36]

Menschen, die zu keiner Arbeitsleistung mehr fähig waren oder von vornherein *als artfremd und krank eingestuft* wurden, sollten *vernichtet* werden. Bereits 1933 war im „Gesetz zur Verhinderung erbkranken Nachwuchses" bei erblichen körperlichen oder geistigen Behinderungen die Sterilisation[37] angeordnet worden,[38] nach einer Durchführungsverordnung war es sogar möglich, Kinder zu sterilisieren. *Erbkranker Nachwuchs* bedeutete, einem Merkblatt des Reichsinnenministeriums zufolge, „Volkstod".[39]

In der Zeit direkt nach der Machtübernahme der Nationalsozialisten fand in juristischen Fachkreisen eine intensive Diskussion um die „*Euthanasie*" im weitesten Sinne statt. In der „Preußischen Denkschrift" des Justizministers *Kerrl* sollte die Tötung auf Verlangen strafbar sein, aber künftig milder bestraft werden. „Euthanasie" als Tötung eines „hoffnungslos Leidenden" durch einen Arzt sollte bei

---

[34] *Grossmann/Schimanski/Dopatka/Pikullik/Poppe-Bahr:* GK-SchwbG Einl Rn 61.
[35] *Herbst* 4.5.1. S. 267.
[36] *Sachsse/Tennstedt* S. 185.
[37] hierzu: *Erbacher, Angela/Höroldt, Ulrike:* „Die Unfruchtbarmachung des/r ... wird angeordnet", Erbgesundheitsgerichtsbarkeit auf dem Gebiet des heutigen Rheinland-Pfalz. in: *Meyer, Hans-Georg/Berkessel, Hans:* Die Zeit des Nationalsozialismus in Rheinland-Pfalz Bd 1 S. 311-322.
und: *Leonhard, Janta:* „...erbbiologisch minderwertig...", Zwangssterillisation und „Euthanasie", dargestellt am Beispiel des Kreises Ahrweiler in: *Meyer, Hans-Georg/Berkessel, Hans:* Die Zeit des Nationalsozialismus in Rheinland-Pfalz Bd 1 S. 323 – 332.
[38] *Grossmann/Schimanski/Dopatka/Pikullik/Poppe-Bahr:* GK-SchwbG Einl Rn 62.
[39] *Müller* S. 127f.

Einhaltung bestimmter Kautelen straffrei gestellt werden.[40] Die amtliche Straf-rechtskommission, die 1933 und 1935 über die Denkschrift und einen weiteren Referentenentwurf in zwei Lesungen beriet, fasste keinen Beschluss, der sich mit der „Vernichtung lebensunwerten Lebens" beschäftigte: in den Beratungen sprach man sich sogar eindeutig dagegen aus. Die Position der aus nationalsozialistischen und konservativen Juristen zusammengesetzten Kommission war wohl mit ein Grund dafür, dass Hitler sich später nicht für ein „Euthanasie"-Gesetz entschied, sondern die „amtsgeheime Durchführung" wählte.[41]

Durchgeführt wurde die nationalsozialistische Vernichtungspolitik durch die euphemistisch *„Euthanasie"* genannten *„Aktion T 4"*. Damit bezeichneten die Na-tionalsozialisten schließlich ihr Euthanasieprogramm, das zunächst unter strenger Geheimhaltung begann und die Beseitigung aller körperlich und geistig Behinder-ten, als minderwertig betrachteten Menschen im Deutschen Reich vorsah. Zu-nächst wurden vor allem Geisteskranke aus den Familien abgeholt. Den Angehö-rigen wurde mitgeteilt, die Kranken würden zu einer speziellen Therapie in Kliniken gebracht. Sie kamen aber in Vernichtungslager wie beispielsweise Ha-damar im Westerwald.[42] Am 14.06.1933 wurde das „Gesetz zur Verhütung erb-kranken Nachwuchses" (Sterilisationsgesetz) beschlossen. Im Frühjahr 1939 wur-de dann der „Reichsausschuss zur wissenschaftlichen Erfassung von erb- und anlagebedingten schweren Leiden" gegründet. Ziel war die Erfassung und Ermor-dung behinderter Neugeborener. Ab August 1939 existierte eine Meldepflicht für „missgestaltete und idiotische Kinder". In den Landeskrankenhäusern wurden die von den Gutachtern gekennzeichneten Säuglinge durch Abspritzen, Giftbeimi-schungen im Essen oder Verhungernlassen ermordet; hierbei spielten auch kriegswirtschaftliche Nützlichkeitserwägungen eine Rolle: bis 1942 wurden 100.000 Betten für das Militär „freigestellt". Die Mordaktion wurde durch die Dienststelle Tiergartenstraße 4 („T 4") organisiert. Zu diesem Zweck wurden drei Tarngesellschaften gegründet.

Nach heftigen Protesten im In- und Ausland wurde das offizielle Euthanasie-programm abgebrochen, jedoch kam es in der Folge zu „wilden" Euthanasiemaß-nahmen.[43] Bereits 1920 hatte der berühmte Jurist *Karl Binding* zusammen mit dem Psychiater *Alfred Hoche* ein Plädoyer für die Freigabe der Vernichtung „lebens-unwerten Lebens"[44] verfasst.[45]

---

[40] *Betzenhöfer* in: Recht und Psychiatrie 2000, 112, 120.

[41] *Betzenhöfer* in: Recht und Psychiatrie 2000, 112, 120. zur Beteiligung der „Heil- und Pflegeanstalt Klingenmünster": *Scherer, Karl/Paul, Roland:* Die Heil- und Pflegeanstalt Klingenmünster in der NS-Zeit – ein Überblick in: *Meyer, Hans-Georg/Berkessel, Hans:* Die Zeit des Nationalsozialismus in Rheinland-Pfalz Bd 1 S. 333 – 345.

[42] *Amort/Bogner-Unterhofer/Pilgram/Plasil/Ralser/Stütler/Strobl* in: Erziehung heute e.h. Heft 1 1999, http://bidok.uibk.ac.at/texte/ralser-unwert.html.

[43] *Romey* in: Sie nennen es Fürsorge: Behinderte zwischen Vernichtung und Widerstand; http://bidok.uibk.ac.at/texte/mabuse-romey-sonderbehandlung.html.

[44] *Binding, K./Hoche, A.:* Die Freigabe der Vernichtung lebensunwerten Lebens – ihr Mass und ihre Form. Leipzig 1920.

[45] *Müller* S. 133.

Hoche, einer der bekanntesten und anerkanntesten Professoren der Psychiatrie und Neuropathologie spricht dort von „Ballastexistenzen", „Schwachsinnigen aller Sorten", „minderwertigen Elementen", die für die Gesellschaft dauernd allen Wert verloren hätten. Der führende Strafrechtslehrer *Binding* begründete die rechtliche Möglichkeit der Freigabe der Tötung von Menschen, die „unrettbar" seien infolge Krankheit, Verwundung oder „unheilbarem Blödsinn".[46]

Anfang des Krieges wurden Insassen der Landeskrankenhäuser verlegt, an getarnte Anstalten überwiesen und schließlich von der „Gemeinnützigen Krankentransport GmbH" ermordet.[47] Die Aktionen ließen sich nicht lange geheimhalten, so dass zunächst Angehörige Strafanzeigen stellten und Unruhe in der Bevölkerung entstand. Bekannt ist die Strafanzeige des Bischofs von Münster, *Graf Galen*.

Am 24.04.1941 wurde daher den Präsidenten der Oberlandesgerichte und Generalstaatsanwälten von Seiten des Justizministeriums eröffnet, dass das Tötungsprogramm dem Willen des Führers entspreche und nicht für illegal gehalten werden dürfe. Bedenken gegen die Durchführung der Euthanasie könnten nicht mehr gegeben sein.[48] Bis zum Ende der Aktion im August 1942 wurden 70.000 Menschen ermordet, weitere 100.000 starben im Rahmen der weiterbetriebenen „wilden Euthanasie."[49]

6.   Die Entwicklung nach dem Zweiten Weltkrieg

Die ungeheure Zahl der Kriegsversehrten des Zweiten Weltkriegs führte dazu, dass auch das *Schwerbeschädigtengesetz* nicht mehr ausreichte, den Kriegsfolgelasten Rechnung zu tragen. Nach einer Vielzahl landesrechtlicher Ergänzungen des Gesetzes konnte erst *1953* bundeseinheitlich das „Gesetz über die Beschäftigung Schwerbeschädigter" geschaffen werden. Zum geschützten Personenkreis gehörten dort auch die Opfer des Nationalsozialismus und die Zivilblinden.[50]

Erstmals eingeführt wurde dort das Institut der Ausgleichsabgabe: Jeder Arbeitgeber hatte für jeden nichtbesetzten Pflichtplatz eine Abgabe von monatlich 50 DM zu zahlen. Eine weitere Neuregelung war das Institut des bezahlten Zusatzurlaubs von sechs Arbeitstagen im Jahr.[51]

Wegen des enormen Wirtschaftsaufschwungs konnten in den 50er Jahren die Pflichtplätze nicht annähernd mit schwerbehinderten Arbeitnehmern besetzt werden. Auf diesen Überhang an Pflichtplätzen reagierte die *Gesetzesnovelle* des Jahres *1961;* keinen Eingang in das Gesetz fand der bereits 1953 diskutierte Vorschlag, den geschützten Personenkreis auf alle Schwerbehinderten auszudehnen.

---

[46] *Romey* in: Sie nennen es Fürsorge: Behinderte zwischen Vernichtung und Widerstand; http://bidok.uibk.ac.at/texte/mabuse-romey-sonderbehandlung.html.
[47] *Müller* S. 134.
[48] *Müller* S. 134f.
[49] *Müller* S. 135.
[50] *Thieler,* SchwBG S. 50f.
[51] *Cramer,* SchwBG Einf. S. 5.

1953 begründete man die Ablehnung mit der Absicht, die Kriegs- und Arbeitsopfer zu privilegieren, zudem befürchtete man eine „unerträgliche Belastung der Wirtschaft" (so die Regierungsbegründung zum Gesetzesentwurf 1953). Auch mit der Novelle von 1963 wollte man den Charakter des Schwerbeschädigtengesetzes als Kriegsfolgengesetz nicht ändern.[52]

7.   Das Schwerbehindertengesetz

1974 löste das „Gesetz zur Sicherung der Eingliederung Schwerbehinderter in Arbeit, Beruf und Gesellschaft" *(Schwerbehindertengesetz)* das Schwerbeschädigtengesetz ab. Im Vordergrund stand die Öffnung des Gesetzes für alle Behinderten, von der Ursache der Behinderung wurde abgesehen. Alle Abschnitte des alten Gesetzes wurden umfassend neugeordnet:

- Der geschützten Personenkreis wurde auf alle Schwerbehinderten ausgedehnt, unabhängig von der Art und Ursache ihrer Behinderung. Bis 1986 wurde die Minderung der Erwerbsfähigkeit in Prozenten (10 – 100%) angegeben, seit 1986 wird die Behinderung mit Graden (10 – 100) bezeichnet. Schwerbehindertenschutz wurde bis 1986 bei einer Minderung der Erwerbsfähigkeit (MdE) um wenigstens 50% gewährt, seit 1986 bei einem Grad der Behinderung (GdB) von 50.
- Neuordnung der Beschäftigungspflicht und der Ausgleichsabgabe:
  - Primärpflicht: Beschäftigung von 6% Schwerbehinderten bei mehr als 16 Arbeitnehmern.
  - Sekundärpflicht: Ausgleichsabgabe von 100 DM/Monat für jeden nicht besetzten Pflichtplatz.
- Einrichtung eines Ausgleichsfonds für überregionale Maßnahmen zur Eingliederung Schwerbehinderter.
- Vereinfachung des Verwaltungsverfahrens.
- Erweiterung der Fürsorge und Förderungspflicht der Arbeitgeber gegenüber den beschäftigten Schwerbehinderten, namentlich durch Vorrang bei Bildungsmaßnahmen.
- Verstärkung des besonderen Kündigungsschutzes.
- Verstärkung der Stellung des Vertrauensmanns.
- Ausbau der Position der Hauptfürsorgestelle.
- Verstärkung der unmittelbaren Beteiligung der Betroffenen (beratende Ausschüsse, Beirat für Rehabilitation).
- Verlängerung des Zusatzurlaubs.
- Förderung der Werkstätten für Behinderte.[53]

---

[52] *Cramer,* SchwBG Einf. S. 5f.
[53] *Cramer,* SchwBG Einf. S. 12.

8. Die Novellierung des Schwerbehindertengesetzes 1986

Obwohl sich das geltende Gesetz nach Meinung aller Parteien im Bundestag be-
währt hatte, wurde dennoch die Notwendigkeit gesehen, durch eine Novellierung
das Gesetz an die veränderten Verhältnisse auf dem Arbeitsmarkt anzupassen, der
von hoher Arbeitslosigkeit geprägt war.

Die Einstellungs- und Beschäftigungschancen der Schwerbehinderten sollten
gezielt verbessert werden.[54] Wichtigste Änderungen waren:

- Ersetzung des als einstellungshemmend empfundenen Begriffs der MdE durch
  den Begriff des GdB.
- Nichtanrechnung von Ausbildungsplätzen bei der Berechnung der Pflichtzahl.
- Erhöhung der Ausgleichsabgabe auf 150 DM.[55]

Der Einigungsvertrag des Jahres 1990 dehnte den Geltungsbereich des Schwerbehindertengesetzes auf das Gebiet der ehemaligen DDR aus.

9. Das verfassungsrechtliche Benachteiligungsverbot 1994

1994 wurde das Verbot der Benachteiligung Behinderter in die Verfassung aufgenommen. Im neuen Art. 3 Abs. 3 *S. 2* des Grundgesetzes wurde zwar nur das festgelegt, was bereits zuvor über Art. 20 GG (Sozialstaatsprinzip) und Art. 3 Abs. 1
GG (allgemeiner Gleichheitssatz) gängige Verfassungspraxis war. Jedoch geht die
Vorschrift über einen bloßen „Appell" zum Bewusstseinswandel gegenüber behinderten Menschen in der Gesellschaft hinaus:[56]

- Es tritt der *gesetzgeberische Wille* zu Tage, den Schutz der Behinderten zu ver-
  stärken.[57]
- *Maßnahmen zur Integration und staatliche Förderleistungen* müssen sich nun
  an Art. 3 Abs. 3 S. 2 GG messen lassen.[58]
- Der Dogmatik vergleichbarer Grundrechte folgend begründet Art. 3 Abs. 3 S. 2
  GG *keinen originären Leistungsanspruch* des Bürgers gegen den Staat; die Regelung begründet lediglich ein *subjektives Abwehrrecht.*[59]

---

[54] *Grossmann/Schimanski/Dopatka/Pikullik/Poppe-Bahr:* GK-SchwbG Einl Rn 71.

[55] *Grossmann/Schimanski/Dopatka/Pikullik/Poppe-Bahr:* GK-SchwbG Einl Rn 71.

[56] *Weyand/Schubert* Rn 10.

[57] Zur Umsetzung dieses Willens trat bereits am 01.10.2000 das „Gesetz zur Bekämpfung
der Arbeitslosigkeit Schwerbehinderter" (SchwbBAG) in Kraft: die Eingliederung in die
Arbeit ist nämlich die Voraussetzung für die Teilnahme am Leben in der Gesellschaft.
so: *Cramer* in: DB 2000, 2217.

[58] siehe dazu: BVerwGE 96, 288, 302.

[59] *Weyand/Schubert* Rn 11.

- Ebenso kann *kein genereller „Anspruch auf Integration"* aus dem Grundrecht in der Form abgeleitet werden, dass die sonst geltenden Regelungen immer dann nicht greifen, wenn Behinderte betroffen sind.[60]
- Die objektiv-rechtliche Schutzfunktion des Diskriminierungsverbots führt zu einer *Ausstrahlungswirkung auch auf privatrechtliche Rechtsbeziehungen,* wodurch jedenfalls das *Maß der* zivilrechtlich gebotenen gegenseitigen *Rücksichtnahme und Toleranz* neu und anders zu bestimmen ist.[61]

Im Gegensatz zu den anderen Differenzierungsverboten des Art. 3 Abs. 3 GG[62] untersagt die Verfassung nur die Benachteiligung von Schwerbehinderten, eine *Bevorzugung* in Hinblick auf eine Behinderung ist also *zulässig.* Bevorzugungen sind also generell erlaubt, nicht aber verfassungsrechtlich ohne weiteres geboten.[63]

Eine rechtliche Schlechterstellung von Behinderten ist *nur zulässig, wenn zwingende Gründe* dafür vorliegen:[64] Die nachteiligen Auswirkungen müssen unerlässlich sein, um behinderungsbezogenen Besonderheiten Rechnung zu tragen.

Nur unter diesen strengen Anforderungen kommen Einschränkungen des Benachteiligungsverbots des Art. 3 Abs. 3 S. 2 GG in Betracht:[65] Fehlen einer Person gerade aufgrund ihrer Behinderung bestimmte geistige oder körperliche Fähigkeiten, die unerlässliche Voraussetzung für die Wahrnehmung eines Rechtes sind, liegt in der Verweigerung dieses Rechtes kein Verstoß gegen das Benachteiligungsverbot.[66] Gesetzesänderungen im Schwerbehindertenrecht in den letzten Jahren waren:

- Neuregelung der Behindertenwerkstätten 1996
- Neues Arbeitsförderungsrecht 1997
- Rentenreformgesetz 1999.

---

[60] *Pardey* Rn 343.

[61] so: *Osterloh* mit Hinweis auf die Fälle der „Beeinträchtigung des Reisegenusses" in der Nähe von Menschen mit Behinderung und die „unharmonischen Geräusche" der Kommunikation geistig Schwerbehinderter im Immissionsschutzrecht; in: *Sachs,* Grundgesetz, Kommentar Art. 3 Rn 307.

[62] „Niemand darf wegen seines Geschlechts, seiner Abstammung, seiner Rasse, seiner Sprache, seiner Heimat und Herkunft, seines Glaubens, seiner religiösen oder politischen Anschauungen *benachteiligt* oder *bevorzugt* werden."

[63] so: BVerfGE 99, 341, 303; zu diesem Problem: *Jochen A. Frohwein:* Rechtsgutachten zu der Frage, inwieweit ein Anspruch von Behinderten in allgemeine öffentliche Schulen besteht, herausgegeben von der Gewerkschaft Erziehung und Wissenschaft Baden-Württemberg 1996.

[64] BVerfGE 99, 341, 357.

[65] *Kokott* in: FS 50 Jahre BVerfG Bd 2, 127, 158.

[66] BVerfGE 99, 341, 158.

10. Der verfassungsrechtliche Behindertenschutz heute

Behindertenschutz gab es schon in früheren Jahrhunderten, er entstammte der Kriegsopferversorgung. Seit dem Schwerbeschädigtengesetz aus dem Jahre 1920 und dem 2. Weltkrieg hat sich der Behindertenschutz gewandelt. Wesentliche Gesetze der Nachkriegszeit waren:

- Das Bundesversorgungsgesetz vom 20.12.1950 und das
- Schwerbeschädigtengesetz vom 16.06.1953.
- Das Schwerbehindertengesetz vom 29.04.1974 war bis zum Jahr 2001 Grundlage für den Behindertenschutz.

- Im *Grundgesetz* der Bundesrepublik Deutschland ist seit dem 27.10.1994 der Behindertenschutz in Art. 3 Abs. 3 S. 2 als Grundrecht aufgenommen.
- In der *Landesverfassung Rheinland-Pfalz* wurde der Behindertenschutz durch Gesetz vom 08.03.2000 als Artikel 64 eingefügt.[67] Art. 64 LVerf lautet:

„Das Land, die Gemeinden und Gemeindeverbände schützen behinderte Menschen vor Benachteiligung und wirken auf ihre Integration und die Gleichwertigkeit ihrer Lebensbedingungen hin."

Art. 64 LVerf enthält über den allgemeinen Gleichheitssatz (Art. 17 Abs. 1, Abs. 2 LVerf) hinausgehend ein *„soziales Staatsziel"*, sowie einen *positiven Auftrag* an den Staat, behinderte Menschen vor Benachteiligung zu schützen und auf deren Integration sowie auf die Schaffung gleichwertiger Lebensbedingungen hinzuwirken.[68] Die Regelung beinhaltet also einerseits ein *Diskriminierungsverbot* und andererseits ein *Gleichstellungsgebot*.

Die Bestimmung soll Anlass für einen Bewusstseinswandel in der Bevölkerung sein; sie gewährt kein einklagbares subjektives Recht: unmittelbare Pflichten Privater ergeben sich aus Art. 64 LVerf nicht; im Verhältnis zu rheinland-pfälzischen Hoheitsträgern kommt aber eine Ausstrahlungswirkung auf Privatrechtsbeziehungen in Betracht;[69] Art. 64 LVerf verpflichtet die genannten Adressaten:

- Alt. 1: behinderte Menschen vor Benachteiligung zu schützen,
- Alt. 2: Förderungsauftrag, auf die Integration und Gleichwertigkeit der Lebensbedingungen hinzuwirken = „positive Maßnahmen" im Sinne einer Heranführung behinderter Menschen zu größtmöglicher Normalität.[70]

Hinsichtlich der *Durchführung* der Verpflichtung gibt die Landesverfassung lediglich das Ziel vor, konkrete Maßnahmen werden nicht bezeichnet; der *Gestaltungsspielraum* des Gesetzgebers ist *groß*.

Aus der Entstehungsgeschichte der Norm kann hergeleitet werden, dass bestehende *Fördermaßnahmen* jedenfalls in ihrem *Niveau gesichert* und zusätzliche

---

[67] GVBl. 2000, S.65.
[68] *Jutzi* in: *Grimm/Caesar* LVerf Art. 64 Rn 1.
[69] *Jutzi* in: *Grimm/Caesar* LVerf Art. 64 Rn 1f.
[70] *Jutzi* in: *Grimm/Caesar* LVerf Art. 64 Rn 7.

Maßnahmen ergriffen werden sollen. Besondere Bedeutung wird dieser Auftrag im *Schulrecht* und im *Baurecht* erlangen.[71]

In § 1 des *Landesgesetzes zur Gleichstellung behinderter Menschen* vom 04.12.2002 (LGGBehM) ist als Ziel dieses Gesetzes genannt, auf der Grundlage des Art. 64 LVerf „Benachteiligungen von behinderten Menschen zu beseitigen und zu verhindern sowie ihnen die gleichberechtigte Teilhabe am Leben in der Gesellschaft zu gewährleisten und eine selbstbestimmte Lebensführung zu ermöglichen."

–   In den 1990er Jahren wurden in über 20 *europäische Verfassungen* behindertenbezogene Schutzvorschriften übernommen. Zwar wurde in die Verfassungen einiger Länder der Integrationsgedanke aufgenommen, aber nur die finnische Verfassung und die Europäische Grundrechtscharta regeln den Behindertenschutz im Zusammenhang mit den Gleichheitsregeln; die osteuropäischen Verfassungen sowie die Verfassungen von Griechenland, Spanien und Portugal ordnen die behindertenbezogenen Normen ganz überwiegend den wirtschaftlichen und sozialen Grundrechten zu.[72]

•   Als gegen Ende des 2. Jahrtausends in den 80er und 90er Jahren die Arbeitslosigkeit und vornehmlich die der Schwerbehinderten zunahm, wurde am 29.09.2000 das *Gesetz zur Bekämpfung der Arbeitslosigkeit Schwerbehinderter* erlassen.[73]

Ziel des Gesetzes war es, die Arbeitslosigkeit schwerbehinderter Menschen bis zum Oktober 2002 um 25% zu reduzieren. Hierzu rief die Bundesanstalt für Arbeit das „Aktionsprogramm berufliche Integration Schwerbehinderter" (ABIS) ins Leben. Als Zwischenbilanz der Jobkampagne „50.000 Jobs für Schwerbehinderte" vermeldet die Bundesanstalt den Rückgang der Zahl der Arbeitslosen um über 40.000 bis September 2002, nachdem die Arbeitslosigkeit schwer behinderter Menschen im Oktober 1999 einen Höchststand von 190.000 erreicht hatte.[74]

•   Zum 01.07.2001 trat das Neunte Buch des Sozialgesetzbuches in Kraft. Es fasst das für alle Leistungsträger geltende Rehabilitationsrecht sowie das bisherige Schwerbehindertengesetz in einem neuen Buch des SGB zusammen.[75]

---

[71] *Jutzi* in: *Grimm/Caesar* LVerf Art. 64 Rn 7.
[72] *Beaucamp* vermutet als Erklärung für diesen Umstand das unterschiedliche Niveau der Sozialgesetzgebung in Deutschland und Finnland einerseits und den erwähnten Staaten andererseits, in: ZFSH/SGB 2002 (Heft 4), 201, 202f.
[73] *Braasch* in: BR 2001, 178.
[74] UNI Magazin Heft 1, 2003, S. 31.
[75] *Knittel:* Kommentar zu SGB IX, Vorwort S. 1.

§ 3 Das Schwerbehindertenrecht des SGB IX

Im Zuge der Reform des Sozialrechts wurde am 19.06.2001 das SGB IX verabschiedet. Es ist in Kraft seit 01.07.2001. Das neue SGB IX hat bei den Verbänden breite Zustimmung gefunden. Da sich an den Strukturen des Behindertenrechts nichts geändert hat, erscheint es jedoch nicht gerechtfertigt, von einem Paradigmenwechsel in der Behindertenarbeit zu sprechen, wie dies teilweise getan wird.[1]

Durch das *Behindertengleichstellungsgesetz* (Gesetz zur Gleichstellung behinderter Menschen und zur Änderung anderer Gesetze vom 27.04.2002 BGBl. I Nr. 28, S. 1467ff. – *BGG*)[2] wurde am 27.04.02 das Recht auf Verwendung der Gebärdensprache als eigenständige Sprache anerkannt sowie die Herstellung von Barrierefreiheit in den Bereichen Bau und Verkehr festgeschrieben und so das SGB IX in öffentliches Recht umgesetzt.

Das *Sozialgesetzbuch besteht aus 10 Büchern* (Buch I und III – XI), wozu seit 2001 auch das SGB IX gehört, das Gesetz zur Rehabilitation und Teilhabe behinderter Menschen. Im SGB IX sind gegenüber dem bisher geltenden Schwerbehindertengesetz nunmehr behinderte und schwerbehinderte Menschen betroffen.

1. Aufbau des SGB IX

Das SGB IX besteht aus zwei Teilen:

- In *Teil 1* (§§ 1 – 67) finden sich allgemeine Regelungen für behinderte (nicht nur schwerbehinderte) und von Behinderung bedrohte Menschen. § 1 (Selbstbestimmung und Teilhabe am Leben in der Gesellschaft) beinhaltet eine übergeordnete Zielrichtung: „Behinderte oder von Behinderung bedrohte Menschen erhalten Leistungen nach diesem Buch und den für die Rehabilitationsträger geltenden Leistungsgesetzen, um ihre Selbstbestimmung und gleichberechtigte Teilhabe am Leben in der Gesellschaft zu fördern, Benachteiligungen zu vermeiden oder ihnen entgegenzuwirken. Dabei wird den besonderen Bedürfnissen behinderter und von Behinderung bedrohter Frauen und Kinder Rechnung getragen."
- In *Teil 2* (§§ 68 – 160) werden die Rechte schwerbehinderter Menschen, die Pflichten der Arbeitgeber, die Bestellung eines Beauftragten des Arbeitgebers,

---

[1] *Mrozynski* in: Gemeinsam leben 2001, 131.
[2] BGBl. 2002 I S. 1467.

die Aufgaben des Betriebsrats, die Wahl einer Schwerbehindertenvertretung und deren Aufgaben geregelt.

Der Behindertenschutz ruht auf drei Säulen:

- dem Staat und seine Einrichtungen
- dem Arbeitgeber
- der Schwerbehindertenvertretung oder dem Betriebsrat

2. Berücksichtigung der Belange von Frauen und Kindern

Auffällig ist die besondere Betonung der *Bedürfnisse von Frauen*[3] *und Kindern* in § 1 Abs. 1 S. 2 SGB IX. An der Formulierung „besondere Bedürfnisse" wird kritisiert, dass mit dieser Formulierung die Interessenlagen von Frauen zur Besonderheit erklärt würden.[4] Allerdings erscheint es schwierig, den Auftrag, Benachteiligungen von Frauen abzubauen, anders zu fassen als durch die Hervorhebung besonderer weiblicher Belange.

Zur Umsetzung der genannten abstrakten Ziele und Begriffe enthält das Gesetz verschiedene Prinzipien und Mittel, die bereits erste Konkretisierungen darstellen.[5] Instrumente der *Frauenförderung* im SGB XI sind (Überblick):

- § 9: Wunsch- und Wahlrecht der Leistungsberechtigten: hierbei ist den familiären Bedürfnissen, insbesondere den Bedürfnissen behinderter Eltern Rechnung zu tragen.
- § 33 Abs. 2: Leistungen zur Teilhabe am Erwerbsleben: Sicherung gleicher Chancen im Erwerbsleben, insbesondere durch in der Zielsetzung geeignete, wohnortnahe und auch in Teilzeit nutzbare Angebote.
- § 33 Abs. 4: Bei der Auswahl, welche Leistungen dem Grunde nach zu gewähren sind, sind Eignung, Neigung, bisherige berufliche Tätigkeit und die Lage und Entwicklung des Arbeitsmarktes zu berücksichtigen. Hierbei sind die durch die Betreuung von Kindern erbrachten Leistungen und erworbenen Erfahrungen positiv zu berücksichtigen, sofern sie im Hinblick auf die Leistungen von Bedeutung sein können.[6]
- Der Nachteilsausgleich in der Familienarbeit soll eine bessere Vereinbarkeit von Familien- und Erwerbsarbeit ermöglichen. Folgende Leistungen kommen in Betracht:

- Personelle Hilfen während der Schwangerschaft

---

[3] Viele Informationen und Links enthält die Internetseite der „bundes organisationsstelle behinderte frauen": www.behindertefrauen.org.

[4] *Zinsmeister* in: Streit 2002 (Heft 1), 3, 6.

[5] *Bungart* in: Gemeinsam leben 2002, 112, 114.

[6] so die Gesetzesbegründung BT-Drs. 14/5074 zu § 33 Abs. 4.

- Assistenzleistungen für behinderte Mütter und Väter
- Hilfsmittel zur Kleinkinderversorgung, die den Bedürfnissen spezifisch ange-
  passt wurden.
- Mobilitätshilfen.

Behinderten Kindern und Jugendlichen wird nach § 20 SGB I zu der Entwicklung der geistigen und körperlichen Fähigkeiten bereits vor Beginn der Schulpflicht und zur angemessenen Schulbildung einschließlich der Vorbereitung Hilfe ge-währt. Weiter gehören dazu die Ermöglichung einer Teilhabe am Leben der Ge-sellschaft durch Verständigung mit der Umwelt und die Freizeitgestaltung.[7] § 30 SGB IX führt die Leistungen zur *Früherkennung* und *Frühförderung* behinderter und von Behinderung bedrohter Kinder auf.

In *§ 2 SGB IX* sind in Abs. 1 behinderte Menschen, in Abs. 2 schwerbehinderte Menschen und in Abs. 3 Schwerbehinderten gleichgestellte Menschen definiert. Der dort formulierte Begriff der Behinderung gilt zwar nicht abschließend für die gesamte Rechtsordnung, aber doch für das ganze Sozialrecht.[8] Schwerbehinderung liegt vor bei einem Grad der Behinderung von wenigstens 50. Gleichstellung ist möglich im Bereich des GdB zwischen 30 und 50.

Die Regelungen des ersten Teils verfolgen *vier Ziele, § 4 Abs. 1 SGB IX:*[9]

- die Behinderung

  - zu verhüten
  - zu beseitigen
  - zu mindern
  - zu mildern

- die Einschränkung der Erwerbsfähigkeit

  - zu überwinden
  - zu mindern

- die Teilhabe am Erwerbsleben zu ermöglichen,
- die Teilhabe am Leben in der Gesellschaft zu ermöglichen.

Als *Leistungen zur Teilhabe* an diesen Zielen *(§ 4 Abs. 2 SGB IX)* kommen in Be-tracht:

- Leistungen nach dem SGB IX und
- Leistungen nach anderen Sozialgesetzen

Nach § 5 SGB IX existieren vier Leistungsgruppen:[10]

- *medizinische Rehabilitation*, *§§ 26 – 32 SGB IX:*

---

[7] *Schimanski* in: GK-SGB IX Bd. 2 § 1 Rn 46.
[8] *Mrozynski* in: Gemeinsam leben 2001, 131.
[9] nach der Übersicht zum Aufbau des SGB IX in: *Kunkel,* ZFSH/SGB 2001, 707 (Abb.).
[10] *Moritz* in: ZFSH/SGB 2002 (Heft 4), 204, 208f. (mit umfassender Aufzählung).

Hierzu zählen vor allem die Behandlung durch Ärzte und Heilpraktiker, die Frühförderung, Psychotherapie, Arzneimittel, Sprach- und Beschäftigungstherapie und
Arbeitstherapie.

Auffallendste Neuerung hierbei ist die Früherkennung und Frühförderung des
§ 30 *SGB IX:* Nunmehr werden medizinische und heilpädagogische Maßnahmen
zu einer Komplexleistung zusammengefügt. In § 30 Abs. 3 wird die Möglichkeit
einer anteiligen Finanzierung der Maßnahmen[11] durch Krankenkassen, Jugend-
und Sozialhilfe geschaffen, was erstmalig eine anteilig finanzierte, integrierte Versorgung ermöglicht.[12]

- *Teilhabe am Arbeitsleben, §§ 33 – 43 SGB IX:*

Darunter versteht man vor allem Hilfen zur Erhaltung oder Erlangung eines Arbeitsplatzes, zur Berufsvorbereitung, beruflichen Anpassung, Weiterbildung und
Ausbildung, aber auch psychologische und pädagogische Hilfen sowie Über-
brückungsgeld.

Zur Erlangung eines Ausbildungsplatzes hat der schwerbehinderte Mensch einen Anspruch auf die Übernahme der Kosten einer erforderlichen Arbeitsassistenz, §§ 33 Abs. 8 Ziff. 3, 102 Abs. 4 *SGB IX.*

Es existiert ein *Rechtsanspruch auf Arbeitsassistenz:* Der schwerbehinderte Arbeitnehmer kann die finanziellen Leistungen für die Assistenz selbst beziehen, die
Assistenzkraft selbständig organisieren und ihr gegenüber als Arbeitgeber auftreten.[13]

- *Unterhaltssicherung, §§ 44 – 54 SGB IX:*

Bei diesen Leistungen handelt es sich um Ergänzungen zur medizinischen Rehabilitation und zu den Leistungen zur Teilhabe am Arbeitsleben.

Hierunter fallen:

- Krankengeld, SGB V
- Versorgungskrankengeld nach dem Bundesversorgungsgesetz
- Verletztengeld, SGB VII
- Übergangsgeld, SGB VI
- Ausbildungs- und Unterhaltsbeihilfen (u.a. im SGB III)

weiter z.B.:

- Kosten für Betriebs- und Haushaltskosten
- für Kinderbetreuung.

- *Teilhabe am Leben in der Gesellschaft, §§ 55 – 58 SGB IX:*

Hier sind vor allem Hilfsmittel, heilpädagogische Leistungen für Kinder im Vor-
schulalter, Förderung der Sprachintegration, Wohnungsbeschaffung und Förde-

---

[11] das sind nur heilpädagogische Maßnahmen im Sinne des § 56 SGB IX.
[12] *Mrozynski* in: Gemeinsam leben 2001, 131, 133.
[13] *Bungart* in: Gemeinsam leben 2002, 112, 114.

rung selbstbestimmten Lebens und der Teilhabe am kulturellen und gemeinschaftlichen Leben zu nennen.

Leistungsträger sind für den 1. Teil des *SGB IX* nach *§ 6 SGB IX* die gesetzlichen Versicherungs- und Versorgungsträger:

- die gesetzlichen Krankenkassen
- die Bundesanstalt für Arbeit
- die Träger der gesetzlichen Unfallversicherung
- die Träger der gesetzlichen Rentenversicherung
- die Träger der Kriegsopferversorgung
- die Träger der öffentlichen Jugendhilfe
- die Träger der Sozialhilfe.

Das „Wunsch- und Wahlrecht" des Leistungsberechtigten ist nach § 9 *SGB IX* umgesetzt worden, wonach dessen „persönliche Lebenssituation" zu berücksichtigen ist.

Ein *„persönliches Budget"* ist in § 17 eingeführt worden: Hierdurch kann der Leistungsempfänger eigenständig Leistungen „einkaufen". Die konkrete Ausgestaltung in der Praxis entscheidet dann darüber, welcher Stellenwert diesem Wahlrecht tatsächlich zukommt.[14]

Ein Erfahrungsbericht zum *Modellprojekt des Landes Rheinland-Pfalz „Selbstbestimmen – Hilfe nach Maß für Behinderte"* wurde von *Ulrike Bauer* in der Fachzeitschrift „Nachrichten Parität" Heft 1, Jahrgang 2002, S. 7f. veröffentlicht.

Im Modellversuch sollten geistig, körperlich oder psychisch behinderte Menschen ein persönliches Budget zur sozialen Eingliederung erhalten. Die nach Bedarf gestaffelte Geldleistung sollte es ihnen ermöglichen, ihren Hilfebedarf selbst auszugestalten und ambulante Angebote in Anspruch zu nehmen.[15]

Ein zentrales Anliegen des Gesetzes ist es, die *Zusammenarbeit und Koordination der Rehabilitationsträger zu verbessern.* (§§ 10ff.). Nach § 13 sind „gemeinsame Empfehlungen" zu erarbeiten, über deren Praxistauglichkeit der Bundesarbeitsgemeinschaft für Rehabilitation (BAR) jährlich zu berichten ist.[16]

Nach § 20 vereinbaren die Rehabilitationsträger „gemeinsame Empfehlungen zur Sicherung und Weiterentwicklung der Qualität der Leistungen, insbesondere zur barrierefreien Leistungserbringung". Die BAR bereitet diese Empfehlungen unter Beteiligung der Verbände vor.

In *Teil 2* (§§ 68 – 160) ist unter der Überschrift *„Besondere Regelungen zur Teilhabe schwerbehinderter Menschen"* das ehemalige Schwerbehindertengesetz annähernd übernommen worden.

Leistungsträger sind bei Schwerbehinderten die Integrationsämter und Integrationsfachdienste.

---

[14] *Bungart* in: Gemeinsam leben 2002, 112, 114.
[15] Landesplan A. 1.3, S. 12f.
[16] *Bungart* in: Gemeinsam leben 2002, 112, 114.

3.   Feststellung der Schwerbehinderteneigenschaft

Die Schwere der Behinderung wird gem. § 69 Abs. 1 SGB IX von der zuständigen Behörde festgestellt. Diese ist geregelt in § 3 des Gesetzes über das Verwaltungsverfahren der Kriegsopferversorgung,[17] das über § 69 Abs. 1 S. 2 SGB IX für Schwerbehinderte Anwendung findet.

Zuständig ist demnach die Verwaltungsbehörde des *Wohnsitzes* des berechtigten Behinderten. Hier tritt die Herkunft des Schwerbehindertengesetzes aus der Kriegsopferversorgung zutage.

Nicht zuständig ist z.B. das *Versorgungsamt,* das für die Arbeitsstelle zuständig ist, wenn der Behinderte nicht am Arbeitsort wohnt.

Das Amt für soziale Angelegenheiten bzw. die entsprechenden Ämter der Kreisverwaltungen und der Stadtverwaltungen kreisfreier und großer kreisangehöriger Städte, stellen nach § 69 Abs. 1 SGB IX bei Schwerbehinderten und diesen Gleichgestellten *auf Antrag die Behinderung fest.* Hierüber stellen sie nach § 69 Abs. 5 SGB IX den Schwerbehindertenausweis aus.

Die für die Durchführung des Bundesversorgungsgesetzes zuständigen Behörden stellen auf Antrag das Vorliegen einer Behinderung, den Grad der Behinderung und die Berechtigung zur Inanspruchnahme bestimmter Nachteilsausgleiche fest. Eine Feststellung unterbleibt, wenn das Vorliegen einer Behinderung und der auf ihr beruhende Grad bereits in einem Rentenbescheid (z.B. eines Unfallversicherungsträgers oder der Versorgungsverwaltung) festgestellt wurde und der Betroffene keine weiteren Gesundheitsstörungen geltend macht. In diesen Fällen wird zwar kein Feststellungsbescheid erlassen, wohl aber ggf. ein Schwerbehindertenausweis ausgestellt. Diese Dokumente dienen dem Behinderten vor allem als Nachweis für seinen Anspruch auf Leistungen oder Schutzrechte.

Eine Anerkennung als Behinderter im Sinne des SGB IX kommt nur für denjenigen in Betracht, der seinen Wohnsitz, seinen gewöhnlichen Aufenthalt oder seine Beschäftigung in der Bundesrepublik Deutschland hat (§ 30 SGB I).[18]

Ein Behinderter ist nicht verpflichtet, seine Behinderung feststellen zu lassen, die Antragstellung ist jedoch für die Inanspruchnahme von Leistungen unbedingt erforderlich.

Bei der Bewerbung um einen Arbeitsplatz sollte beachtet werden, dass das Verschweigen einer Behinderung – auch wenn sie nicht amtlich festgestellt worden ist – die Anfechtung des Arbeitsvertrags durch den Arbeitgeber wegen arglistiger Täuschung zur Folge haben kann. Dies ist jedenfalls dann der Fall, wenn der behinderte Bewerber wusste oder wissen musste, dass sich seine Behinderung auf dem angestrebten Arbeitsplatz nachteilig auswirken wird.

Es existiert ein gewisser *Vertrauensschutz:* Stellt nämlich das Versorgungsamt einen Grad der Behinderung (GdB) von 60 fest, obwohl die maßgebliche Alkoholkrankheit bereits nicht mehr besteht, kann diese Feststellung nur innerhalb von zwei Jahren korrigiert werden. Danach kann sich der oder die Behinderte auf den

---

[17] BGBl. 1976, I. S. 1169.
[18] www.behindertenbeauftragter.de „F wie Feststellungsverfahren".

Vertrauensschutz berufen und weiterhin die – fehlerhafte – Feststellung geltend machen.[19]

4. Die MdE-, GdB-Tabellen

Grundlage hierfür sind die „Anhaltspunkte für die ärztliche Gutachtertätigkeit im sozialen Entschädigungsrecht und nach dem Schwerbehindertengesetz 1996" *(GdB/MdE-Tabelle)*. GdB bedeutet Grad der Behinderung. GdB ersetzt den ehemaligen Begriff MdE, d.h. Minderung der Erwerbsfähigkeit.

In Graden von 0 bis 100 in 10er-Schritten wird die Schwere der Behinderung beschrieben. Erst ab GdB 20 wird überhaupt Behinderung festgestellt, § 69 Abs. 1 S. 3 SGB IX.

Die GdB-Werte sind nur Anhaltspunkte, füllen aber trotzdem 71 Seiten des dtv-Bandes.[20] In der GdB Tabelle findet man auch die bereits erwähnten Arten von Behinderung.

In § 2 Abs. 2 SGB IX wird festgestellt, dass *Menschen mit einem GdB von wenigstens 50 schwerbehindert* sind. Erst ab diesem Grad der Behinderung beginnt der Schwerbehindertenschutz.

Im Bereich von GdB 30 bis unter GdB 50 sollen behinderte Menschen gem. § 2 Abs. 3 SGB IX, die ja nicht den Schutz der Schwerbehinderten erfahren, den Schwerbehinderten gleichgestellt werden, wenn sie infolge ihrer Behinderung ohne die Gleichstellung einen geeigneten Arbeitsplatz nicht erlangen oder nicht behalten können. Ein solcher Fall ist allerdings selten.

Kriterien für die Bewertung des GdB bei verschiedenen Gesundheitsstörungen enthalten die *Anhaltspunkte für die ärztliche Gutachtertätigkeit* im sozialen Entschädigungsrecht und Schwerbehindertenrecht (AHP 1996).[21]

5. Gesamt-GdB

Liegen *mehrere Beeinträchtigungen* vor, so wird der GdB nach den Auswirkungen der Beeinträchtigungen in ihrer Gesamtheit unter Berücksichtigung ihrer wechselseitigen Beziehungen festgestellt, § 69 Abs. 3 S. 1 SGB IX; die Bildung des Gesamt-GdB obliegt der Versorgungsverwaltung im Feststellungsverfahren (Abs. 1), soweit eine Gesamtbeurteilung aller Beeinträchtigungen nicht bereits gemäß Abs. 2

- in einem Rentenbescheid
- einer entsprechenden Verwaltungs- oder Gerichtsentscheidung oder

---

[19] so: SG Dortmund, Urt. v. 28.11.2001 (Az: S 20 SB 127/01) Quelle: www.sozialportal.de.

[20] SGB IX 2001, 1. Aufl., dtv ISBN 3423057556, S. 399 – 470.

[21] Diese können beim Bundesministerium für Arbeit und Sozialordnung, Referat Öffentlichkeitsarbeit, Postfach 500 in 53105 Bonn bestellt werden.

- einer vorläufigen Bescheinigung der zuständigen Dienststellen
- getroffen worden ist.[22]

Die Feststellung des GdB wird *nicht übernommen,* wenn der Betroffene im Einzelfall ein *besonderes rechtliches Interesse* nachweist, das etwa in verschiedenen Maßstäben der MdE-Bewertung in den jeweiligen Rechtsgebieten, neuen Tatsachen (vor allem: Verschlimmerung) und weiteren, noch unberücksichtigten Beeinträchtigungen bestehen kann.[23]

6.   Verfassungsmäßigkeit der „Anhaltspunkte"?

Der Gesetzgeber des SGB IX hat es versäumt, eine demokratische Legitimation für das Regelwerk zu schaffen. Außerdem ist keine Anpassung an die neuen Begrifflichkeiten des SGB IX erfolgt. Daher wird die Verbindlichkeit der GdB-Tabelle in Frage gestellt.[24] Aufgrund der Neudefinition der Behinderung in § 2 Abs. 1 SGB IX (in Verbindung mit § 69 Abs. 1 S. 3, Abs. 3 SGB IX) erfolge nunmehr die Feststellung der Behinderung und damit auch des GdB nicht mehr anhand der Auswirkungen von regelwidrigen Funktionseinschränkungen, sondern anhand einer Beschreibung der Interaktion zwischen dem behinderten Menschen mit bestimmten gesundheitlichen Beeinträchtigungen und seiner gesellschaftlichen Umwelt: Dieser Umstand schränke die Anwendbarkeit der nicht an das SGB IX angepassten Anhaltspunkte ein.[25]

Das Sozialgericht Düsseldorf[26] hat hierzu entschieden (Leitsatz 2.):

„Die vom Bundesministerium für Arbeit, Gesundheit und Soziales herausgegebenen „Anhaltspunkte für die ärztliche Gutachtertätigkeit", auf die sich die Versorgungsbehörden bei der Festsetzung von Behinderungsgraden stützen, *sind kein Gesetz. Ihre Anwendung durch die Behörden ist mit elementaren Grundsätzen der Verfassung nicht vereinbar.[27]*"

In dem Fall sollte einer Patientin nach einer Krebsoperation, bei der die Gebärmutter entfernt wurde, ein gewährter GdB von 50 unter Berufung auf das Institut der „Heilbewährung" auf 20 reduziert werden, da sich – wie die Versorgungsverwaltung ausführte – der Gesundheitszustand der Patientin stabilisiert habe, Rückfälle nicht aufgetreten seien und das Risiko eines Rückfalles erheblich reduziert worden sei.

Allein durch den Zeitablauf und ohne Befundänderung stelle bei Funktionsbeeinträchtigungen, die zu Rückfällen neigten, die durch Zeitablauf eingetretene Heilungsbewährung eine wesentliche Veränderung der Verhältnisse dar. Nach

---

[22] *Schorn* in: Soziale Sicherheit 4/2002 S. 127, 132.

[23] *Masuch* in: Hauk/Noftz SGB IX, K § 69 Rn 28.

[24] *Schorn* in: Soziale Sicherheit 4/2002 S. 127ff.

[25] *Schorn* in: Soziale Sicherheit 4/2002 S. 127, 134.

[26] Urt. v. 13.02.2002, Az.: S 31 SB 282/01
http://www.anhaltspunkte.de/Rechtsprechung%20allgemein.html#verfass.

[27] Hervorhebung nicht im Leitsatz enthalten.

§ 48 SGB X ist der Verwaltungsakt mit Wirkung für die Zukunft aufzuheben, soweit in den tatsächlichen oder rechtlichen Verhältnissen, die beim Erlass eines Verwaltungsakts mit Dauerwirkung vorgelegen haben, eine Änderung eintritt.

Das Gericht führte aus, die Anhaltspunkte könnten keine Rechtsgrundlagen für den Entzug von Sozialleistungen darstellen. Da die „Anhaltspunkte" kein Gesetz seien, könnten sie nach Art. 19 Abs. 1 GG auch nicht in eine Rechtsposition des einzelnen eingreifen. Zwar habe das Bundessozialgericht festgestellt, dass den „Anhaltspunkten" rechtsnormähnliche Qualität zukomme; dies reiche jedoch nicht aus, um den Vorgaben des Grundgesetzes gerecht zu werden.

Das Bundessozialgericht habe nämlich gleichzeitig ausgeführt, dass auf Dauer den „Anhaltspunkten" nur gefolgt werden könnte, wenn diese *in ein Gesetz überführt* würden. Mittlerweile seien aber bereits sieben Jahre vergangen; außerdem habe in einem Parallelverfahren der Bundesminister mitgeteilt, dass in dieser Legislaturperiode eine „Verrechtlichung" der Anhaltspunkte nicht mehr geplant sei.

Den „Anhaltspunkten" fehlten

- *jegliche Transparenz,*[28] denn Außenstehende und Gerichte könnten nicht erkennen, welche Behinderung gerade wie bewertet werde und
- eine *wissenschaftliche Grundlage,*[29] da die „Anhaltspunkte" nicht von einem entsprechenden Fachgremium aufgrund der zusammengefassten Sachkunde und Erfahrung ihrer Mitglieder erstellt worden seien.

Zudem seien sie *rechtswidrig,* da sie vielfach *von Begutachtungsrichtlinien der Berufsgenossenschaften abwichen.*

Schließlich seien die „Anhaltspunkte" auch nicht mit § 69 Abs. 2 SGB IX (früher: § 4 Abs. 2 SchwbG) vergleichbar. Demnach habe derjenige, bei dem in einem berufsgenossenschaftlichen Verfahren eine bestimmte MdE festgestellt wurde, gleichzeitig Anspruch auf einen entsprechenden GdB nach dem Schwerbehindertengesetz.

Der *Gleichheitsgrundsatz* des Art. 3 GG gebiete es aber, die „Anhaltspunkte" in den entsprechenden Bereichen so zu gestalten wie die entsprechenden Tabellen der Berufsgenossenschaften. Während beispielsweise beim Verlust einer Hand die Berufsgenossenschaft nunmehr eine MdE von 60 statt 50 ansetze, wolle der ärztliche Sachverständigenrat beim BMA dieser Änderung nicht folgen.

Die Richtlinien der Berufsgenossenschaften wichen in 40 Fällen von den Anhaltspunkten ab, so dass bei Berufsunfällen die Bildung des GdB eher zufällig sei.

---

[28] Die *mangelnde Transparenz* folge daraus, dass die „Anhaltspunkte" nur etwa alle 10 Jahre neu gefasst werden, zwischenzeitlich aber halbjährlich durch ärztlichen Sachverständigenbeirat beim BMA geändert werden. Die Niederschriften hierüber seien aber urheberrechtlich geschützt, eine wirkliche Veröffentlichung finde nicht statt.

[29] Die „Anhaltspunkte" stellten kein einleuchtendes und abgewogenes Beurteilungsgefüge dar, da sie *nicht* auf eine *wissenschaftliche Grundlage* gestellt seien. Sie würden nämlich ausschließlich von den leitenden Ärzten der Landesversorgungsämter und den Mitarbeitern des BMA ausgestaltet, die in der Regel nicht wissenschaftlich oder klinisch, sondern ausschließlich in der Verwaltungsorganisation tätig seien.

7.   Die „Behindertentabelle" als Alternative

Das Bundesverfassungsgericht habe den Gerichten ausdrücklich die Möglichkeit eröffnet, eigene Beurteilungskriterien zu entwickeln. Zwar hätten die Gerichte davon bislang noch keinen Gebrauch gemacht, eine Gruppe unabhängiger Sachverständiger habe jedoch inzwischen eine „Behindertentabelle" entwickelt und im Internet veröffentlicht.[30] Diese Tabelle

- beseitige eine Reihe von Fehlern der „Anhaltspunkte"
- sie sei für jedermann zugänglich
- die Behinderungsgrade seien damit nachvollziehbar
- sie folge außerdem internationalen Vorgaben und Standards und
- gleiche in zahlreichen Fällen die Behinderungsgrade den Richtlinien der Berufsgenossenschaften an.

Mit dem Erscheinen der „Behindertentabelle" falle auch die Alternativlosigkeit der „Anhaltspunkte" und damit ein Grund für die Anwendung der „Anhaltspunkte" für das BSG weg. Zur Anwendung der „Behindertentabelle" wird im Internet ausgeführt:[31]

„In der Tabelle wird – zur besseren Übersicht – nur das dargestellt, was *abweichend von den „Anhaltspunkten 1996" gesehen* wird. Bei den Nachteilsausgleichen und bei Punkt 19 der „Anhaltspunkte" (Gesamt-GdB) ist der von den „Anhaltspunkten" abweichende Text rot markiert."

Ohlert, Dulisch und *Riemann* führen zum Sinn der Tabelle aus:

„Die Veröffentlichung der Tabelle soll aber auch Aufforderung an alle *unabhängigen Sachverständigen,* an *Behindertenorganisationen, Richter* und *Andere* sein, sich an der Weiterentwicklung der Tabelle zu beteiligen. Dazu bietet das Internet ideale Möglichkeiten. Bitte schreiben Sie uns Ihre Meinung oder schicken Sie uns Ihr Gutachten zu einzelnen Behinderungen. Wir werden alles veröffentlichen und die Tabelle – je nach Diskussionsstand von Zeit zu Zeit – anpassen."[32]

8.   Unterscheidung nach der Art der Behinderung

Neben der Einteilung nach dem Grad kann man Behinderungen nach der Art unterscheiden, z.B. Blindheit, Gehörlosigkeit oder Sprachstörung. *Gehörlose* sollen unter den Behinderten *besondere Unterstützung* erfahren denn bei Gehörlosen erkennt man die Behinderung erst auf den zweiten Blick.

---

[30] www.behindertentabelle.de.

[31] http://behindertentabelle.bei.t-online.de/Behindertentabelle.html#oben *Dorothea Strake* (DorotheaStrake@t-online.de) bittet dort um Kommentare, Meinungsäußerungen und Änderungsvorschläge per eMail.

[32] http://behindertentabelle.bei.t-online.de/Behindertentabelle.html#oben.

9.   Merkzeichen des Schwerbehindertenausweises

Besondere Merkmale werden im Schwerbehindertenausweis durch bestimmte *Merkzeichen* ausgewiesen (siehe §§ 2 u. 3 *SchwbAwVO*):[33]

- *VB* für behindert mit Versorgungsanspruch.
- *EB* für beschädigt i. S. des Bundesentschädigungsgesetzes[34] (Nazi-Unrecht).
- *B* fürNotwendigkeit ständiger Begleitung: Das Merkzeichen ermöglicht die unentgeltliche Beförderung einer Begleitperson eines schwerbehinderten Menschen im öffentlichen Personenverkehr. Eine ständige Begleitung ist bei schwerbehinderten Menschen notwendig, die bei Benutzung von öffentlichen Verkehrsmitteln infolge ihrer Behinderung zur Vermeidung von Gefahren für sich oder andere regelmäßig auf fremde Hilfe angewiesen sind, § 146 SGB IX.
- *G* für eingeschränkte Gehfähigkeit:[35] Dieses Merkzeichen berechtigt entweder zur unentgeltlichen Beförderung im öffentlichen Personennahverkehr oder zur Kraftfahrzeugsteuerermäßigung von 50%. Gemäß § 146 SGB IX ist in seiner Bewegungsfähigkeit im Straßenverkehr erheblich beeinträchtigt, wer infolge einer Einschränkung des Gehvermögens Wegstrecken im Ortsverkehr, die üblicherweise noch zu Fuß zurückgelegt werden, nicht ohne erhebliche Schwierigkeiten oder Gefahren für sich und andere gehen kann.
- *aG* für außergewöhnlich gehbehindert:[36] Hiermit können Parkerleichterungen im Straßenverkehr sowie eine Kraftfahrzeugsteuerbefreiung in Anspruch genommen werden. Nach der Verwaltungsvorschrift zu § 46 StVO liegt eine außergewöhnliche Gehbehinderung vor, wenn der schwerbehinderte Mensch sich wegen der Schwere des Leidens dauernd nur mit fremder Hilfe oder nur mit großer Anstrengung außerhalb des Kraftfahrzeugs bewegen kann. Hierzu zählen vor allem Querschnittsgelähmte, aber auch Doppelober- oder -unterschenkelamputierte. Eine *Gleichstellung* ist möglich, wenn das Gehvermögen auf das schwerste eingeschränkt ist. Dies ist bei der Benutzung eines Rollstuhles dann der Fall, wenn der Betroffene ständig auf ihn angewiesen ist. Erkrankungen der inneren Organe können eine Gleichstellung rechtfertigen, wenn beispielsweise die Einschränkung der Herzleistung oder Lungenfunktion für sich allein einen GdB von 80 bedingt.
- *H* für hilflos:[37] Dieses Merkzeichen ermöglicht die Inanspruchnahme eines Freibetrages bei der Einkommensteuer. Nach § 33 b EStG ist hilflos, wer bei

---

[33] BGBl. I (1991) S.1739.

[34] BGBl. I (1953) S. 1387 (Deutsches Bundesrecht VF 50).

[35] § 146 SGB IX; Rechtsprechung zum Nachteilsausgleich bei G:
http://www.anhaltspunkte.de/Rechtsprechung%20zu%20G.htm#oben.

[36] Rechtsprechung zum Nachteilsausgleich bei aG:
http://www.anhaltspunkte.de/RechtsprechungzuAG.htm#oben.

[37] Landessozialgericht Rheinland-Pfalz (L 4Vs 145/95): Muss eine *nierenkranke* Frau dreimal wöchentlich zur *Dialyse* fahren und besteht dabei die Gefahr von Schwindelanfällen, so genügt dies nicht, um auf ihrem Behindertenausweis das Merkzeichen „B" (=

einer Reihe von häufig und regelmäßig wiederkehrenden Verrichtungen zur Sicherung seiner persönlichen Existenz im Ablauf eines jeden Tages fremder Hilfe dauernd bedarf. Die Voraussetzungen sind auch erfüllt, wenn die Hilfe in Form einer Überwachung oder Anleitung zu diesen Verrichtungen erforderlich ist oder wenn die Hilfe zwar nicht dauernd geleistet werden muss, jedoch eine ständige Bereitschaft zur Hilfeleistung erforderlich ist. Zu den häufig und regelmäßig wiederkehrenden Verrichtungen zählen insbesondere das An- und Auskleiden, die Nahrungsaufnahme, die Körperpflege, das Verrichten der Notdurft. Einzelne Verrichtungen genügen nicht, selbst wenn sie lebensnotwendig sind und im täglichen Ablauf wiederholt vorgenommen werden. Verrichtungen, die nicht unmittelbar mit der Pflege der Person zusammenhängen, wie z.B. Haushaltsarbeiten, bleiben außer Betracht.

- *Bl* für blind: Blind ist ein Mensch, dem das Augenlicht vollständig fehlt. Als blind wird aber auch derjenige angesehen, dessen Sehschärfe auf keinem Auge und auch nicht bei beidäugiger Prüfung mehr als 1/50 beträgt oder bei dem andere Störungen des Sehvermögens von einem solchen Schweregrad vorliegen, dass sie dieser Beeinträchtigung der Sehschärfe gleich zu erachten sind (§ 1 Abs. 3 Ziff. 1 LBlindGG).

- *Gl* für gehörlos: Auch dieses Merkzeichen berechtigt (wie G) entweder zur unentgeltlichen Beförderung im öffentlichen Personennahverkehr oder zur Kraftfahrzeugsteuerermäßigung von 50%. Gehörlose sind Hörbehinderte mit beidseitiger Taubheit sowie Hörbehinderte mit einer an Taubheit grenzenden beidseitigen Schwerhörigkeit, wenn daneben schwere Sprachstörungen vorliegen, z.B. eine schwer verständliche Lautsprache oder geringer Sprachschatz, was in der Regel bei Hörbehinderten der Fall ist, deren an Taubheit grenzende Schwerhörigkeit angeboren oder in der Kindheit eingetreten ist.

Es gibt 2 Merkzeichen für *rechtliche Folgen* der Behinderung:

- *RF* für Befreiung von der Rundfunkgebührenpflicht.[38] Grundlage für die Befreiung von der Rundfunk- und Fernsehgebührenpflicht (GEZ-Befreiung) ist die *„Verordnung über die Befreiung von der Rundfunkgebührenpflicht"* vom 3. September 1992.[39] Hier heißt es (auszugsweise) in *§ 1 Abs. 1:*

---

ständige Begleitung erforderlich) eingetragen zu bekommen, da sie nicht „ständig" Hilfe benötigt. Quelle: www.sozialportal.de.

[38] Auch psychische Behinderungen sind nicht von der Befreiung von der Rundfunkgebührenpflicht ausgeschlossen, so: BSG Urt. v. 28.06.00 Az.: B 9 SB 2/00 R in: http://www.anhaltspunkte.de/BSGRF.html#1 Zwar sieht das BSG in der Gebührenbefreiung für Behinderte einen Verstoß gegen den gebührenrechtlichen Grundsatz der verhältnismässigen Gleichbehandlung aller Nutzer (vgl. BVerfGE 50, 217, 227; BSG SozR 3-3870 § 4 Nr. 2): Ein durch Gebührenbefreiung ausgleichbarer Mehraufwand behinderter Rundfunk- und Fernsehteilnehmer dürfte kaum je entstehen, weil die deutsche Bevölkerung unabhängig von Behinderungen nahezu vollständig Rundfunk hört und fernsieht; die daraus folgende Konsequenz könne aber nur der Verordnungsgeber ziehen.

[39] OVG Rheinland-Pfalz, 28.03.2002 (12 A 11623/01.): Für *Rundfunkgeräte,* die in *Behinderteneinrichtungen* bereitstehen, wird Gebührenfreiheit gewährt. Für ein Autoradio in

(Von der Rundfunkgebührenpflicht werden befreit:)

Ziff. 2a: Blinde oder nicht nur vorübergehend wesentlich Sehbehinderte mit einem Grad der Behinderung von wenigstens 60 allein wegen der Sehbehinderung.

Ziff. 2b: Gehörlose oder Hörgeschädigte, denen eine ausreichende Verständigung über das Gehör auch mit Hörhilfen nicht möglich ist.

Ziff. 3: Behinderte mit einem nicht nur vorübergehenden Grad der Behinderung von wenigstens 80, die wegen ihres Leidens an öffentlichen Veranstaltungen ständig nicht teilnehmen können.

- *1. Kl* für 1. Wagenklasse mit Fahrausweisen der 2. Wagenklasse: Dies kommt allerdings nur für Schwerkriegsbeschädigte nach dem Bundesversorgungsgesetz und für Verfolgte im Sinne des Bundesentschädigungsgesetzes mit einer Minderung der Erwerbsfähigkeit um mindestens 70 v.H. in Betracht, deren Zustand bei Reisen ständig die Unterbringung in der 1. Wagenklasse erfordert.

10. Pflichten des Arbeitgebers

a)   Die Beschäftigungspflicht

Die Pflichten des Arbeitgebers sind in §§ 71 ff. SGB IX festgeschrieben. Private und öffentliche Arbeitgeber mit mindestens 20 Arbeitsplätzen haben nach § 71 SGB IX auf wenigstens 5% der Arbeitsplätze schwerbehinderte Menschen zu beschäftigen. Dabei sind schwerbehinderte *Frauen besonders zu berücksichtigen.*

Im Rahmen der Beschäftigung Schwerbehinderter sind *bestimmte Gruppen* in angemessenem Umfang *zu berücksichtigen,* § 72 SGB IX z.B.:

- Behinderte, die einer *besonderen Hilfskraft* bedürfen,
- Behinderte mit *wesentlich verminderter Arbeitsleistung,*
- Schwerbehinderte aufgrund *geistiger* oder *seelischer* Behinderung.

Arbeitsplätze sind Stellen, auf denen Beschäftigte mindestens 18 Wochenstunden beschäftigt sind (§ 73 Abs. 3 SGB IX). Stellen von Auszubildenden zählen hierbei nicht mit (§ 74 Abs. 1 SGB IX).

Die *Beschäftigungspflicht von 5% Schwerbehinderter* löste die Beschäftigungspflicht von 6% des Schwerbehindertengesetzes ab. Sie wurde durch das Gesetz zur Bekämpfung der Arbeitslosigkeit Schwerbehinderter vom 29.09.2000 nur als Versuch gestartet, da man feststellte, dass sich Arbeitgeber lieber „freikauften", als Schwerbehinderte einzustellen. Im SGB IX wurde dieser Versuch in § 71 Abs. 2 übernommen. Ziel war, die Zahl der arbeitslosen schwerbehinderten Menschen bis Oktober 2002 um 25% zu senken.

Nach der Pressemitteilung des Behindertenbeauftragten der Bundesregierung *Karl Hermann Haak* vom 07.11.2002 ist die Zahl der erwerbslosen schwerbehin-

---

einem Behindertenfahrzeug kann auch ein Anspruch auf Befreiung von den Rundfunkgebühren bestehen. Ob das so ist, muss in jedem Einzelfall geprüft werden. Quelle: www.sozialportal.de.

derten Menschen von 189.766 im Oktober 1999 auf nunmehr 144.292 im Oktober 2002 zurückgegangen. Damit betrug der Rückgang 24%. Das Ziel des § 71 Abs. 2 SGB IX ist damit knapp verfehlt worden.

Diese politische Vorgabe, die grundsätzlich begrüßt wird, kann jedoch auch negative Auswirkungen zeitigen: So wird darauf hingewiesen, dass sowohl die Arbeitsämter als auch die Integrationsfachdienste unter einem hohen Vermittlungsdruck stehen, der sich negativ auswirken könnte: So könnten die reinen Vermittlungszahlen im Vordergrund stehen und nicht mehr die Qualität der angebotenen Leistungen, von der unter anderem die Dauerhaftigkeit des abgeschlossenen Arbeitsverhältnisses und der erreichte Personenkreis abhängen.[40]

In der Zeitschrift „Behinderte Menschen im Beruf" (ZB) haben im März 2002 der Bundesminister für Arbeit, *Walter Riester*,[41] Arbeitgeberverband und Gewerkschaftsverband[42] und der Präsident des Sozialverbands Deutschland (VdK), *Walter Hirrlinger*,[43] einen Rückgang der Arbeitslosigkeit Schwerbehinderter um 7,7% festgestellt. Nachdem im Monat Oktober 2002 die angestrebte Senkung der Arbeitslosigkeit schwerbehinderter Menschen um 25% nur knapp verfehlt worden war, wurde am 08.04.2003 das *„Gesetz zur Änderung von Fristen und Bezeichnungen im IX. Buch Sozialgesetzbuch und zur Änderung anderer Gesetze"* im BGBl. I 2003, S. 462 verkündet. Damit wurde die Rückführung der Pflichtquote auf 6% auf den 01.01.2004 verschoben. Das Bundesministerium für Arbeit wird die Veränderungsrate und die vom 01.01.2004 an geltende Pflichtquote im Bundesanzeiger bekanntgeben.

Die Erfüllung der Beschäftigungspflicht sollte schon immer mit Ausgleichsabgaben erreicht werden.

Deshalb wurden durch das oben erwähnte Gesetz zur Bekämpfung der Arbeitslosigkeit Schwerbehinderter die Ausgleichsabgaben am 01.10.2000 von 200,00 DM auf 300,00 DM je nach Erfüllung der Beschäftigungspflicht erhöht. Ziel ist, die Arbeitslosigkeit Schwerbehinderter zu senken, und zwar bis Oktober 2002 um 25%.

Im SGB IX wurde in § 77 eine *gestaffelte Lösung* gesucht: Die Ausgleichsabgabe beträgt je Monat und unbesetztem Pflichtplatz je nach Erfüllung der Beschäftigungspflicht 105, 180 oder 260 € (bis 31.12.2001 200 DM, 250 DM oder 500 DM).[44]

Die Ausgleichsabgabe wird auf Grundlage einer jährlichen Beschäftigungsquote ermittelt, wodurch klar wird, dass jede Beschäftigung Schwerbehinderter sich direkt auf die Ausgleichsabgabe des kommenden Jahres auswirkt. Neue Ziele erfordern neue Wege. Deren Wirkung bleibt abzuwarten. Sollte diese nicht erfolgen, so ist eine weitere Änderung des SGB IX anzustreben.

---

[40] *Bungart* in: Gemeinsam leben 2002, 114, 116.
[41] ZB 2002, Seite 10.
[42] ZB 2002, Seite 12.
[43] ZB 2002, Seite 13.
[44] *Braasch* in: BR 2001, 179.

b)   Der Beauftragte

Der *Arbeitgeber bestellt* eine(n) Beauftragte(n), der bzw. die ihn in Angelegenheiten schwerbehinderter Menschen verantwortlich vertritt. Diese(r) soll nach Möglichkeit selbst schwerbehindert sein und darauf achten, dass „dem Arbeitgeber obliegende Verpflichtungen erfüllt werden".

c)   Prüfpflicht

Der Arbeitgeber hat vor jeder Einstellung zu prüfen, ob die Besetzung der freien Stelle mit einem schwerbehinderten Menschen oder einem Gleichgestellten in Betracht kommt, § 81 Abs. 1 SGB IX. Um dieser Prüfpflicht nachzukommen, muss der Arbeitgeber frühzeitig mit dem zuständigen Arbeitsamt Kontakt aufnehmen, um festzustellen, ob freie oder frei werdende Stellen mit Schwerbehinderten oder Gleichgestellten besetzt werden können. Die Pflicht besteht unabhängig davon,

* ob bereits Bewerbungen von Schwerbehinderten oder Gleichgestellten vorliegen,
* der Arbeitgeber mehr als 20 Arbeitnehmer beschäftigt (§ 71 Abs. 1 SGB IX),
* der Arbeitgeber seine Pflichtquote bereits erfüllt hat oder nicht (§ 71 Abs. 2 SGB IX).[45]

d)   Beteiligungs- und Erörterungspflicht

Das Arbeitsamt oder ein von ihm beauftragter Integrationsfachdienst erarbeitet geeignete Vermittlungsvorschläge, § 81 Abs. 1 S. 3 SGB IX. Hierüber und über die Bewerbungen behinderter Menschen sind sowohl der Betriebs- bzw. Personalrat als auch die Schwerbehindertenvertretung unverzüglich zu unterrichten und anzuhören, was auch dann zu geschehen hat, wenn sich nach Meinung des Arbeitgebers kein geeigneter Bewerber darunter befindet.

Die Schwerbehindertenvertretung hat einen Anspruch auf die Teilnahme an Vorstellungsgesprächen, sobald sich ein schwerbehinderter Mensch beworben hat, § 95 Abs. 2 S. 3 SGB IX. Sie hat das Recht, die entscheidungsrelevanten Teile der Bewerbungsunterlagen aller Bewerber einzusehen, um einen umfassenden Eindruck von der Eignung der schwerbehinderten und der anderen Bewerber zu erlangen.[46] *Folge:* Erörterungspflicht gemäß § 81 Abs. 1 S. 7 SGB IX.

Der schwerbehinderte Bewerber ist anzuhören; die Entscheidung des Arbeitgebers muss diesem und den beteiligten Vertretungen unverzüglich schriftlich und unter Angabe der Gründe mitgeteilt werden, § 81 Abs. 1 S. 9 SGB IX.

---

[45] *Rolfs/Paschke* in: BB 2002, (Heft 24) 1260.
[46] *Rolfs/Paschke* in: BB 2002, (Heft 24) 1260.

Öffentliche Arbeitgeber müssen schwerbehinderte Bewerber, deren fachliche Eignung nicht offensichtlich fehlt, zum Vorstellungsgespräch einladen, § 82 SGB IX.

Als *Folge* eines Verstoßes gegen die Prüfpflicht hat der *Betriebsrat* ein *Zustimmungsverweigerungsrecht* analog § 99 Abs. 2 BetrVG. Er kann die Einstellung eines Nichtbehinderten solange blockieren, bis das Arbeitsgericht auf Antrag des Arbeitgebers die verweigerte Zustimmung ersetzt.[47]

Die Schwerbehindertenvertretung kann ihre Beteiligungsrechte im arbeitsgerichtlichen Beschlussverfahren durchsetzen.[48] Schuldhafte Verstöße gegen

• das Gebot der unmittelbaren Unterrichtung, § 81 Abs. 1 S. 4, 9 SGB IX

und/oder

• gegen die Erörterungspflicht, § 81 Abs. 1 S. 7 SGB IX

stellen *Ordnungswidrigkeiten* dar, § 156 Abs. 1 Nr. 7, 8 SGB IX.[49]

e)   Die Zentralstelle für Arbeitsvermittlung

Die Zentralstelle für Arbeitsvermittlung in Bonn vermittelt Hochschulabsolventen mit einem Grad der Behinderung von 80 und höher und schwer behinderte Führungskräfte. Bei der Vermittlung von Fach- und Führungskräften wird die Methode der aktiven Stellenakquisition angewandt: Mit Hilfe von Wirtschaftsdatenbanken werden Initiativbewerbungen erstellt, weiter liefert der Berater Hintergrundinformationen, informiert den potentiellen Arbeitgeber über mögliche Zuschüsse und bindet eine Schwerbehindertenvertrauensperson des Betriebes in die Arbeitsplatzsuche ein.[50] Die Adresse lautet:

Zentralstelle für Arbeitsvermittlung
Vermittlungsstelle für schwer behinderte Fach- und Führungskräfte
Reiner Schwarzbach
Bereich 11.50
Villemombler Straße 76
53123 Bonn

Ein Newsletter mit Stellenangeboten, interessanten Links und weiteren Informationen kann per E-Mail bei elsbeth.mittenzwey@arbeitsamt.de bestellt werden.

Die Adresse des Online-Stellenmarktes für Behinderte lautet: www.kein-handicap.de. Informationen für schwerbehinderte Arbeitnehmer und Arbeitgeber findet man unter www.jobs-fuer-schwerbehinderte.de.

---

[47] *Rolfs/Paschke* in: BB 2002, (Heft 24) 1260f.
[48] *Düwell* in: BB 2570, 2572.
[49] *Rolfs/Paschke* in: BB 2002, (Heft 24) 1260, 1261.
[50] *Schwarzbach* in: UNI Magazin Heft 1, 2003, S. 25ff.

f)   Pflichten gegenüber dem beschäftigten Schwerbehinderten

Neben der Beschäftigungspflicht Schwerbehinderter hat der Arbeitgeber auch Pflichten gegenüber den *beschäftigten Schwerbehinderten*.

Arbeitgeber dürfen schwerbehinderte Beschäftigte *nicht* wegen ihrer Behinderung *benachteiligen* (§ 81 Abs. 2 SGB IX).

Dem Arbeitgeber ist es danach verboten, einen schwerbehinderten Beschäftigten in tatsächlicher oder rechtlicher Hinsicht wegen seiner Behinderung vergleichsweise schlechter zu stellen als einen nicht schwerbehinderten Beschäftigten.[51]

Verstößt der Dienstherr eines öffentlich-rechtlichen Beschäftigungsverhältnisses oder der Arbeitgeber bei der Begründung des Beschäftigungsverhältnisses gegen das Benachteiligungsverbot, so steht dem Beschäftigten gegenüber diesem ein *Entschädigungsanspruch* zu.[52]

Das Benachteiligungsverbot bezieht sich auf alle Bereiche des Arbeitsverhältnisses: *Art. 5 RL 2000/78/EG* verpflichtet die Arbeitgeber, geeignete und erforderliche Maßnahmen zu treffen, um behinderten Menschen den *Zugang* zur Beschäftigung, die *Ausübung* eines Berufes, den *beruflichen Aufstieg* und die Teilnahme an *Aus- und Weiterbildungsmaßnahmen* zu ermöglichen, wenn diese Maßnahmen den Arbeitgeber nicht unverhältnismäßig belasten. Außerdem werden Maßnahmen bei einer *Weisung* oder *Kündigung* umfasst.[53]

Die Arbeitgeber stellen durch eine *geeignete Maßnahme* sicher, dass wenigstens die vorgeschriebene Zahl schwerbehinderter Menschen eine möglichst *dauerhafte behinderungsgerechte Beschäftigung* finden kann (§ 81 Abs. 3 SGB IX).

Gemäß § 80 Abs. 2 SGB IX haben die Arbeitgeber einmal jährlich dem für ihren Sitz zuständigen Arbeitsamt *genaue Angaben über ihre Beschäftigung Schwerbehinderter* zu machen. Kommt ein Arbeitgeber im Rahmen dieses Anzeigeverfahrens bis zum 30. Juni eines jeden Kalenderjahres den nach dem SGB IX bestehenden Anzeigepflichten nicht nach, so ist das Arbeitsamt dazu berechtigt, nach Prüfung in tatsächlicher und rechtlicher Hinsicht, einen Feststellungsbescheid unter anderem über die Zahl der mit behinderten Arbeitnehmern zu besetzenden Pflichtplätze zu erlassen (§ 80 Abs. 3 SGB IX).[54]

---

[51] *Hansen* in: NZA 985, 986.

[52] *Rolfs/Paschke* in: BB 2002, (Heft 24) 1260, 1261; hierdurch ist die Richtlinie des Rates der Europäischen Union zur Festlegung eines allgemeinen Rahmens für die Verwirklichung der Gleichbehandlung in Beschäftigung und Beruf vom 27.11.2000 (2000/87/EG), ABlEG Nr. L 303 v. 27.11.2000, S. 16. § 81 Abs. 2 S. 1 SGB IX, der sich nur auf schwerbehinderte Arbeitnehmer bezieht, nach Ablauf der Umsetzungsfrist am 02.12.2003 (für Benachteiligung wegen der Religion, der Weltanschauung oder der sexuellen Identität; mit Verlängerungsoption bis zum 02.12.2006 bei Behinderung und Alter) richtlinienkonform dahingehend auszulegen, dass auch behinderte Arbeitnehmer mit einem GdB von unter 50 geschützt werden.

[53] *Rolfs/Paschke* in: BB 2002, (Heft 24) 1260, 1261.

[54] *Braun* in: RiA 2001, 217, 222.

Die Arbeitgeber treffen *Integrationsvereinbarungen.* Ein Muster einer Integrationsvereinbarung ist als Anhang abgedruckt.

In der jährlichen *Schwerbehindertenversammlung* hat der Arbeitgeber gem. § 83 Abs. 3 SGB IX über alle Angelegenheiten im Zusammenhang mit der Eingliederung schwerbehinderter Menschen – z.B. über Abschluss und Umsetzung der Integrationsvereinbarungen – zu *berichten.*[55]

§ 84 SGB IX: Bei betriebsbedingten Schwierigkeiten (z.B. wenn ein schwerbehinderter Mensch länger als 3 Monate ununterbrochen arbeitsunfähig ist) *schaltet* der *Arbeitgeber* möglichst frühzeitig die *Schwerbehindertenvertretung* sowie das Integrationsamt (Hauptfürsorgestelle) ein zur Erörterung der möglichen Hilfen. Unter Umständen ist hierbei die Zustimmung des Betroffenen erforderlich.

Die erforderlichen Maßnahmen werden durch Arbeitsamt und Integrationsamt ideell und finanziell unterstützt (z.B.: geeignete Bürostühle, große Bildschirme usw.).

g) Frage nach der Schwerbehinderteneigenschaft

Voraussetzung für die Begründung der Arbeitgeberpflichten ist natürlich, dass der *Schwerbehinderte die Schwerbehinderteneigenschaft dem Arbeitgeber mitgeteilt* hat. Eine *Offenbarungspflicht* gibt es insoweit *nicht.* Fragen des Arbeitgebers muss der schwerbehinderte Arbeitnehmer allerdings wahrheitsgemäß beantworten.

§ 81 Abs. 2 SGB IX lehnt sich an § 611 a BGB an:[56] Nach der bisherigen Rechtsprechung des BAG war der Arbeitgeber berechtigt, nach einer anerkannten Schwerbehinderung des Bewerbers zu fragen, und zwar unabhängig davon, ob die Behinderung, auf der die Anerkennung der Schwerbehinderteneigenschaft beruht, tätigkeitsrelevant ist. Die unrichtige Beantwortung der Frage nach der Schwerbehinderteneigenschaft rechtfertigte regelmäßig die Anfechtung des Arbeitsvertrags wegen arglistiger Täuschung, § 123 BGB.[57]

Bereits vor Einführung des Benachteiligungsverbotes wurde diese Rechtsprechung als verfassungsrechtlich unzulässige Benachteiligung kritisiert:

Als Einschränkung des Fragerechts wurde gefordert, dass der Arbeitgeber nur Fragen stellen dürfe, die sich auf das Vorliegen einer Behinderung beziehen, die den betrieblichen Ablauf konkret beeinträchtigt oder dazu führt, dass der Bewerber die vorgesehene Arbeit nicht oder nicht hinreichend gut bewältigen kann. Nur für diesen Fall sei ein berechtigtes Fragerecht des Arbeitgebers anzuerkennen.[58]

Dem Schwerbehinderten steht gegenüber dem Arbeitgeber ein Anspruch auf Teilzeitarbeit zu:

---

[55] *Braasch* in: BR 2001, 182.
[56] *Düwell* in: BB 2001, 1527, 1529.
[57] *Rolfs/Paschke* in: BB 2002, (Heft 24) 1260, 1261.
[58] ArbGer Siegburg in: NZA 1995, 943.

11. Teilzeitarbeit[59]

Viele schwerbehinderte Menschen haben ein besonderes Interesse an einem Teil-
zeitarbeitsplatz. Um dies zu unterstützen, hat der Arbeitgeber die Einrichtung von
Teilzeitarbeitsplätzen zu fördern, § 81 Abs. 5 S. 1 SGB IX. Dies dürfte insbesondere bei speziell von Frauen eingenommenen Arbeitsplätzen der Fall sein, §§ 71
Abs. 1 S. 2, 83 Abs. 2 S. 2 SGB IX.[60] Auch Bezieher von Renteneinkünften sind
durch die Einrichtung von Teilzeitarbeitsplätzen zu fördern.[61]

Unter bestimmten Umständen haben schwerbehinderte Menschen einen Anspruch auf Teilzeitbeschäftigung.

Gemäß § 81 Abs. 5 S. 3 SGB IX ist ein solcher Anspruch gegeben, wenn die
kürzere Arbeitszeit wegen *Art* oder *Schwere* der Behinderung notwendig ist. Anspruchsberechtigt sind nur schwerbehinderte Menschen im Sinne des § 2 Abs. 2
SBG IX, also Personen mit einem Grad der Behinderung von mindestens 50, oder
schwerbehinderten Menschen Gleichgestellte im Sinne von § 2 Abs. 3 SGB IX.[62]

a)   Notwendigkeit der Arbeitszeitverkürzung

Mit Art und Schwere der Behinderung sind Umstände gemeint, die den schwerbehinderten Menschen an der Erbringung der vollen Arbeitsleistung hindern oder
diese Erbringung erschweren.[63]

Die Notwendigkeit der Arbeitszeitverkürzung muss auf der Art oder Schwere
der Behinderung *beruhen*. Ein solches Beruhen ist anzunehmen, wenn der behinderte Mensch nicht mehr in der Lage ist, seine vertraglich geschuldete Tätigkeit in
Vollzeit zu verrichten oder eine Fortsetzung der Vollzeittätigkeit eine Ver-
schlechterung seines Gesundheitszustandes herbeiführen würde.[64] Nicht notwendig ist dabei, dass die Erschwernisse ihre Ursache in der Arbeitstätigkeit selbst
haben: auch der Weg zur Arbeitsstätte kann als Grund für eine Reduzierung der
Arbeitszeit herangezogen werden:[65] Beispiele: Gesundheitliche Probleme durch

* langes Sitzen
* langes Stehen
* Tätigkeiten im Freien
* besondere körperliche Anforderungen der Arbeit.

Die Notwendigkeit einer Arbeitszeitverkürzung setzt *nicht* voraus, dass sich der
Gesundheitszustand verschlechtert oder der *GdB* sich *erhöht*.

---

[59] Informationen zum Thema Teilzeitarbeit sind in behindertengerechter Gestaltung unter
www.teilzeit-info.de (Bundesministerium für Arbeit und Sozialordnung) aufrufbar.
[60] *Schwab* in: Arbeitsrechtslexikon Band 1, Artikel Schwerbehinderter, S. 4 a.
[61] *Seidel* in: Sozialrecht + Praxis 2002, 31, 35.
[62] *Hansen/Kelber/Zeissig* Rn 355.
[63] *Weyand/Schubert* Rn 183.
[64] *Hansen/Kelber/Zeissig* Rn 360.
[65] *Weyand/Schubert* Rn 183.

Nicht eindeutig geregelt ist, ob der Umfang der möglichen Arbeitsreduzierung beschränkt ist: Während teilweise angenommen wird, dass auch eine Reduzierung der Arbeitszeit auf wenige Wochenstunden in Betracht komme, wenn die Art und Schwere der Behinderung dies erfordere,[66] wollen andere Autoren auf eine Verhältnismäßigkeit des Umfangs der Arbeitszeitverkürzung abstellen.[67] Anspruchsgegner kann jeder Arbeitgeber sein, auch Kleinstbetriebe sind betroffen.[68]

Zwar besteht keine normierte Ankündigungspflicht. Somit kann eine Arbeitszeitverkürzung jederzeit verlangt werden. Jedoch sind Situationen denkbar, in denen eine sofortige Verkürzung der Arbeitszeit untunlich ist. Den Arbeitnehmer trifft nämlich eine Treuepflicht, die ihn verpflichtet, den Anspruch nicht zur Unzeit zu stellen und dem Arbeitgeber eine ausreichende Bedenkzeit einzuräumen.[69] Ebenso ist der Grundsatz der Verhältnismäßigkeit zu beachten.[70]

Dem Arbeitnehmer ist also in jedem Fall anzuraten, seinen Anspruch frühestmöglich geltend zu machen.[71]

Dieser Anspruch der schwerbehinderten Menschen steht aber unter dem Vorbehalt der *Zumutbarkeit:* Ein Anspruch auf Teilzeitbeschäftigung existiert nicht, wenn seine Erfüllung für den Arbeitgeber nicht zumutbar oder mit unverhältnismäßigen Aufwendungen verbunden wäre (§§ 81 Abs. 4 S. 3, Abs. 5 S. 3).

Eine Unzumutbarkeit ist ebenso anzunehmen, wenn staatliche oder berufsgenossenschaftliche Arbeitsschutzvorschriften oder beamtenrechtliche Vorschriften entgegenstehen.[72]

Die Bestimmung der Zumutbarkeit setzt eine umfassende Interessenabwägung der Vor- und Nachteile durch die Arbeitsvertragsparteien voraus.[73] Da schwerbehinderte Menschen wegen ihrer Behinderung nicht diskriminiert werden dürfen, sind auf Seiten des Arbeitgebers nur *zwingende Gründe* anzuerkennen.[74]

Ein Überwiegen der Arbeitgeberinteressen kommt nur in Betracht, wenn die wirtschaftlichen oder organisatorischen Nachteile, die dem Arbeitgeber erwachsen, derart schwerwiegend sind, dass sie bei objektiver Betrachtung die Verpflichtung des Arbeitgebers als nicht hinnehmbar erscheinen lassen oder die Erfüllung des Teilzeitanspruchs nicht möglich ist.[75]

Dies ist dann anzunehmen, wenn der konkrete Arbeitsplatz der Natur der Sache nach nicht teilbar ist oder die Teilung größte Schwierigkeiten bereitet.[76]

Indizien für eine Unzumutbarkeit können sein:[77]

---

[66] *Hansen/Kelber/Zeissig* Rn 360.
[67] *Weyand/Schubert* Rn 100.
[68] *Hansen/Kelber/Zeissig* Rn 357.
[69] *Weyand/Schubert* Rn 100.
[70] *Weyand/Schubert* Rn 186.
[71] *Hansen/Kelber/Zeissig* Rn 362.
[72] *Weyand/Schubert* Rn 184.
[73] *Hansen/Kelber/Zeissig* Rn 364.
[74] *Seidel* in: BR 2001, 153.
[75] *Hansen/Kelber/Zeissig* Rn 364.
[76] *Hansen/Kelber/Zeissig* Rn 365.
[77] *Weyand/Schubert* Rn 184.

- Der Arbeitgeber muss zur Erfüllung des Gesuchs des schwerbehinderten Menschen Änderungen in der Arbeitsorganisation vornehmen.
- Der Einsatz einer Ersatzperson für den schwerbehinderte Arbeitnehmer ist aufgrund seiner besonderen Qualifikationen und Kenntnisse nur schwer möglich.
- Der Arbeitgeber ist bereits einer oder mehreren Anpassungen der Arbeitszeit nachgekommen.

Je nach Arbeitsbereich ist die Teilbarkeit eines Arbeitsplatzes als sehr unterschiedlich einzuschätzen. Hingewiesen sei jedoch auf das flexible Job-sharing-System, wonach die an einem Vollzeitarbeitsplatz anfallende Arbeit von zwei Beschäftigten erledigt wird, der Arbeitsplatz grundsätzlich während der vollen Arbeitszeit besetzt ist und sich die dort beschäftigten Arbeitnehmer abstimmen, wer wann an der Reihe ist.[78]

Auch die Notwendigkeit unverhältnismäßiger Aufwendungen auf Seiten des Arbeitgebers kann den Anspruch entfallen lassen: Diese sind dann anzunehmen, wenn die Verwirklichung für den Arbeitgeber so kostspielig ist, dass die Teilzeit selbst nach Inanspruchnahme der Leistungen Dritter (Ausgleichsabgabe) als wirtschaftlich unvertretbar erscheint.[79]

Der Anspruch auf Teilzeitarbeit beinhaltet eine Verkürzung der täglichen Arbeitszeit. Wenn eine bestimmte Verteilung der Arbeitszeit nicht aus Gründen der Behinderung angezeigt ist, kann der Arbeitgeber die Lage der Arbeitszeit unter Beachtung der Beteiligungsrechte des Betriebsrates nach billigem Ermessen bestimmen; ein Anspruch auf Verteilung der Arbeitszeit nach den Wünschen des Arbeitgebers sieht das SGB IX[80] nicht vor.[81]

b)   Das Teilzeit- und Befristungsgesetz

Auch nach dem Gesetz über Teilzeitarbeit und befristete Arbeitsverträge (TzBfG) muss der Arbeitgeber den Arbeitnehmern Teilzeitarbeit ermöglichen (§ 6 TzBfG). Ein Arbeitnehmer, dessen Arbeitsverhältnis länger als 6 Monate bestanden hat, kann verlangen, dass seine vertraglich vereinbarte Arbeitszeit verringert wird (§ 8 Abs. 1 TzBfG).[82] Das Begehren muss drei Monate vor dem Beginn der Arbeitszeitverringerung formlos mitgeteilt werden, § 8 Abs. 2 TzBfG, wobei der Arbeitnehmer auch die gewünschte Verteilung der Arbeitszeit angeben soll.

Dagegen setzt der Teilzeitanspruch des schwerbehinderten Menschen keine bestimmte Dauer des Arbeitsverhältnisses voraus. Der Anspruch ist an keine prozeduralen Voraussetzungen geknüpft, die Verringerung kann *jederzeit,*[83] also bereits zu Beginn des Arbeitsverhältnisses geltend gemacht werden.

---

[78] *Seidel* in: BR 2001, 153, 155.
[79] *Hansen/Kelber/Zeissig* Rn 366.
[80] anders: § 8 TzBfG für den allgemeinen Teilzeitanspruch.
[81] Hansen/Kelber/Zeissig Rn 367.
[82] Fachlexikon Behinderung und Beruf, Artikel Teilzeitarbeit, www.integrationsaemter.de/infothek/lexikon.php.
[83] *Weyand/Schubert* Rn 185.

Beide Gesetze knüpfen noch an weitere unterschiedlichen Voraussetzungen an: Während das TzBfG Betriebe bis einschließlich 15 Arbeitnehmer von seinem Anwendungsbereich ausnimmt, ist der Anspruch aus § 81 Abs. 5 SGB IV auch in Kleinstbetrieben gegeben.

Außerdem kann der Arbeitgeber dem allgemeinen Anspruch auf Teilzeitarbeit aus dem TzBfG betriebliche Gründe entgegenhalten, die bereits dann vorliegen, wenn die Verringerung der Wochenarbeitszeit die Organisation, den Arbeitsablauf oder die Sicherheit im Betrieb *wesentlich beeinträchtigt* oder unverhältnismäßige Kosten verursacht, § 8 Abs. 4 TzBfG. Bei einem Anspruch des schwerbehinderten Menschen aus § 81 Abs. 5 SGB IX sind hingegen Gründe erforderlich, die das Gesetz als für den Arbeitnehmer unzumutbar erachtet.[84] Die Privilegierung dieses Anspruchs lässt sich auch aus dem verfassungsrechtlichen Gebot der Förderung behinderter Menschen begründen, *Art.* 3 Abs. 3 S. 2 GG.[85]

Zudem ist ein Anspruch auf Verringerung der Arbeitszeit nach den Vorschriften des TzBfG innerhalb von zwei Jahren nach der letzten Verringerung oder nach deren berechtigter Ablehnung ausgeschlossen, § 8 Abs. 6 TzBfG.

Das Verfahren zur Geltendmachung des allgemeinen Teilzeitanspruchs gem. § 8 TzBfG ist zweistufig aufgebaut: Zunächst hat der Arbeitnehmer das Verringerungsbegehren zu äußern, dann hat der Arbeitgeber mit diesem die gewünschte Arbeitszeitverringerung mit dem Ziel zu erörtern, eine Einigung über die Arbeitszeit und ihre Verteilung zu erreichen, § 8 Abs. 3 TzBfG.

Der Arbeitgeber muss seine Entscheidung einen Monat vor dem Beginn der Verringerung schriftlich mitteilen (§ 8 Abs. 5 S. 1 TzBfG). Tut er dies nicht, so tritt nach S. 2 dieses Absatzes die Arbeitszeitverkürzung in dem gewünschten Umfang und in der gewünschten Verteilung ex lege ein.

Nach dem Teilzeit- und Befristungsgesetz ist auch anspruchsberechtigt, wer schon teilzeitbeschäftigt ist. Auch geringfügig Beschäftigte sollen ihre Arbeitszeit verringern dürfen. Der Umfang der Reduzierung kann unterschiedlich ausfallen, eine Begrenzung ist nicht vorgesehen, sie kann aber nach Treu und Glauben möglich sein.[86]

c) Wiederholte Verringerung der Arbeitszeit

Problematisch ist, ob auch ein *bereits in Teilzeit beschäftigter* schwerbehinderter Arbeitnehmer eine *weitere Verringerung seiner Arbeitszeit* gem. § 81 SGB IX beanspruchen kann. Zwar deutet der Wortlaut des Gesetzes darauf hin, dass als Anspruchsberechtigte nur vollzeitbeschäftigte schwerbehinderte Arbeitnehmer in Frage kommen. Jedoch wird man mit dem Schutzzweck der Norm, den Bestand des Arbeitsverhältnisses zu schützen, dem schwerbehinderten Arbeitnehmer auch

---

[84] *Weyand/Schubert* Rn 188.
[85] *Weyand/Schubert* Rn 188.
[86] *Rudolf/Rudolf* in: NZA 2002, 602, 603.

den Anspruch zuerkennen müssen, eine weitere Herabsetzung der Arbeitszeit zu verlangen.[87]

Andererseits kann ein mehrmaliges Herabsetzungsbegehren zur Unzumutbarkeit führen: so wird darauf hingewiesen, dass eine Unzumutbarkeit des Begehrens für den Arbeitgeber nicht zuletzt dann anzunehmen sein wird, wenn der Arbeitgeber zuvor bereits einer oder mehreren Anpassungen der Arbeitszeit nachgekommen ist.[88]

Auch Teilzeitkräfte genießen unabhängig von der Stundenzahl den besonderen Kündigungsschutz nach dem SGB IX; dies gilt auch für geringfügig Beschäftigte (325 €-, ehemals „630 DM-Verträge").[89]

Bei einer Beschäftigung von wenigstens 18 Stunden in der Woche wird der schwerbehinderte Teilzeitbeschäftigte im Rahmen der Veranlagung zur Ausgleichsabgabe auf einen vollen Pflichtplatz angerechnet. Im Ausnahmefall kann eine Anrechnung auf bis zu drei Pflichtplätze erfolgen, wenn die Teilhabe des beschäftigten Schwerbehinderten am Arbeitsleben auf besondere Schwierigkeiten stößt, § 76 Abs. 1 SGB IX. Auch eine kürzere Arbeitszeit kann vom Integrationsamt zur Anrechnung auf einen Pflichtplatz zugelassen werden, wenn dies wegen der *Art* oder *Schwere* der Behinderung notwendig erscheint (§ 75 Abs. 2 S. 1; S. 2 SGB IX).[90]

Eine Anrechnung auf zwei Pflichtarbeitsplätze erfolgt bei schwerbehinderten Menschen, die beruflich ausgebildet werden, § 76 Abs. 2 S. 1, bei besonders schwieriger Vermittelbarkeit auf bis zu drei Plätze, S. 2.

Das Arbeitsamt entscheidet nach freiem Ermessen, wobei eine Mehrfachanrechnung auch dann in Betracht kommt, wenn die Beschäftigung des schwerbehinderten Menschen für den Arbeitgeber *zusätzliche Belastungen* mit sich bringt.[91]

d)   Reduzierung der Gegenleistung

Bei Reduzierung der Arbeitszeit nach § 81 Abs. 5 SGB IX reduziert sich die Gegenleistung in gleicher Weise wie bei § 8 TzBfG. Dort ist die Höhe der Gegenleistung nicht geregelt worden, wohl weil man die Reduzierung des Entgeltes als Selbstverständlichkeit empfindet, die keiner weiteren Erörterung bedarf.[92]

In den allermeisten Fällen richtet sich die Reduzierung der Gegenleistung nach dem Verhältnis der Reduzierung der Arbeitszeit.[93]

---

[87] *Hansen/Kelber/Zeissig* Rn 357.
[88] *Weyand/Schubert* Rn 184.
[89] *Seidel* S. 19.
[90] Fachlexikon Behinderung und Beruf, Artikel Teilzeitarbeit, www.integrationsaemter.de/infothek/lexikon.php.
[91] *Feldes* § 76 Rn 4.
[92] dies vermutet *Hansen/Kelber/Zeissig* Rn 148.
[93] *Hansen/Kelber/Zeissig* Rn 150.

e)   Rückkehr zur Vollzeittätigkeit

Zwar steht dem Arbeitnehmer kein Rückkehrrecht zur Vollzeittätigkeit zu, auch wenn der Grund für die Arbeitszeitverkürzung weggefallen ist. Jedoch ist der schwerbehinderte teilzeitbeschäftigte Arbeitnehmer mit dem Wunsch nach Mehrbeschäftigung bei der Besetzung eines freien Arbeitsplatzes im Rahmen des § 9 TzBfG bevorzugt zu berücksichtigen.[94]

§ 9 TzBfG regelt die Modalitäten und Anforderungen für den Fall, dass ein Teilzeitbeschäftigter dem Arbeitgeber anzeigt, dass er eine Verlängerung seiner vertraglich vereinbarten Arbeitszeit wünscht.[95]

Liegen die Voraussetzungen des § 9 TzBfG vor, so hat der Arbeitgeber den teilzeitbeschäftigten Arbeitnehmer, der die Anzeige auf Arbeitszeitverlängerung abgegeben hat, auf dem entsprechenden freien Arbeitsplatz zu beschäftigen.[96]

§ 9 TzBfG setzt neben der Anzeige des Wunsches auf Arbeitszeitverlängerung einen entsprechenden freien Arbeitsplatz, die gleiche Eignung wie der Mitbewerber, das Fehlen von entgegenstehenden dringenden betrieblichen Gründen und das Fehlen von entgegenstehenden Arbeitszeitwünschen anderer teilzeitbeschäftigter Arbeitnehmer voraus.

Relevant ist das Erfordernis der Berücksichtigung der Arbeitszeitwünsche anderer Arbeitnehmer. Zwar hat der Gesetzgeber – abweichend vom Gesetzesentwurf – darauf verzichtet zu regeln, dass nur die Arbeitszeitwünsche derjenigen Teilzeitbeschäftigten entgegenstehen, die nach sozialen Gründen vorrangig sind. Jedoch wurde in der Gesetzesbegründung darauf hingewiesen, dass eine nun vom Arbeitgeber zu treffende Auswahlentscheidung nur nach billigem Ermessen erfolgen dürfe. Damit sind bei der Interessenabwägung auch Gründe zu berücksichtigen, die anderen teilzeitbeschäftigten Arbeitnehmern unter sozialen Aspekten eine Vorrangstellung einräumen.[97]

Bei der Vereinbarung einer Teilzeitbeschäftigung sollte bedacht werden, dass Maßnahmen der begleitenden Hilfe im Arbeitsleben (u.a. technische Arbeitshilfen, Arbeitsplatzgestaltung) nur möglich sind, wenn die wöchentliche Arbeitszeit mindestens 15 Stunden beträgt (vgl. § 102 Abs. 2 S. 3 SGB IX).[98]

Nach herrschender Ansicht bedarf es zur Geltendmachung des Teilzeitanspruchs keiner Zustimmung des Arbeitgebers. Das Teilzeitarbeitsverhältnis kommt somit kraft Gesetzes zu Stande; der Teilzeitanspruch ist im Wege der Feststellungsklage zu verfolgen.[99]

---

[94] *Hansen/Kelber/Zeissig* Rn 369.
[95] *Ihlenfeld/Kles* Rn 41.
[96] *Ihlenfeld/Kles* Rn 55.
[97] *Ihlenfeld/Kles* Rn 53f.
[98] *Seidel* in: BR 2001, 153.
[99] *Hansen/Kelber/Zeissig* Rn 370.

f)   Gerichtliche Geltendmachung des Anspruchs

Es steht der Klageweg zu den Arbeitsgerichten offen. Der Arbeitnehmer trägt die Darlegungs- und Beweislast dafür, dass Art und Schwere seiner Behinderung eine Reduzierung der Arbeitszeit notwendig machen, der Arbeitgeber trägt die Darlegungs- und Beweislast für die Unzumutbarkeit der Erfüllung des Gesuchs.[100]

g)   Leistungen des Integrationsamtes[101]

Die Einrichtung von Teilzeitarbeitsplätzen kann aus Mitteln der Ausgleichsabgabe gefördert werden (§ 26 Abs. 1 Nr. 2 SchwbAV).

Finanzielle Leistungen für die Schaffung von (Vollzeit-)Arbeitsplätzen (§ 15 Abs. 1 SchwbAV) werden gewährt, wenn der Arbeitgeber einen schwerbehinderten Arbeitnehmer einstellt, obwohl er bereits alle Pflichtplätze besetzt hat oder das Beschäftigungsverhältnis ohne die Umsetzung auf einen neu zu errichtenden Arbeitsplatz entfallen würde. (Bei der Schaffung von Teilzeitarbeitsplätzen kann der Arbeitgeber auch unabhängig von diesen Voraussetzungen Zuschüsse und/oder Darlehen erhalten, § 26 Abs. 1 Nr. 2 SchbAV).

Unabhängig davon kann das Integrationsamt einen Zuschuss und/oder Darlehen gewähren, wenn schwerbehinderte Menschen eingestellt werden sollen,

- deren GdB wenigstens 80 beträgt oder
- die das 50. Lebensjahr vollendet haben oder
- die besonders betroffen sind. (§ 72 SGB IX).

h)   Kündigungsschutz

Die *Möglichkeit einer Teilzeitbeschäftigung* ist ein vorrangiger Aspekt bei der Frage, ob das Integrationsamt bei Anträgen auf Zustimmung zur Kündigung von Vollzeitkräften aus betriebsbedingten Gründen eine *Zustimmung zur Kündigung* erteilen wird.

Eine Zustimmung wird *nicht* in Betracht kommen, wenn

- der Arbeitgeber sein Personalkonzept auch unter Berücksichtigung von Teilzeitbeschäftigungen zumutbar umsetzen kann,
- der Schwerbehinderte zur Abwendung der Kündigung mit Teilzeit einverstanden ist,
- die finanziellen Aufwendungen für den Arbeitgeber sich in Grenzen halten,
- die Pflichtplätze nicht besetzbar sind.

Betriebsbedingte Gründe sind zur Zeit die wichtigsten für Unternehmen, behinderten Mitarbeitern zu kündigen.

---

[100] *Weyand/Schubert* Rn 186.
[101] *Seidel* in: BR 2001, 153, 156.

Im Jahr 2000 haben in 76% von 2.757 Kündigungen die Integrationsämter einer Trennung vom Mitarbeiter zugestimmt. Knapp jeder vierte Arbeitsplatz konnte erhalten werden, d.h. der Arbeitgeber nahm die Kündigung zurück. Oft ist es möglich, durch zusätzliche Förderungen und Umschulungen behinderte Mitarbeiter im Betrieb weiter zu qualifizieren oder die finanziellen Nachteile für das Unternehmen auszugleichen.[102]

12. Freistellung von Mehrarbeit, § 124 SGB IX

Der schwerbehinderte Mensch hat gem. § 124 SGB IX das Recht, von Mehrarbeit freigestellt zu werden.

Der Begriff der Mehrarbeit ist gesetzlich nicht definiert und wird in Literatur und Rechtsprechung unterschiedlich verstanden.

Nach einer Entscheidung des *Bundesarbeitsgerichts* (BAG)[103] wird unter Mehrarbeit die *Überschreitung der allgemeinen gesetzlichen Arbeitszeit* verstanden. Demnach ist eine Mehrarbeit nur dann anzunehmen, wenn die in § 3 ArbZG normierte gesetzliche Arbeitszeit von acht Stunden täglich und 48 Stunden wöchentlich (der Samstag ist ein normaler Werktag) überschritten wird.

Als herrschende Meinung (hM) wird die Ansicht bezeichnet, dass unter Mehrarbeit im Sinne von § 124 SGB IX nicht die über die individuelle Arbeitszeit hinausgehende tägliche Arbeitszeit zu verstehen ist, sondern die die werktägliche Dauer von acht Stunden (§ 3 S. 1 ArbZG) bzw. von bis zu zehn Stunden (§ 3 S. 2 ArbZG) überschreitende Arbeitszeit.[104]

Teilweise wird angenommen, bei einer Koppelung des Begriffs der Mehrarbeit an die *tägliche* Arbeitszeit von acht Stunden werde dem legitimen Bedürfnis nach flexibler Handhabung der Arbeitszeit durch die Arbeitsvertragsparteien, dem gerade mit der Öffnung der Arbeitszeit für Flexibilität in § 3 ArbZG entgegen gekommen wurde, nicht hinreichend Rechnung getragen. Dem Ziel des Gesetzes werde erst dann genügt, wenn die Arbeitszeit abgelehnt werden kann, die über die gesetzliche *wöchentliche* Arbeitszeit hinausgehe.[105]

Dies hätte zur Folge, dass angesichts der mittlerweile üblichen Wochenarbeitszeiten von 35 bis 40 Sunden das Recht auf Freistellung von Mehrarbeit weitgehend leer liefe.[106]

Deshalb wird argumentiert, das Gesetz wolle den schwerbehinderten Arbeitnehmer von solchen Belastungen freistellen, die sich aus einer *Überschreitung der von ihm üblicherweise zu leistenden Arbeitszeit* ergeben können.[107]

---

[102] Sozialrecht + Praxis (Redaktion) 2002 (Heft 6), 354.

[103] BAG (in: DB 1990, 889 = NZA 1990, 309; ebenso: ArbG Aachen in: NZA-RR 2000, 462) dito mit Hinweis auf diese Rechtsprechung der Ratgeber „Schwerbehinderte Menschen und ihr Recht" der Arbeitskammer des Saarlandes, S. 46.

[104] *Schwab* in: Arbeitsrechtslexikon Band 1, Artikel Schwerbehinderter, S. 4.

[105] *Masuch* in: *Hauk/Noftz* K § 124 Rn 6 (diese Ansicht wird dort als hM bezeichnet).

[106] *Weyand/Schubert* Rn 190.

Dem ist zuzustimmen: Ein Anspruch eines schwerbehinderten Menschen, der ihn lediglich von Mehrarbeit freihält, die über eine Wochenarbeitszeit von 40 Stunden oder eine tägliche Arbeitszeit von bis zu 10 Stunden hinausgeht, erscheint realitätsfern.

Auch die damit verbundene Definition des Begriffs „Mehrarbeit" trägt nicht: Wenn Mehrarbeit als Überarbeit im Sinne von Überstunden oder Überschichten definiert wird,[108] dann kann damit nur eine über der vereinbarten Stundenzahl liegende Arbeitszeit gemeint sein.

Zudem wird von den Vertretern der hM die Frage der Überstunden konsequent unabhängig von der individuellen Arbeitszeitvereinbarung definiert:

Jedenfalls dann, wenn der schwerbehinderte Arbeitnehmer erfolgreich von der Möglichkeit der Verringerung der Arbeitszeit wegen Art und Schwere der Behinderung (§ 81 Abs. 5 S. 2 SGB IX) Gebrauch gemacht hat, liegt für ihn eine zu verweigernde Mehrarbeit vor, wenn er die dann geltende (verminderte) Arbeitszeit überschreiten soll.[109]

Eine solche individuelle Anpassung der Arbeitszeit an die Leistungsfähigkeit des Behinderten ist aber auch bei der Einstellung des Arbeitnehmers erfolgt. Es ist anzunehmen, dass gerade die Frage der Leistungsfähigkeit und der täglichen Arbeitszeit bei den Vertragsverhandlungen erörtert worden ist. Nicht nur bei der nachträglichen Anpassung durch Verringerung der Arbeitszeit wegen Art und Schwere der Behinderung, sondern bereits bei der Einstellung kommt es daher auf *die individuell vereinbarte* Arbeitszeit an. Es ist somit jede Überschreitung der tariflich geltenden bzw. vertraglich vereinbarten Arbeitszeit als Mehrarbeit anzusehen.[110]

Auf das Recht auf Freistellung von Mehrarbeit *kann nicht* durch vertragliche Abrede *verzichtet werden*.[111]

Das Recht, Mehrarbeit zu verweigern, existiert *auch* dann, *wenn* der behinderte Arbeitnehmer *bereits* seine Arbeitszeit wegen Art und Schwere seiner Behinderung *reduziert* hat.

Die *Verpflichtung* des schwerbehinderten Menschen, in *Fällen echter Notlagen Hilfe* zu leisten, bleibt vom Anspruch aus § 124 SGB IX unberührt.

Auch bei der Durchsetzung dieses Rechtes ist es anzuraten, die Freistellung aus Beweisgründen *schriftlich zu beantragen* und dies so frühzeitig zu tun, dass der Arbeitgeber sich hierauf einstellen kann.[112]

---

[107] *Weyand/Schubert* Rn 190.
[108] so: *Löschau/Marschner* Rn 633.
[109] *Schwab* in: Arbeitsrechtslexikon Band 1, Artikel Schwerbehinderter, S. 4.
[110] *Weyand/Schubert* Rn 190.
[111] *Schwab* in: Arbeitsrechtslexikon Band 1, Artikel Schwerbehinderter, S. 4.
[112] *Weyand/Schubert* Rn 192.

13. Die Schwerbehindertenvertretung

a) Erweiterung der Zuständigkeit

Bereits im Schwerbehindertengesetz hatte die Schwerbehindertenvertretung ihre
Aufgaben gegenüber den Schwerbehinderten. Im SGB IX ist die *Zuständigkeit* der
Schwerbehindertenvertretung *für einfach behinderte Menschen* in § 95 Abs. 1 S. 3
entsprechend *erweitert* worden.[113]

Die Stellung der Schwerbehindertenvertretung wurde mit dem SGB IX erheblich gestärkt, und ihre Funktionen wurden erweitert. Weiter wurde mit der Integrationsvereinbarung ein zentrales betriebliches Steuerungsmittel geschaffen.[114]

b) Aufgaben des Betriebs-, Personalrats, der MAV

Gem. § 93 SGB IX hat der *Betriebsrat* die Aufgabe, auf die Wahl einer *Schwerbehindertenvertretung* zu achten. Falls keine Schwerbehindertenvertretung gewählt wird,
etwa weil weniger als 5 Schwerbehinderte beschäftigt sind, nimmt der *Personalrat*
die Aufgaben des Schwerbehindertenschutzes wahr.

Da der staatliche Gesetzgeber von Verfassungswegen gehindert ist, die Geltung
des Betriebsverfassungsgesetzes, der Personalvertretungsgesetze und der Mitbe-
stimmungsgesetze auf die Religionsgemeinschaften und deren karitative und er-
zieherische Einrichtungen zu erstrecken, können die *Kirchen* im Rahmen ihrer eigenen Angelegenheiten bestimmen, „ob und in welcher Weise die Arbeitnehmer
und ihre Vertretungsorgane in Angelegenheiten des Betriebs, die ihre Interessen
berühren, mitwirken und mitbestimmen."[115] Das Mitarbeitervertretungsrecht der
katholischen Kirche, durch das eine Betriebsverfassung geschaffen wurde, beruht
auf der Rahmenordnung für eine Mitarbeitervertretungsordnung (MAVO vom
20.11.1995) der Deutschen Bischofskonferenz. Nach § 1 a Abs. 1 MAVO sind in
den Einrichtungen, die unter den Geltungsbereich der MAVO fallen, *Mitarbeiter-
vertretungen* (MAV) zu bilden,[116] so z.B. das (Erz-)Bischöfliche Ordinariat bzw.
Generalvikariat.

c) Die Vertrauensperson

In Betrieben, in denen wenigstens 5 Schwerbehinderte beschäftigt sind, werden
eine *Vertrauensperson* (früher: „Vertrauensmann bzw. Vertrauensfrau") und mindestens ein stellvertretendes Mitglied (früher: „Stellvertreter") gewählt. Gewählt
wird von den schwerbehinderten Beschäftigten (§ 94 Abs. 2 SGB IX). Die Wahlen

---

[113] *Braasch* in: BR 2001, S. 182.
[114] *Bungart* in: Gemeinsam leben 2002, 112, 114.
[115] BVerfG 46, 73, 94.
[116] *Richardi* § 17 Rn 1; § 18 Rn 1, 32.

finden bundeseinheitlich alle 4 Jahre in der Zeit vom 1. Oktober bis 30. November statt. Das letzte Wahljahr war 2002.

In der Zwischenzeit findet nur ausnahmsweise eine Wahl statt, z.B. wenn erstmalig eine Schwerbehindertenvertretung zu wählen ist, etwa weil im Laufe einer Wahlperiode erstmals ein 5. schwerbehinderter Beschäftigter eingestellt wird oder ein 5. Beschäftigter schwerbehindert wird. Letzteres kommt erfahrungsgemäß öfter vor.

Bei der Schwerbehindertenvertretung ist zu beachten, dass die Schwerbehindertenvertreter/-innen nicht selbst schwerbehindert sein müssen.

d)   Die Vertrauensperson der Schwerbehinderten in den Kirchen

In Einrichtungen der *katholischen Kirche,* in denen wenigstens fünf Schwerbehinderte nicht nur vorübergehend beschäftigt sind, wird eine Vertrauensperson der Schwerbehinderten gewählt, die an den Sitzungen der Mitarbeitervertretung teilnimmt, § 46 Abs. 1 MAVO.

Die Vertrauensperson hat bei Angelegenheiten, die Schwerbehinderte betreffen, folgende Rechte:

- Antragsrecht während der Sitzungen der Mitarbeitervertretung (MAV) und das Recht, die Einberufung einer Sitzung (Nr. 1) zu beantragen und einen Gegenstand zur Beratung auf die Tagesordnung zu setzen,
- Stimmrecht,
- das Recht, an Dienstbesprechungen bei dem Dienstgeber teilzunehmen,
- das Recht, mindestens einmal im Kalenderjahr eine Versammlung der Schwerbehinderten durchzuführen.

Auch in Dienststellen der *evangelischen Kirche,* in denen mindestens fünf schwerbehinderte Mitarbeiter und Mitarbeiterinnen nicht nur vorübergehend beschäftigt sind, wird eine *Vertrauensperson* und mindestens ein Stellvertreter gewählt, § 50 Abs. 1 MVG. Die Vertrauensperson soll die Eingliederung schwerbehinderter Mitarbeiterinnen und Mitarbeiter fördern, ihre Interessen vertreten und beratend und helfend zur Seite stehen. Die Vertrauensperson soll sich vor allem um folgende Aufgaben kümmern:

- Überwachung der Einhaltung der zugunsten der schwerbehinderten Mitarbeiter geltenden Rechtsvorschriften, Dienstvereinbarungen und Verwaltungsanordnungen.
- Beantragung von Maßnahmen zugunsten schwerbehinderter Mitarbeiter.
- Entgegennahme von Anregungen und Beschwerden und Hinwirken auf Erledigung nach Verhandlung mit der Dienststellenleitung. Unterrichtung über den Stand der Verhandlungen.

In Dienststellen mit in der Regel mindestens 300 schwerbehinderten Mitarbeitern kann die Vertrauensperson den mit der höchsten Stimmenzahl gewählten Stellvertreter zu bestimmten Aufgaben heranziehen (§ 51 Abs. 2 MVG).

Die Dienststellenleitung hat die Vertrauensperson in allen Angelegenheiten, die die Schwerbehinderten als Gruppe oder einzelne Schwerbehinderte berühren, rechtzeitig zu informieren und sie vor einer Entscheidung anzuhören. Die Entscheidung ist der Vertrauensperson unverzüglich mitzuteilen (§ 51 Abs. 3 MVG).

Bei einer *Akteneinsicht* durch einen Schwerbehinderten (Einsicht in Personalakten) kann dieser die Vertrauensperson hinzuziehen (§ 51 Abs. 4 MVG).

Die Vertrauensperson hat das Recht, an allen Sitzungen der Mitarbeitervertretung beratend teilzunehmen. Sie kann durch Antrag einen Beschluss auf die Dauer von einer Woche aussetzen, wenn sie darin eine erhebliche Beeinträchtigung wichtiger Interessen der schwerbehinderten Mitarbeiter erkennt (§ 51 Abs. 5 MVG).

Weiter darf die Vertrauensperson mindestens einmal im Jahr eine Versammlung der schwerbehinderten Mitarbeiter durchführen (§ 51 Abs. 6 MVG).

Zur Erfüllung ihrer Aufgaben stehen der Vertrauensperson die Räume und der Geschäftsbedarf der Mitarbeitervertretung offen, soweit ihr hierfür nicht eigene Räume und Geschäftsbedarf zur Verfügung gestellt werden (§ 52 Abs. 2 MVG).

e)   Wahl der Schwerbehindertenvertretung

Die *Wahl der Schwerbehindertenvertretung* wird durchgeführt nach der Wahlordnung für Schwerbehindertenvertretungen vom 23.04.1990 (SchVWO),[117] zuletzt geändert durch Gesetz vom 19.06.2001.[118]

Hierzu bestellt die Schwerbehindertenvertretung einen Wahlvorstand aus drei volljährigen Beschäftigten des Betriebs oder der Dienststelle, dabei einen oder eine von ihnen als Vorsitzenden oder Vorsitzende (§ 1 SchVWO). Der Wahlvorstand bereitet die Wahl vor und führt sie durch. Wahlausschreibung (§ 5 SchVWO), Wahlvorgang (§ 10 SchVWO) und Feststellung des Wahlergebnisses (§ 13 SchVWO) sind genau geregelt.

Weiter hat die *Schwerbehindertenvertretung* das Recht, *an den Sitzungen des Arbeitsschutzausschusses* beratend teilzunehmen (§ 95 Abs. 4 SGB IX).

14. Staatliche und private Einrichtungen der Behindertenhilfe

a)   Servicestellen

Gemeinsame *Servicestellen* (§§ 22, 23 SGB IX) zur Unterstützung und Beratung behinderter und von Behinderung bedrohter, nicht schwerbehinderter Menschen sollen in allen Landkreisen und kreisfreien Städten eingerichtet werden.[119]

---

[117] BGBl. I (1990), S. 811.
[118] BGBl. I (2001), S. 1046.
[119] *Knittel:* Kommentar zum SGB IX, § 22 Rn 1.

In § 22 SGB IX werden die Aufgaben gemeinsamer örtlicher Servicestellen beschrieben. Diese Servicestellen wurden notwendig, nachdem im SGB IX der Behindertenschutz über Schwerbehinderte hinaus auf Behinderte allgemein bezogen wurde. Die gemeinsamen Servicestellen dienen der *Beratung und Unterstützung:*

- *Information* über Leistungsvoraussetzungen und -verfahren, insbesondere: Aufklärung über Mitwirkungspflichten, Erfordernis und Art von Gutachten
- *Hilfe* bei Inanspruchnahme von Leistungen
- *Zuständigkeitsklärung*
- *Vorbereitung* schneller Entscheidungen
- *Mittlerfunktion* zu den Rehabilitationsträgern („Drehscheibe").

§ 22 Abs. 1 S. 2 SGB IX enthält *keinen abschließenden Aufgabenkatalog:* darüber hinausgehendes Tätigwerden zu Gunsten des Leistungsempfängers und der Träger ist also zulässig.[120]

Trotz ihres umfangreichen Aufgabenkataloges haben die Servicestellen nicht die Aufgabe einer umfassenden Beratung behinderter Menschen über alle ihre sozialen Rechte und Pflichten; sie sind eher *Auskunftsstellen* allgemeiner Natur.[121]

Gegenüber dem Integrationsamt bei Schwerbehinderten werden Servicestellen zur Betreuung Behinderter von den Rehabilitationsträgern (§ 6 SGB IX) eingerichtet. Das sind die Träger der gesetzlichen Sozialversicherung und Versorgung.

Nach § 23 SGB IX werden in allen Landkreisen und kreisfreien Städten *gemeinsame Servicestellen zur Beratung und Unterstützung* behinderter und von Behinderung bedrohter Menschen eingerichtet. Hiermit wird der Schwerbehindertenschutz analog auch nur (!) einfach behinderten Menschen zuerkannt.

Bis zum Ende des Jahres 2002 soll es in Deutschland 544 Servicestellen geben, die als zentrale Anlaufstelle für behinderte Menschen fungieren sollen. Das Bundesministerium für Arbeit und Sozialordnung (www.bma.bund.de) hat eine Liste der *gemeinsamen Servicestellen der Rehabilitationsträger nach dem SGB IX* herausgegeben, die ständig aktualisiert wird.

Dort sind die bereits über 300 eingerichteten Servicestellen in Deutschland zu finden. Unter www.bma.bund.de/download/presse/ListederServicestellen.pdf kann die Liste heruntergeladen werden.

b)   Die Bundesarbeitsgemeinschaft für Rehabilitation

Auf Bundesebene hat die Bundesarbeitsgemeinschaft für Rehabilitation (BAR) – der Zusammenschluss aller Rehabilitationsträger einschließlich der Sozialhilfeträger – ihre Bereitschaft zur Zusammenarbeit bewiesen.[122]

---

[120] *Moritz* in: ZFSH/SGB 2002 (Heft 4), 204, 206.
[121] *Mrozynski* in: Gemeinsam leben 2001, 131, 133.
[122] neue caritas, 2/2002.

c)   Der Landesbeauftragte für die Belange behinderter Menschen

Beim Sozialministerium Rheinland-Pfalz gibt es einen Landesbeauftragten für die Belange behinderter Menschen (Landesbehindertenbeauftragten, ehemals: der Landesbehindertenbeauftragte), der die Ausführung des SGB IX beobachtet und unterstützt.

Das Amt des Landesbehindertenbeauftragten ist neu gefasst worden durch das Landesgesetz zur Gleichstellung behinderter Menschen vom 04.12.2002 (LGGBehM Rheinland-Pfalz): Der bereits bestellte Landesbehindertenbeauftragte gilt wegen der Übergangsbestimmung des § 14 Abs. 2 als Landesbeauftragter für die Belange behinderter Menschen.

Der Landesbeauftragte ist gleichzeitig Mitglied der Landesregierung, wodurch in der Öffentlichkeit die besondere, fächerübergreifende Bedeutung der Politik für behinderte Menschen hervorgehoben werden soll. Er ist Ombudsmann für Menschen mit Behinderung in Rheinland-Pfalz.

Nach der Informationsbroschüre des Ministeriums für Arbeit, Soziales und Gesundheit[123] kümmert sich der Landesbehindertenbeauftragte um

- die Eingliederung behinderter Menschen in Arbeit, Beruf und Gesellschaft
- die Ermöglichung der selbstbestimmten Teilhabe an der Gesellschaft
- die Veränderung der von Unsicherheit, Nichtwissen und Vorurteilen geprägte Einstellung nichtbehinderter Mitmenschen
- den Abbau von Benachteiligungen
- die Interessenvertretung für behinderte Menschen
- das Bewusstmachen besonderer Problemlagen behinderter Menschen
- die barrierefreie Gestaltung der Umgebung.

Im Landesgesetz zur Gleichstellung behinderter Menschen (LGGBehM Rheinland-Pfalz) werden die Aufgaben des Landesbeauftragten oder der Landesbeauftragten für die Belange behinderter Menschen nun genauer definiert. Gemäß § 11 wird dieser bzw. diese für die Dauer der Wahlperiode des Landtags bestellt. Die Wiederbestellung ist zulässig. Nach Abs. 2 der Vorschrift ist es seine/ihre Aufgabe, zu überwachen, dass die Ziele des Gesetzes verwirklicht und die sonstigen Vorschriften zugunsten behinderter Menschen eingehalten werden, wobei besonderes Augenmerk auf die Belange behinderter Frauen zu richten ist.

Eingaben sind von ihm/ihr zu prüfen, er bzw. sie wirkt auf eine einvernehmliche Erledigung unter Berücksichtigung der besonderen Interessen behinderter Menschen hin.

Bei allen für behinderte Menschen grundsätzlichen Fragen ist der/die Landesbeauftragte von der Landesregierung zu beteiligen.

Folgende Behörden haben den/die Landesbeauftragte(n) bei der Wahrnehmung der Aufgaben zu unterstützen, vor allem durch Auskunftserteilung und der Gewährung von Akteneinsicht:[124]

---

[123] www.masg.rlp.de Broschürentelefon: (06131) 162016.
[124] wobei § 29 VwVfG entsprechend gilt.

- Landesbehörden
- Gerichte des Landes, (soweit Tätigkeit in Verwaltungsangelegenheiten betroffen)
- Behörden der Gemeinden und Gemeindeverbände
- der Aufsicht des Landes unterstehende juristische Personen des öffentlichen Rechts
- Die Staatsanwaltschaft und
- der Rechnungshof werden zur Auskunftserteilung und zur Gewährung von Akteneinsicht verpflichtet, soweit diese in Verwaltungsangelegenheiten tätig werden.

d)   Der Landesbeirat zur Teilhabe behinderter Menschen

Der Landesbeauftragte in Rheinland-Pfalz ist Vorsitzender des Landesbeirats zur Teilhabe behinderter Menschen (früher: Landesbehindertenbeirat), der erstmals im Sommer 1992 konstituiert wurde. Das Gremium, das aus Vertretern der Behindertenverbände, der Selbsthilfegruppen, Kommunen, Wohlfahrtsverbände, Gewerkschaften und anderer Organisationen besteht, soll den Landesbeauftragten und das Ministerium für Arbeit, Soziales und Gesundheit beraten und die Zusammenarbeit zwischen Behörden und Verbänden fördern.[125]

Genauer definiert werden seine Aufgaben nun in § 12 des Landesgesetzes zur Gleichstellung behinderter Menschen (LGGBehM Rheinland-Pfalz), das mit einer Übergangsregelung (§ 14 Abs. 3) den bereits gebildeten Landesbehindertenbeirat für den Rest der Amtszeit seiner Mitglieder als Landesbeirat zur Teilhabe bestehen lässt und die neuen Vorschriften für anwendbar erklärt.

Dieser berät und unterstützt den oder die Landesbeauftragte(n) in allen wesentlichen Fragen, die die Belange behinderter Menschen berühren.

Bei der Erstellung von Rechts- und Verwaltungsvorschriften, die für behinderte Menschen von besonderer Bedeutung sind, haben die obersten Landesbehörden den Landesbeirat anzuhören.

Der Landesbeauftragte ist Vorsitzender ohne Stimmrecht. Er legt die Anzahl der Mitglieder des Landesbeirats fest und beruft diese für seine Amtszeit. Ein *Vorschlagsrecht* haben:

- Verbände und Selbsthilfegruppen behinderter Menschen
- die Liga der Spitzenverbände der freien Wohlfahrtspflege
- die kommunalen Spitzenverbände
- Gewerkschaften und Unternehmensverbände.

Bei Vorschlag und Berufung sollen Frauen und Männer in gleicher Zahl berücksichtigt werden.

---

[125] Landesplan B. 2.4.2. S. 44.

e)   Das Integrationsamt[126]

Integrationsamt ist der *neue Name der ehemaligen Hauptfürsorgestelle.* Das Integrationsamt ist in Rheinland-Pfalz ein Teil des Amtes für Jugend und Soziales. Das Integrationsamt hat gem. § 102 Abs. 1 SGB IX folgende *Aufgaben:*

- Nr. 1: die Erhebung und Verwendung der *Ausgleichsabgabe,*
- Nr. 2: den *Kündigungsschutz* (§ 85 SGB IX),
- Nr. 3: die *begleitende Hilfe* im Arbeitsleben (§ 102 Abs. 1 SGB IX). Sie soll darauf hinwirken, dass behinderte Menschen[127]

  - in ihrer sozialen Stellung nicht absinken,
  - auf Arbeitsplätzen beschäftigt werden, auf denen sie ihre Fähigkeiten und Kenntnisse einbringen und sich weiterentwickeln können,
  - durch Leistungen der Rehabilitationsträger und Maßnahmen der Arbeitgeber befähigt werden, sich in Zusammenarbeit und Wettbewerb mit nicht behinderten Menschen zu behaupten.

Die begleitende Hilfe im Arbeitsleben ist *Aufgabe des Integrationsamtes.* Folgende *Hilfen* kommen in Betracht:

- Persönliche Hilfen bei Problemen am Arbeitsplatz, psychosoziale Betreuung
- Finanzielle Leistungen und technische Arbeitshilfen, Hilfen zum Erreichen des Arbeitsplatzes, Leistungen zur wirtschaftlichen Selbständigkeit, Wohnungshilfen, Hilfen zur Erhaltung der Arbeitskraft, zur Teilnahme an Maßnahmen zur Fortbildung, Hilfen in besonderen Lebenslagen, Arbeitsassistenz.
- Leistungen an den Arbeitgeber: Beratungsleistungen und finanzielle Leistungen zur Schaffung und zur Ausgestaltung eines Arbeitsplatzes; Leistungen bei außergewöhnlichen Belastungen nach § 27 SchbAV).[128]

- Nr. 4: Die *zeitweilige Entziehung* der besonderen Hilfe für schwerbehinderte Menschen (§ 117 SGB IX).

f)   Integrationsteams

Das sog. Integrationsteam (früher: „Helfergruppe") besteht aus (§§ 93, 95, 98 SGB IX):

- Betriebsrat oder Personalrat
- Schwerbehindertenvertretung
- Beauftragter[129] des Arbeitgebers

---

[126] www.integrationsaemter.de.
[127] BIH (Hg.): ABC Behinderung und Beruf S. 68.
[128] BIH (Hg.): ABC Behinderung und Beruf S. 68.
[129] Beauftragter, § 98 SGB IX: Der Arbeitgeber hat einen Beauftragten zu bestellen, der ihn in Angelegenheiten schwerbehinderter Menschen verantwortlich vertritt (§ 98 SGB IX).

Weitere Helfer wie z.B.

- eine Fachkraft für Arbeitssicherheit oder
- der Betriebsarzt

können bei Bedarf hinzutreten.

Die Mitglieder des Integrationsteams unterstützen die Teilhabe schwerbehinderter Menschen im Arbeitsleben und in der Gesellschaft.

Die betrieblichen Möglichkeiten für eine den Fähigkeiten des behinderten Mitarbeiters entsprechende Beschäftigung sollen durch die eigenverantwortliche Mitwirkung der betrieblichen Helfer voll ausgeschöpft werden.

Weiter wirkt das Integrationsteam maßgeblich bei der *Erstellung einer Integrationsvereinbarung* mit. Das Integrationsteam soll mit den behördlichen Aufgabenträgern eng zusammenarbeiten, § 99 SGB IX. Es wird unterstützt durch:

- Schulungs- und Bildungsmaßnahmen,
- Beratungen im Einzelfall,
- Mithilfe zur Lösung von Konflikten.[130]

g)   Integrationsfachdienste[131]

Integrationsfachdienste (§ 109 SGB IX) sind Dienste Dritter, die im Auftrag der Bundesanstalt für Arbeit, der Rehabilitationsträger und der Integrationsämter zur Teilhabe schwerbehinderter Menschen am Arbeitsleben beteiligt werden.[132]

Der Beauftragte des Arbeitgebers übernimmt damit nicht die gesetzliche Aufgabe des Arbeitgebers; seine Hauptaufgabe ist vielmehr die Kontrolle des Arbeitgebers im Hinblick auf die Einhaltung seiner gesetzlichen Verpflichtungen. Nach Möglichkeit soll der Beauftragte selbst schwerbehindert sein. Es können – z.B. bei Unternehmen oder Verwaltungen mit *Stufenvertretungen* – auch mehrere Beauftragte bestellt werden. Der Arbeitgeber hat die Bestellung eines Beauftragten dem Integrationsamt und dem Arbeitsamt anzuzeigen. Für die Schwerbehindertenvertretung ist der Beauftragte des Arbeitgebers Ansprechpartner auf Arbeitgeberseite bei der Erfüllung ihrer gesetzlichen Aufgabe. Der Beauftragte des Arbeitgebers, die Schwerbehindertenvertretung und der Betriebs- oder Personalrat bilden zusammen das betriebliche Integrationsteam. Gemeinsam kümmern sie sich um die Einstellung und behindertengerechte Beschäftigung schwerbehinderter Menschen im Rahmen der Beschäftigungspflicht und der Fürsorgepflicht des Arbeitgebers. Schon im Eigeninteresse des Arbeitgebers achtet der Beauftragte darauf, dass die behinderten Menschen optimale Arbeitsbedingungen haben. Dabei nutzt er die Beratungsangebote und Fördermöglichkeiten des Integrationsamtes (vgl. Begleitende Hilfe im Arbeitsleben). Der Beauftragte des Arbeitgebers und die Schwerbehindertenvertretung sind die Verbindungspersonen zum Integrationsamt und zur Bundesanstalt für Arbeit (§ 99 Abs. 2 SGB IX) so: BIH (Hg.): ABC Behinderung und Beruf S. 64.

[130] BIH (Hg.): ABC Behinderung und Beruf S. 68, 132.

[131] www.integrationsfachdienste.de (Bundesarbeitsgemeinschaft für unterstützte Beschäftigung); ausführlich dazu: *Bungart* in: Gemeinsam leben 2002, 112ff.

[132] *Braasch* in: BR 2001, 185.

§ 109 SGB IX definiert den Personenkreis des Integrationsfachdienstes:

- schwerbehinderte Menschen mit einem besonderen Bedarf an arbeitsbegleitender Betreuung,
- schwerbehinderte Menschen aus Werkstätten für behinderte Menschen, die auf aufwendige, personalintensive und individuelle arbeitsbegleitende Hilfen angewiesen sind,
- schwerbehinderte Schulabgänger, die auf die Unterstützung des Integrationsfachdienstes angewiesen sind.

Der Integrationsfachdienst kann aber auch für behinderte Menschen, die nicht schwerbehindert sind, tätig werden.[133]

§ 110 Abs. 2 SGB IX beschreibt die *Aufgaben* der Integrationsfachdienste:

- Erstellen eines individuellen *Fähigkeits-, Leistungs- und Interessenprofils*
- *Erschließen* geeigneter *Arbeitsplätze* auf dem allgemeinen Arbeitsmarkt
- *Begleitung* schwerbehinderter Menschen auf die vorgesehenen Arbeitsplätze
- *Information und Beratung* der Mitarbeiter des Betriebes oder der Dienststelle
- Nachbetreuung, Krisenintervention und psychosoziale *Betreuung*
- *Ansprechpartner für Arbeitgeber.*

Erfolgskriterien einer erfolgreichen und dauerhaften Vermittlung in den allgemeinen Arbeitsmarkt sind:

- die *Qualifikation der Mitarbeiter* der Integrationsfachdienste
- ein *niedrigschwelliger Zugang* zu den Diensten
- die *Motivation und Beratung* der Arbeitssuchenden
- optimale Anpassung von Anforderungen und Fähigkeiten durch *betriebliche Erprobung*
- individuelle Arbeitsplatzanpassungen und lösungsorientierte Beratung der Arbeitgeber durch flexible und zeitnahe *Krisenintervention*
- Stabilisierung durch bedarfsorientierte und weitergehende *Unterstützung.*[134]

h)   Private Vereine

(1)   *Der VdK*

Außer den beschriebenen Hilfen gibt es auch *private Vereinigungen* zur Behindertenhilfe:

Zunächst ist auf den *VdK* (Verband der Kriegsopfer Deutschlands www.vdk.de) hinzuweisen. Der 1950 gegründete Verein[135] hat sich mittlerweile aus verständli-

---

[133] *Bungart* in: Gemeinsam leben 2002, 112, 115.
[134] *Bungart* in: Gemeinsam leben 2002, 112, 115.
[135] zur Geschichte des Vereins: www.vdk.de – wir über uns – 50 Jahre VdK – Geschichte, Vom Kriegsopferverband zum modernen Sozialverband.

chen Gründen zu einem Behindertenverband entwickelt: Der VdK hat heute 1,1 Millionen Mitglieder, deren Gesamtzahl sich in 20% Kriegsopfer, 35% Rentnerinnen und Rentner und 55% behinderte Menschen unterteilt.

Der VdK ist ein Verband, der die erwähnte *Verbandsklage* erheben kann.

(2)   Das ZsL

Eine weitere Hilfe für Behinderte ist das *ZsL*, Zentrum für selbstbestimmtes Leben behinderter Menschen,[136] ein eingetragener Verein für Behinderte und zur Beratung von Behinderten.

Das ZsL ist hervorgegangen aus dem Behindertenreferat der Universität Mainz. Beim ZsL werden nur schwerbehinderte Angestellte beschäftigt; auf der Homepage des Vereins sind daher auch Stellenausschreibungen zu finden.

(3)   Konvent von behinderten SeelsorgerInnen und BehindertenseelsorgerInnen e.V.[137]

Ziel des eingetragenen Vereins ist es, die Emanzipation behinderter Pfarrerinnen und Pfarrer in der Evangelischen Kirche zu fördern und ihr Recht zu verwirklichen, in den Evangelischen Landeskirchen als Geistliche wirken zu dürfen. Der Verein arbeitet mit den PfarrerInnenvereinen, den Pfarrausschüssen der Landeskirchen und mit dem Verband der Pfarrerinnen- und Pfarrervereinen der EKD zusammen.

---

[136] (www.zsl-mainz.de oder http://home.rhein-zeitung.de/~zsl/).
[137] www.behinderte-pfarrer.de.

§ 4 Schutzrechte für schwerbehinderte Menschen im Arbeitsleben

1. Kündigungsschutz[1]

Hinsichtlich des *Kündigungsschutzes* ist das Erfordernis der Zustimmung des Integrationsamts zur Kündigung gem. §§ 85, 87 SGB IX zu berücksichtigen. Laut § 85 ist die Zustimmung nur bei Kündigung durch den Arbeitgeber erforderlich. Eine Praxis des Integrationsamts ist sehr erfreulich: Unabhängig davon, von wem die Kündigung erklärt wird, findet in jedem Fall eine Verhandlung mit dem/der Schwerbehinderten, dem Arbeitgeber, dem Integrationsamt und der Schwerbehindertenvertretung statt, auf der die Probleme des vorliegenden Falles und deren Lösungsmöglichkeiten erörtert werden. Dies gilt jedoch nicht für die ersten 6 Monate, egal ob eine Probezeit vereinbart war oder nicht (§ 90 SGB IX).

a) Allgemeiner und besonderer Kündigungsschutz

Auch für schwerbehinderte Arbeitnehmer gilt der *volle Kündigungsschutz des Kündigungsschutzgesetzes* (KSchG), wonach sozial ungerechtfertigte Kündigungen abgewehrt werden können. Voraussetzung hierfür ist aber, dass der Betrieb mehr als 5 Arbeitnehmer beschäftigt.

Für die Kündigung des Arbeitsverhältnisses gelten die allgemeinen zivil- und arbeitsrechtlichen Vorschriften. Zu beachten ist, dass die *Kündigung* für beide Arbeitsvertragsparteien der *Schriftform* bedarf, § 623 BGB.

Schwerbehinderte Arbeitnehmer genießen darüber hinaus nach §§ 85ff. SGB IX einen erweiterten Kündigungsschutz, dessen Zweck es ist, behinderungsbedingte Nachteile, die der Schwerbehinderte auf dem Arbeitsmarkt erlebt, auszugleichen.

Das ordentliche Kündigungsrecht des Arbeitgebers ist weitgehend durch das Kündigungsschutzgesetz und den spezifischen Kündigungsschutz des schwerbehinderten Menschen (§§ 85 – 92 SGB IX) eingeschränkt. Im Falle der außerordentlichen Kündigung ist für beide Vertragsparteien erforderlich, dass die Voraussetzungen des § 626 BGB gegeben sind.[2]

---

[1] Dazu umfassend: *Rainer Seidel:* Der Kündigungsschutz für schwerbehinderte Menschen im Arbeitsleben, 2. Aufl. 2001.

[2] *Weyand/Schubert* Rn 278.

b)   Sachlicher Anwendungsbereich

Der Kündigungsschutz gilt für

* ordentliche (fristgemäße) Kündigungen
* außerordentliche (in der Regel fristlose) Kündigungen (§ 626 Abs. 1 BGB)
* Änderungskündigungen, soweit das Arbeitsverhältnis länger als sechs Monate besteht.
* Ebenso gilt er, wenn das Arbeitsverhältnis wegen

– Eintritts der vollen Erwerbsminderung
– Eintritts der teilweisen Erwerbsminderung
– Erwerbsunfähigkeit auf Zeit
– Berufsunfähigkeit

ohne Kündigung endet.[3]

c)   Personaler Anwendungsbereich

Grundsätzlich gilt der besondere Kündigungsschutz *für alle Arbeitnehmer und Auszubildenden,* die schwerbehindert im Sinne des § 2 SGB IX sind sowie für Gleichgestellte. Der *Kündigungsschutz* gilt somit *unabhängig* davon,

* ob Behinderte halb- oder ganztags beschäftigt,
* in Heimarbeit tätig sind (Heimarbeiter sind gemäß § 127 Abs. 2 S. 2 SGB IX ausdrücklich in den Schutz vor Kündigungen einbezogen worden, ebenso Arbeitnehmer, die denen in Heimarbeit gleichgestellt sind, § 1 Abs. 1, Abs. 2 HAG) oder
* eine Haupt-
* oder Nebentätigkeit ausüben.

Er ist auch unabhängig von

* dem Alter des Schwerbehinderten
* der Größe des Betriebes.[4]

Das Zustimmungserfordernis hängt auch nicht davon ab, ob der Arbeitgeber überhaupt zur Beschäftigung von schwerbehinderten Menschen verpflichtet ist oder ob er einer solchen Pflicht in ausreichendem Masse Rechnung trägt.[5]

Die *Kündigungsschutzbestimmungen gelten* jedoch *nicht* für schwerbehinderte Menschen und diesen Gleichgestellte,

---

[3] *Seidel* in: Der Personalrat 2002, 113.
[4] *Seidel* in: Der Personalrat 2002, 113.
[5] *Löschau/Marschner* Rn 487.

- deren Arbeitsverhältnis im Zeitpunkt des Zugangs der Kündigungserklärung ohne Unterbrechung noch nicht länger als sechs Monate besteht (§ 90 Abs. 1 Nr. 1 SGB IX) oder
- die auf Stellen im Sinne des § 73 Abs. 2 *Nr. 2 bis 6* SGB IX beschäftigt werden,[6] das sind Personen, deren Beschäftigung nicht in erster Linie dem Erwerb dient, sondern

- vorwiegend durch Beweggründe karitativer oder religiöser Art bestimmt ist, und Geistliche öffentlich-rechtlicher Religionsgemeinschaften (Nr. 2, Mitglieder von Orden, Pfarrer, Pastoren, vgl. auch § 5 Abs. 2 Nr. 3 BetrVG)[7] oder
- vorwiegend zu ihrer Heilung, Wiedereingewöhnung oder Erziehung erfolgt (Nr. 3),
- Personen, die an Arbeitsbeschaffungsmaßnahmen und Strukturanpassungsmaßnahmen nach dem SGB III (Arbeitsförderung) teilnehmen (Nr. 3),
- Personen, die nach ständiger Übung in ihre Stellen gewählt werden (Nr. 5),
- Personen, die nach § 19 des Bundessozialhilfegesetzes in Arbeitsverhältnissen beschäftigt werden (Nr. 6).[8]

Hierbei soll es nicht auf die Erwerbsabsicht, sondern auf die objektive Erwerbsdienlichkeit ankommen.[9] Bei diesen Arbeitnehmern handelt es sich nur teilweise um Arbeitnehmer im Sinne des § 85 SGB IX, für die der besondere Kündigungsschutz des Gesetzes gilt.

Nicht von der Ausnahmeregelung des § 90 Abs. 1 SGB IX betroffen sind die in § 73 Abs. 2 Nr. *1 und 7* SGB IX genannten Arbeitnehmer. Für sie *gelten* die *Schutzvorschriften* für Schwerbehinderte *uneingeschränkt*. Dies sind:

- Behinderte Menschen, die an Leistungen zur Teilhabe am Arbeitsleben nach § 33 Abs. 3 Nr. 3 SGB IX in Betrieben oder Dienststellen teilnehmen. Dort ist bestimmt, dass zu den Leistungen zur Teilhabe am Arbeitsleben die berufliche Ausbildung und Weiterbildung gehört (§ 73 Abs. 2 Nr. 1).
- Personen, deren Arbeits-, Dienst- oder sonstiges Beschäftigungsverhältnis ruht und zwar wegen Wehr- oder Zivildienst, Elternzeit, unbezahltem Urlaub, Bezug einer Rente auf Zeit, solange für sie eine Vertretung eingestellt ist (Nr. 7).

d)   Beamte

Beamte und *Beamtenanwärter* sind keine Arbeitnehmer. Zwar zählen Stellen der Beamten bei der Ermittlung der Pflichtzahl mit; eingestellte schwerbehinderte Beamte werden auch auf die Pflichtzahl angerechnet. Das Integrationsamt ist aber nur anzuhören, soweit es um die vorzeitige Versetzung eines Beamten in den Ru-

---

[6] Das Gesetz verweist nur auf die Nummern 2 bis 6 des § 90 Abs. 1 SGB IX, und nicht, wie Arbeitskammer des Saarlandes: Behinderte und ihr Recht, S. 62 auf die Nr. 2 – 7.

[7] *Hammer*, Kirchliches Arbeitsrecht S. 262 und dort Fußnote 301.

[8] Damit hat sich ist die gegenteilige Entscheidung des BAG vom 04.02.1993 erledigt.

[9] *Hammer*, Kirchliches Arbeitsrecht S. 262.

hestand oder die Entlassung eines Beamten auf Widerruf, Kündigung oder Probe geht.[10]

e) Kein Zustimmungserfordernis

Gemäß § 90 SGB IX bedarf es weiter *keiner Zustimmung* des Integrationsamtes, wenn

- Der schwerbehinderte Mensch das 58. Lebensjahr vollendet und einen Anspruch auf eine Abfindung, Entschädigung oder ähnliche Leistung auf Grund eines Sozialplanes hat und der beabsichtigten Kündigung bis zu deren Ausspruch nicht widerspricht
- wenn Entlassungen aufgrund von Witterungseinflüssen vorgenommen werden.

f) Konfliktprävention, § 84 SGB IX

§ 84 SGB IX statuiert die Verpflichtung des Arbeitgebers, *frühzeitig* Maßnahmen zu ergreifen, um *Kündigungen zu vermeiden*. Bereits im Vorfeld einer Kündigung muss der Arbeitgeber sich bei erkennbaren Schwierigkeiten mit der Schwerbehindertenvertretung und den in § 93 SGB IX genannten Vertretungen[11] beraten, wie das gestörte Arbeitsverhältnis verbessert werden kann; hierbei ist auch das Integrationsamt beizuziehen.[12] Die Erörterung soll alle Möglichkeiten der Beratung und der finanziellen Unterstützung zur Sprache bringen, um das Ziel, das Beschäftigungsverhältnis nach Möglichkeit fortzusetzen, zu erreichen.[13]

Der Vorschrift des § 84 SGB IX fehlt aber ein Verweis auf § 95 Abs. 2 SGB IX, so dass es bei Nichtbeachtung dieses Verfahrens nicht zu einer Aussetzung der beabsichtigten Maßnahme kommt.[14]

Die Folgen eines Verstoßes gegen das Präventionsverfahren sind gesetzlich nicht geregelt. Es wird aber für möglich gehalten, dass eine Kündigung für sozial ungerechtfertigt zu beurteilen ist, wenn der Arbeitgeber den Vortrag des Schwerbehinderten nicht widerlegt, dass bei gehöriger Durchführung des Präventionsverfahrens Möglichkeiten bestanden hätten, eine Kündigung zu vermeiden.[15]

---

[10] *Löschau/Marschner* Rn 504.
[11] das sind Betriebs-, Personal-, Richter-, Staatsanwalts- und Präsidialrat (§ 93 SGB IX).
[12] *Düwell* in: BB 2001, 1527, 1530; gemäß § 84 Abs. 2 SGB IX ist ebenso bei einer mindestens dreimonatigen *Krankheit* die Schwerbehindertenvertretung einzuschalten, wenn der Arbeitnehmer zustimmt.
[13] *Thiele* in: Handbuch zum Sozialrecht Gruppe 3 d Rn 203.
[14] *Weyand/Schubert* Rn 279.
[15] so: *Düwell* in: BB 2000, 2570, 2573 zu § 14 c SchwbG (Rechtslage nach Erlass des SchbBAG).

g)   Kündigungsschutzverfahren

(1)   *Kündigung durch den Arbeitgeber*

Eingeleitet wird das Kündigungsschutzverfahren nach dem SGB IX durch den Antrag des Arbeitgebers, der einem schwerbehinderten Menschen kündigen will, an das Integrationsamt auf Zustimmung zur Kündigung gem. § 85 SGB IX. Der Antrag ist bei dem zuständigen Integrationsamt schriftlich zu stellen, § 87 Abs. 1 SGB IX.

Das Integrationsamt wirkt in jeder Lage des Verfahrens auf eine gütliche Einigung hin (§ 87 Abs. 3 SGB IX).

Bereits *vor* Ausspruch der Kündigung ist gemäß § 95 Abs. 2 SGB IX die *Schwerbehindertenvertretung* von dem Arbeitgeber *zu informieren* und *anzuhören*.[16] Auch vor einer *Abmahnung* ist die Schwerbehindertenvertretung zu hören, § 95 Abs. 2 SGB IX.

Die *Informationspflicht* umfasst

- die Nennung der Kündigungsgründe,
- die Darlegung, dass es an einer Weiterbeschäftigungsmöglichkeit an anderer Stelle mangelt.[17]

Verstößt der Arbeitgeber gegen die Informations- und Anhörungspflicht oder informiert er nicht ausreichend über die Kündigungsgründe, so macht dies die Arbeitgebermaßnahme noch *nicht nichtig,* sie ist *aber auszusetzen,* § 95 Abs. 2 S. 2 SGB IX. Zudem ist die mangelnde Unterrichtung und Anhörung *bußgeldbewehrt,* § 156 Abs. 1 Nr. 9 SGB IX.

Nach der Beteiligung der Schwerbehindertenvertretung, aber noch vor Zuleitung der Kündigung zum Integrationsamt, muss der *Betriebsrat angehört* werden, § 102 Abs. 1 S. 1 BetrVG. Eine *ohne Anhörung* des Betriebsrats erfolgte Kündigung ist *unwirksam,* § 102 Abs. 1 S. 3 BetrVG.[18]

Wenn der Betriebsrat aus folgenden Gründen widerspricht (§ 102 Abs. 3 BetrVG):

- es erfolgte keine oder keine ausreichende Berücksichtigung sozialer Gesichtspunkte durch den Arbeitgeber (Nr. 1),
- es liegt ein Verstoß gegen eine Richtlinie nach § 95 über die personelle Auswahl bei Kündigungen vor (Nr. 2),
- der Arbeitnehmer kann an einem anderen Arbeitsplatz im selben Betrieb oder in einem anderen Betrieb des Unternehmens weiterbeschäftigt werden (Nr. 3),
- die Weiterbeschäftigung des Arbeitnehmers ist nach zumutbaren Umschulungen und Fortbildungsmaßnahmen möglich (Nr. 4),
- die Weiterbeschäftigung des Arbeitnehmers ist unter geänderten Vertragsbedingungen möglich und dieser hat sein Einverständnis erklärt (Nr. 5),

---

[16] *Weyand/Schubert* Rn 280.
[17] *Weyand/Schubert* Rn 280.
[18] *Weyand/Schubert* Rn 284.

so führt dies zu einem *Weiterbeschäftigungsanspruch* des Arbeitnehmers.

Vor allem dann, wenn *soziale Gesichtspunkte* bei der Auswahl des zu Kündigenden nicht ausreichend berücksichtigt wurden, kann der Betriebsrat der Kündigung widersprechen.[19]

Entsprechende Regelungen existieren im Bereich *der staatlichen öffentlichen Verwaltung* im Landes- und im Bundespersonalvertretungsgesetz.

Bei einem Verstoß gegen die Beteiligung des Personalrates ist sowohl auf Landes- als auch auf Bundesebene (§ 79 Abs. 4 BPersVG) die *Unwirksamkeit der Kündigung* Rechtsfolge.

Da die Kündigung der sozialen Rechtfertigung bedarf (§ 1 Abs. 1 KSchG), muss der Arbeitgeber in seiner Kündigungserklärung oder im arbeitsrechtlichen Prozess die Gründe nennen, auf die die Kündigung gestützt werden soll, § 1 Abs. 2 KSchG. Der relevante *Kündigungssachverhalt ist auf diese Gründe beschränkt,* die damit nachprüfbar werden.[20]

Nur diese Gründe sind es, die *vom Integrationsamt überprüft* werden. Die notwendige Zustimmung des Integrationsamtes (§ 85 SGB IX) ist eine *Genehmigung* der privatrechtlichen Kündigung; das Zustimmungserfordernis bildet somit eine Art *Vorverfahren.*[21]

Die Verpflichtung des Arbeitgebers, die Zustimmung des Integrationsamtes einzuholen, besteht nicht, wenn das Arbeitsverhältnis aus anderen Gründen als einer *Kündigung von Arbeitgeberseite* endet, also z.B. beim Auslaufen eines befristeten Arbeitsverhältnisses oder beim Abschluss eines Aufhebungsvertrages.[22]

Ist ein „*Nachschieben" von Gründen* durch den Arbeitgeber zulässig? Zwar darf das Integrationsamt keine Gründe zu seiner Entscheidung heranziehen, die der *Arbeitgeber* nicht geltend gemacht hat. Dieser *kann* aber

- bereits vorgetragene *Gründe präzisieren*
- die benannten Gründe *durch neuen Sachvortrag untermauern*
- *weitere Gründe* in das Kündigungsschutzverfahren einbringen.

(2)   *Kündigung durch den Arbeitnehmer (Eigenkündigung), Aufhebungsvertrag*

Kündigt der schwerbehinderte Arbeitnehmer selbst (Eigenkündigung), so ist *keine Zustimmung erforderlich.*

Auch bei einer Kündigung durch den behinderten Arbeitnehmer ist es anzuraten, dass sich das Integrationsamt „einschaltet" und nach Möglichkeiten einer Weiterbeschäftigung und den Gründen für die Kündigung sucht.

Sowohl bei der Kündigung durch den Arbeitnehmer wie auch bei Abschluss eines Aufhebungsvertrages muss jedoch bedacht werden, dass der schwerbehinderte Arbeitnehmer hierdurch *auf den besonderen Schwerbehindertenschutz verzichtet.*

---

[19] *Weyand/Schubert* Rn 285.
[20] *Seidel* in: Der Personalrat 2002, 113f.
[21] *Seidel* in: Der Personalrat 2002, 113, 114.
[22] Arbeitskammer des Saarlandes: Behinderte und ihr Recht, S. 61.

Dies kann die Verhängung einer *Sperrfrist* durch das Arbeitsamt (§ 114 SGB III – Arbeitsförderungsrecht) und den *zeitweiligen Entzug des gesetzlichen Schutzes* durch das Integrationsamt zur Folge haben.[23]

In der Praxis kommt häufig der *Aufhebungsvertrag* vor, bei dem das Arbeitsvertragsverhältnis mit dem schwerbehinderten Arbeitnehmer in gegenseitigem Einvernehmen beendet wird.[24] Dies hat vor allem

- den Vorteil der größeren Sachgerechtigkeit,
- steuerrechtliche und
- sozialrechtliche Vorteile.

> Achtung: Die Kündigungsschutzbestimmungen sind nicht anwendbar![25]

Jedoch bestimmt § 92 SGB IX, dass ein *erweiterter Beendigungsschutz* gilt, wenn das Arbeitsverhältnis wegen

- teilweiser Erwerbsminderung
- Erwerbsminderung auf Zeit
- Berufsunfähigkeit
- Erwerbsunfähigkeit auf Zeit

ohne Kündigung endet. Auch in diesen Fällen ist dann eine Zustimmung des Integrationsamtes erforderlich.

(3) *Sachaufklärung durch das Integrationsamt, Amtsaufklärungspflicht*

Das Integrationsamt wird auf schriftlichen Antrag des Arbeitgebers tätig. Dieser hat den *Antrag vor Ausspruch der Kündigung* zu stellen, da die Zustimmung eine Wirksamkeitsvoraussetzung für die Kündigung bildet.[26]

Das Integrationsamt hat alle Möglichkeiten der Aufrechterhaltung des Arbeitsverhältnisses auszuschöpfen.[27] Es hat in jeder Lage des Antragsverfahrens *auf eine gütliche Einigung* zwischen Arbeitgeber und Arbeitnehmer *hinzuwirken,* was *aber zu keiner Verzögerung* des Verfahrens führen darf.[28]

Es muss alle Umstände ermitteln, die für die Entscheidung von Bedeutung sind (Amtsermittlungsgrundsatz, § 20 SGB X). Das geschieht dadurch, dass das Integrationsamt den Betriebs- bzw. Personalrat und die Schwerbehindertenvertreter befragt und dem betroffenen Schwerbehinderten die Gelegenheit zur Äußerung gibt. (§ 87 Abs. 2 SGB IX) Außerdem muss eine Stellungnahme des zuständigen Arbeitsamtes eingeholt werden.

---

[23] Arbeitskammer des Saarlandes: Behinderte und ihr Recht, S. 61.
[24] *Weyand/Schubert* Rn 307.
[25] *Weyand/Schubert* Rn 307.
[26] *Löschau/Marschner* Rn 526.
[27] *Seidel* in: Der Personalrat 2002, 113.
[28] *Löschau/Marschner* Rn 549.

Die Stellungnahme des Betriebsrates ist aber nicht zu verwechseln mit der nach § 102 BetrVG geforderten Stellungnahme im Kündigungsverfahren; sie kann diese Stellungnahmepflicht nicht ersetzen.[29]

§ 102 Abs. 1 BetrVG lautet: „Der Betriebsrat ist vor jeder Kündigung zu hören. Der Arbeitgeber hat ihm die Gründe für die Kündigung mitzuteilen. Eine ohne Anhörung des Betriebsrats ausgesprochene Kündigung ist unwirksam."

Eine fehlende Anhörung des Arbeitnehmers ist ein Verfahrensmangel, der die Entscheidung des Integrationsamtes anfechtbar macht.[30]

(4) *Entscheidung des Integrationsamtes*

Das Integrationsamt entscheidet *durch Verwaltungsakt*. Hierbei handelt es sich um einen *privatrechtsgestaltenden Verwaltungsakt mit Drittwirkung*. Der Verwaltungsakt selbst hat noch keine gestalterische Wirkung auf das Privatrechtsverhältnis: Dem Arbeitgeber wird lediglich die Möglichkeit eingeräumt, von der Zustimmung Gebrauch zu machen und durch Kündigung das Arbeitsverhältnis zu beenden.[31]

Die Entscheidung des Integrationsamtes liegt im *pflichtgemäßen Ermessen*; dieses kann aber durch gesetzliche Vorgaben *(§ 89 SGB IX) eingeschränkt* werden:

- bei dauerhafter *Einstellung*[32] oder *Auflösung des Beschäftigungsbetriebes* bzw. der Beschäftigungsdienststelle hat das Integrationsamt die Zustimmung zu erteilen, sofern der Arbeitgeber den schwerbehinderten Arbeitnehmer nicht auf einem anderen Arbeitsplatz beschäftigen kann (Abs. 1 S. 1).
- Weiter *soll* das Integrationsamt die Zustimmung erteilen bei

- dauerhafter wesentlicher *Einschränkung des Betriebs* bzw. der Dienststelle (Abs. 1 S. 2)
- Kündigung im *Insolvenzverfahren* auf der Grundlage eines Interessenausgleichs nach Abs. 3 und bei

- Kündigungen aus *anderen Gründen,* Abs. 3. Hier *soll* die Zustimmung erteilt werden, wenn dem schwerbehinderten Menschen ein anderer angemessener und zumutbarer Arbeitsplatz gesichert ist.[33]

Bei einer ordentlichen Kündigung soll das Integrationsamt innerhalb eines Monats (ab Antragseingang) entscheiden.

Bei *Untätigkeit* des Integrationsamtes gilt die Zustimmung nicht als erteilt, der Arbeitgeber muss *Untätigkeitsklage* beim Verwaltungsgericht (§ 75 VwGO) erhe-

---

[29] *Löschau/Marschner* Rn 545.

[30] *Löschau/Marschner* Rn 548.

[31] *Seidel* in: Der Personalrat 2002, 113, 114.

[32] der Begriff deckt sich mit dem der Stillegung in § 15 *Abs. 4* KSchG und § 111 S.2 Nr. 1 BetrVG.

[33] *Griebeling* in: *Hauck/Noftz* § 89 Rn 1.

ben. Daneben kommt auch ein Schadensersatz aus Amtspflichtverletzung in Betracht.[34]

Bei der Entscheidung über eine *außerordentliche* (fristlose) *Kündigung* gilt diese nach Ablauf einer *Zweiwochenfrist* als erteilt, § 91 Abs. 3 SGB IX.[35] Diese Fiktion gilt nicht bei der ordentlichen Kündigung.

Die *Entscheidung* des Integrationsamtes ist dem Arbeitgeber und dem schwerbehinderten Arbeitnehmer *zuzustellen,* das Arbeitsamt erhält eine Abschrift, § 88 Abs. 2 S. 1, 2 SGB IX. Entscheidet das Integrationsamt und unterbleibt die Zustimmung, so ist die Kündigung gemäß §§ 85 SGB IX, 134 BGB unwirksam.[36]

(5)   *Erteilung der Zustimmung durch das Integrationsamt*

Die Zustimmung des Integrationsamtes hat *nicht* die Bedeutung, dass *bereits über die Rechtmäßigkeit der Kündigung entschieden* wurde. Dies ist allein Aufgabe der Arbeitsgerichte: eine Klage gegen die Kündigung ist daher dann immer noch erfolgversprechend, wenn gegen sonstige kündigungsrechtliche Bestimmungen verstoßen wurde.[37]

(6)   *Praxis des Integrationsamtes*

Bei *behinderungsunabhängigen Sachverhalten* wird die *Zustimmung generell erteilt.* Das Gesetz bestimmt, dass dann, wenn kein Zusammenhang der Kündigung mit der Schwerbehinderung besteht, das Integrationsamt die Zustimmung erteilen *„soll".* Hierdurch wird den Parteien die Möglichkeit gegeben, wie bei jedem Arbeitgeber die soziale Rechtfertigung der Kündigung prüfen zu lassen.[38]

Die Fürsorgepflicht des Integrationsamtes gebietet es aber, die aus der Behinderung resultierenden Benachteiligungen auf dem Arbeitsmarkt auszugleichen und dadurch eine *Wettbewerbsfähigkeit mit Nichtbehinderten* herzustellen.[39]

Die anzustellenden Erwägungen ergeben sich aus Sinn und Zweck des SGB IX:[40] Da es sich hierbei in erster Linie um ein *Fürsorgegesetz* handelt, sind in die durchzuführende Abwägung nur *Belange* einzustellen, die sich *speziell aus der Schwerbehindertenfürsorge* herleiten.[41]

Das Integrationsamt hat dabei zu beachten, dass es insbesondere Zweck des besonderen Kündigungsschutzes ist, den Arbeitnehmer vor Kündigungen *aus Gründen seiner Behinderung* und vor langer Arbeitslosigkeit aufgrund *schlechterer*

---

[34] *Seidel* in: Der Personalrat 2002, 113, 114.
[35] *Löschau/Marschner* Rn 551.
[36] *Weyand/Schubert* Rn 288.
[37] Arbeitskammer des Saarlandes: Behinderte und ihr Recht, S. 61.
[38] *Seidel* in: Der Personalrat 2002, 113, 114.
[39] *Seidel* in: Der Personalrat 2002, 113, 114.
[40] BVerwGE 90, 287.
[41] *Seidel* in: Der Personalrat 2002, 113, 114.

Vermittlungschancen zu schützen.[42] Folgende beiden *Interessen* hat das Integrationsamt miteinander *abzuwägen:*

• Interesse des Arbeitgebers an der Auflösung des Arbeitsverhältnisses
• Interesse des Schwerbehinderten am Erhalt seines Arbeitsplatzes.

Zu betonen ist nochmals, dass nur der *Sachvortrag des Arbeitgebers* Grundlage für die Abwägung sein kann, es sei denn, das Integrationsamt hat bei seinen Nachforschungen die Unrichtigkeit dieses Vortrages ermittelt.[43]

(7)   *Personenbedingte Kündigungsgründe*

Dies sind solche, die auf den *persönlichen Eigenschaften und Fähigkeiten des Arbeitnehmers* beruhen.[44] Da sie vor allem in einer mangelnden körperlichen und geistigen Eignung gründen, können sie vom Arbeitnehmer nicht ohne weiteres beseitigt werden, eine Abmahnung scheidet daher von vornherein aus.

Die personenbedingten Kündigungsgründe wie Krankheit und die damit verbundenen Ausfallzeiten, Erwerbsminderung oder Erwerbsunfähigkeit auf Zeit und unverschuldete Minderleistung sind aber *oft Folge einer Behinderung,* die den Schwerbehinderten daran hindern, seine arbeitsvertraglichen Aufgaben zu erfüllen.[45]

Da dem Arbeitgeber in diesem Fall eine Fortsetzung des Arbeitsverhältnisses unzumutbar ist, besteht eine *Mitwirkungspflicht des Schwerbehinderten zur Ermittlung des Sachverhalts:*

• Da bei einer personenbedingten Kündigung eine Beschreibung der Behinderung einzuholen ist, muss der Arbeitnehmer den *Arzt von der Schweigepflicht entbinden* (analog § 60 Abs. 1 SGB I).[46]
• Er ist zudem verpflichtet, *persönlich zu erscheinen,* § 61 SGB I.
• Er muss sich *ärztlichen und psychologischen Untersuchungen* unterziehen, § 62 SGB I.[47]

Gemäß § 24 SGB X ist der schwerbehinderte Arbeitnehmer darauf hinzuweisen, dass der Arbeitnehmer im Rahmen seines Akteneinsichtsrechts Kenntnis von der Stellungnahme des Arztes erhält.[48]

Gerade im Hinblick auf personenbezogene Kündigungsgründe hat das Integrationsamt zu prüfen, ob es Möglichkeiten gibt, *behinderungsbedingte Leistungsstörungen* durch eine *behinderungsgerechte Arbeitsplatzgestaltung,* zumutbare Umorganisation der Arbeitsabläufe und nötigenfalls durch innerbetriebliche Umset-

---

[42] Arbeitskammer des Saarlandes: Behinderte und ihr Recht, S. 67.
[43] *Seidel* in: Der Personalrat 2002, 113, 115.
[44] *Schaub,* Arbeitsrechtshandbuch § 129 I 1.
[45] *Seidel* in: Der Personalrat 2002, 113, 115.
[46] *Seidel* aaO.
[47] *Seidel* S. 70.
[48] *Seidel* in: Der Personalrat 2002, 113, 115.

zung des betroffenen Arbeitnehmers auf einen anderen Arbeitsplatz etc. *aufzufangen.*[49]

Krankheitsbedingte Ausfallzeiten sind relevant, wenn zum gegenwärtigen Zeitpunkt objektive Tatsachen vorliegen, aufgrund derer angenommen werden muss, dass der Arbeitnehmer auch in Zukunft wiederholt arbeitsunfähig sein wird, was zu erheblichen betrieblichen oder wirtschaftlichen Beeinträchtigungen führen würde.[50]

Bei Eintritt einer *Berufsunfähigkeit* oder *teilweisen Erwerbsminderung* kann der Arbeitnehmer in seinem bisherigen Beruf oder zumindest in seiner bisherigen Tätigkeit nicht weiter eingesetzt werden.

Es muss dann geklärt werden, zu welchen Tätigkeiten der schwerbehinderte Arbeitnehmer noch herangezogen werden kann. Dies geschieht durch das Einholen ärztlicher Stellungnahmen; das Integrationsamt hat unter der Beteiligung von Betriebs-/Personalrat und Vertrauenspersonen zu prüfen,

- welche Tätigkeiten der Arbeitnehmer verrichten kann (Fähigkeitsprofil)
- welche leidensgerechten Arbeitsplätze vorhanden und frei sind (Anforderungsprofil)
- ob ein neuer, leidensgerechter Arbeitsplatz geschaffen werden kann.[51]

(8)   *Verhaltensbedingte Kündigungsgründe*

Eine Kündigung ist gem. § 1 Abs. 2 S. 1 KSchG sozial ungerechtfertigt, wenn sie nicht durch Gründe, die in dem Verhalten des Arbeitnehmers liegen, bedingt ist. Verhaltensbedingte Kündigungsgründe sind nur solche, die sozial anerkannt sind, d.h. solche, die einen ruhig und verständig denkenden Arbeitgeber zur Kündigung veranlassen würden.[52]

(9)   *Behinderungsbedingtes Fehlverhalten*

Es ist denkbar, dass die eigentliche Ursache eines Fehlverhalten in der Behinderung des Arbeitnehmers liegt. Bei folgenden Behinderungen liegt eine Überprüfung nahe:

- psychische Krankheit
- Alkoholabhängigkeit (soweit ihr Krankheitswert zukommt und sie als Behinderung anzuerkennen ist)
- geistige Behinderung
- Gehörlosigkeit.

Wenn ein Zusammenhang zu bejahen ist, liegt mit der verhaltensbedingten auch eine in der Person begründete Störung vor, so dass das Integrationsamt in beson-

---

[49] Arbeitskammer des Saarlandes: Behinderte und ihr Recht, S. 67f.
[50] *Seidel* in: Der Personalrat 2002, 113, 115.
[51] *Seidel* in: Der Personalrat 2002, 113, 115.
[52] *Schaub,* Arbeitsrechtshandbuch § 130 I 1.

derem Masse gefordert ist, eine auch für den Betrieb zumutbare Lösung zu entwickeln.[53] Als *Lösungsmöglichkeiten* kommen in Betracht:

- Betreuung des psychisch Kranken oder Gehörlosen
- Zuschüsse für den Arbeitgeber wegen außergewöhnlicher Belastungen
- besondere Betreuung durch eine betriebliche Bezugsperson
- Aufklärung der Kollegen und Vorgesetzten im Betrieb
- außerbetriebliche Initiativen (Kontakt zu Beratungsstellen, Selbsthilfegruppen).[54]

(10)   *Behinderungsunabhängiges Fehlverhalten*

Bei persönlichem Fehlverhalten ohne Bezug zu einer Behinderung darf der behinderte Arbeitnehmer nicht bessergestellt werden. Daher ist in § 91 Abs. 4 SGB IX für die fristlose Kündigung ausdrücklich klargestellt, dass das *Integrationsamt bei behinderungsunabhängigem Sachverhalt die Zustimmung erteilen soll.* Ist allerdings *offensichtlich,* dass die beabsichtigte Kündigung einer arbeitsgerichtlichen Prüfung nicht standhalten wird, so muss es dem Integrationsamt möglich sein, die Zustimmung dennoch zu verweigern.[55]

(11)   *Betriebsbedingte Gründe*

Eine Kündigung ist gemäß § 1 Abs. 2 S. 1 KSchG sozial ungerechtfertigt, wenn sie nicht durch dringende betriebliche Erfordernisse, die einer Weiterbeschäftigung des Arbeitnehmers in diesem Betrieb entgegenstehen, bedingt ist. Der Arbeitgeber kann hier den Arbeitsplatz also nicht mehr zur Verfügung stellen.[56]

Da somit bei geringer werdendem Arbeitsbedarf die Notwendigkeit der Entlassung von Mitarbeitern besteht, liegt es nahe, dem Arbeitgeber die Freiheit zu geben, die Arbeitsverträge so zu kündigen, als ob das SGB IX nicht existierte.[57]

Jedoch ist die Regelung des SGB IX differenzierter (§ 89 Abs. 1 SGB IX): Bei einer Zahlung von Lohn oder Gehalt für die Dauer von drei Monaten nach der Kündigung:

- muss bei *Betriebsschließung* die Zustimmung des Integrationsamtes zur Kündigung erteilt werden,
- soll bei *Betriebseinschränkung* und Verbleib von 6% schwerbehinderter Mitarbeiter die Zustimmung erteilt werden.
- Bei *Rationalisierungsmaßnahmen* ist zu prüfen, ob nach der Durchführung noch eine Beschäftigungsmöglichkeit für den schwerbehinderten Arbeitnehmer besteht.

---

[53] *Seidel* in: Der Personalrat 2002, 113, 117.
[54] *Seidel* aaO.
[55] *Seidel* aaO.
[56] *Schaub,* Arbeitsrechtshandbuch § 131 I. 1. a.
[57] *Seidel* in: Der Personalrat 2002, 113, 117.

Stellt beispielsweise ein beratender Ingenieur des Integrationsamtes fest, dass noch Arbeitsplätze existieren, die von dem schwerbehinderten Arbeitnehmer zur Zufriedenheit ausgefüllt werden können, so wird dieser Aspekt neben den drei bei jeder betriebsbedingten Kündigung zu erörternden Aspekten:

- der Dauer der Betriebszugehörigkeit
- dem Lebensalter
- bestehenden Unterhaltspflichten.

zur Sprache kommen. Weiter werden besondere Umstände geprüft, die eine erhöhte Fürsorgepflicht des Integrationsamtes gegenüber dem schwerbehinderten Arbeitnehmer begründen.[58] Als solche kommen beispielsweise in Betracht

- die Art der Behinderung
- im Betrieb erlittene Gesundheitsschädigungen
- Vermittlungschancen auf dem Arbeitsmarkt
- Erfüllung der Pflichtquote von 5%.

Auch bei betriebsbedingter Kündigung muss die Ablehnung der Zustimmung durch das Integrationsamt möglich sein, wenn es *offensichtlich* ist, dass die Kündigung arbeitsgerichtlicher Prüfung nicht standhalten wird; bloße Zweifel genügen nicht (Evidenzkontrolle).[59]

(12) *Änderungskündigung (§ 89 Abs. 2 SGB IX)*

Hierunter versteht man die Kündigung des Arbeitsverhältnisses durch den Arbeitgeber und ein mit dieser Kündigung im Zusammenhang stehendes Angebot an den Arbeitnehmer, das Arbeitsverhältnis zu geänderten Bedingungen fortzusetzen, § 2 KSchG; es handelt sich um ein zweiaktiges Rechtsgeschäft.[60] Auch zur Änderungskündigung ist eine Zustimmung des Integrationsamtes erforderlich.[61] Die Zustimmung soll erteilt werden, wenn dem schwerbehinderten Menschen ein anderer zumutbarer und angemessener Arbeitsplatz gesichert ist.

(13) *Klage des Arbeitnehmers gegen die Kündigung, Verbandsklage*

Bei Zustimmung des Integrationsamtes zur Kündigung kann sich der Arbeitnehmer noch darauf berufen, dass die *Kündigung sozial ungerechtfertigt* sei, § 1 KSchG. Dazu muss er innerhalb von drei Wochen (§ 4 KSchG) nach Zugang der Kündigung, die auf die Zustimmung des Integrationsamtes (§ 85 SGB IX) erfolgte, *Feststellungsklage vor dem Arbeitsgericht* erheben.[62]

---

[58] *Seidel* in: Der Personalrat 2002, 113, 118.
[59] *Seidel* aaO.
[60] *Appel* in: *Kittner/Zwanziger:* Arbeitsrecht, Handbuch für die Praxis § 95, Rn 1.
[61] *Weyand/Schubert* Rn 287.
[62] *Löschau/Marschner* Rn 489.

Der Arbeitnehmer kann auch *gegen die Erteilung der Zustimmung* vorgehen und zwar sowohl durch *Widerspruch gegen den Bescheid* beim Widerspruchsausschuss des Integrationsamtes als auch durch *Klage beim Verwaltungsgericht* (§ 40 VwGO). Die dreiwöchige Klagefrist zum Arbeitsgericht wird dadurch allerdings nicht verlängert.[63] Falls die *Schwerbehinderteneigenschaft* nicht zuerkannt wurde, kann *Klage vor dem Sozialgericht* erhoben werden.[64] Auch bei der Klage gegen Kündigungen wird das neu geschaffene, auf die Richtlinie 2000/78/EG des Rates vom 27.11.2000 zurückgehende Institut der *Verbandsklage* eine Rolle spielen.

Liegen alle Verfahrensvoraussetzungen wie bei einem Rechtsschutzersuchen durch den behinderten Menschen selbst vor, so können Behindertenverbände gegen den Arbeitgeber vorgehen, wenn der Arbeitnehmer diese dazu ermächtigt; es handelt sich also nur um eine Prozeßstandschaft.

Im Gesetzgebungsverfahren haben die Arbeitgeberverbände die Umsetzung der Richtlinie entschieden abgelehnt: Sie wiesen insbesondere auf das ausreichende Schutzinstrumentarium und das einseitig für den Arbeitgeber erhöhte Prozessrisiko hin. Der Gesetzgeber war jedoch zur Umsetzung der zwingenden Richtlinie verpflichtet, *Art.* 9 Abs. 2 in Verbindung mit *Art.* 18 der Richtlinie.[65]

2.   Zusatzurlaub (§ 125 SGB IX)

Der fünftägige Zusatzurlaub orientiert sich an einer regelmäßigen Arbeitszeit von 5 Tagen in der Woche und kann entsprechend weniger oder gar 6 Tage betragen, wenn auch am Samstag gearbeitet wird. Unbeachtlich ist dagegen der Zeitpunkt, wann die Schwerbehinderteneigenschaft eingetreten, anerkannt oder dem Arbeitgeber mitgeteilt worden ist.

3.   Freibetrag nach § 33 Einkommensteuergesetz (EStG)

Freibetrag gem. § 33 Abs. 3 EStG: Der Pauschbetrag beträgt je nach GdB:

Grad	Euro
25 und 30	310
35 und 40	430
45 und 50	570
55 und 60	720
65 und 70	890
75 und 80	1.060
85 und 90	1.230
95 und 100	1.420

---

[63] *Löschau/Marschner* Rn 490.
[64] *Löschau/Marschner* Rn 494.
[65] *Düwell* in: BB 2001, 1527, 1531.

Für Behinderte, die hilflos sind, und für Blinde erhöht sich der Pauschbetrag auf 3.700 €. Der Freibetrag wurde seit seiner Einführung bis heute nicht an die Preissteigerung angepasst.

4.   Hilfsmittel

Hilfsmittel (großer Bildschirm für Sehbehinderte, besondere Bürostühle) werden vom Integrationsamt aus Mitteln der Ausgleichsabgabe unterstützt.

5.   Schwerbehindertenversammlung

Schwerbehindertenversammlung nach § 95 Abs. 6 SGB IX. Hier handelt es sich nicht um ein Recht der Schwerbehinderten, sondern um eine Verpflichtung der Schwerbehindertenvertretung. Voraussetzung ist, dass eine solche gewählt ist. Dies geschieht nur dann, wenn in einer Dienststelle wenigstens 5 schwerbehinderte Menschen beschäftigt sind (§ 94 Abs. 1 SGB IX). Der Betriebsrat bzw. die Mitarbeitervertretung, die den Schwerbehindertenschutz wahrnehmen, wenn keine Schwerbehindertenvertretung gewählt ist, können keine entsprechende Schwerbehindertenversammlung durchführen.

6.   Die Integrationsvereinbarung

Die Integrationsvereinbarung ist in *Vertrag* zwischen Arbeitgeber, Schwerbehindertenvertretung und Betriebs- (Personal-, Richter-, Staatsanwalts-, Präsidial-) Rat, der in § 83 SGB IX verbindlich vorgeschrieben ist. Wie Betriebs- und Dienstvereinbarungen dient die Integrationsvereinbarung der generellen Regelung der Beschäftigung schwerbehinderter Menschen. Einzelheiten sind im SGB IX nicht vorgegeben. Eine Durchsetzungsmöglichkeit wie etwa Sanktionen oder gar Bußgeld bei Nichtabschluss gibt es nicht. Mittlerweile sind in ungefähr der Hälfte aller Betriebe solche Integrationsvereinbarungen geschlossen. Hilfe bei dem Abschluß einer Integrationsvereinbarung bietet der Bundesbehindertenbeauftragte unter www.sgbix-umsetzen.de.

Die Zentrale des Deutschen Caritasverbandes hat bereits eine Integrationsvereinbarung abgeschlossen, die in der Fachzeitschrift „neue caritas" Heft 20, Jahrgang 2002 S. 40 veröffentlicht ist.

7. Arbeitsassistenz

Wenn ein/e schwerbehinderte/r Beschäftigte/r seine Arbeitsleistung nur mit Unterstützung durch eine (notwendige) Arbeitsassistenz erbringen kann, wird ihm/ihr in § 102 Abs. 4 SGB IX die Möglichkeit eingeräumt, eine *selbst beschaffte Arbeitsassistenz* zu Hilfe zu nehmen. Voraussetzung ist, dass dem Integrationsamt aus der Ausgleichsabgabe die nötigen Mittel zur Verfügung stehen.

8. Das Verbandsklagerecht

Neu im Behindertenrecht ist das Verbandsklagerecht nach § 63 SGB IX. Danach können Verbände anstelle der verletzten Behinderten klagen, obwohl sie nicht selbst am Prozess beteiligt sind (Verbandsklage).

9. Integrationsprojekte

In § 132 ff. SGB IX wird unter der Überschrift „Integrationsprojekte" die Einrichtung von

- Integrations*betrieben*
- Integrations*unternehmen*
- Integrations*abteilungen* geregelt.

Diese werden dem allgemeinen Arbeitsmarkt zugeordnet und beschäftigen schwerbehinderte Menschen, deren Chancen auf dem Arbeitsmarkt wegen Art und Schwere der Behinderung besonders gering sind. Grundsätzliches Ziel bleibt allerdings der „Regelbetrieb" auf dem allgemeinen Arbeitsmarkt.[66]

10. Werkstätten für behinderte Menschen

In § 136 ff. SGB IX wird die Einrichtung von Werkstätten für behinderte Menschen geregelt. Auftrag dieser Werkstätten ist es einerseits, behinderten Menschen eine geeignete Arbeit anzubieten, die wegen ihrer Behinderung nicht auf dem allgemeinen Arbeitsmarkt beschäftigt werden können, und andererseits, den „Übergang geeigneter Personen auf den allgemeinen Arbeitsmarkt" zu fördern, § 136 Abs. 1 S. 1 und 2 SGB IX.

---

[66] *Bungart* in: Gemeinsam leben 2002, 112, 114f.

Die Förderung des Übergangs auf den allgemeinen Arbeitsmarkt soll insbesondere durch folgende Maßnahmen geschehen (§ 5 Abs. 4 Werkstättenverordnung):[67]

- Einrichtung von Übergangsgruppen
- Entwicklung individueller Förderpläne
- Ermöglichung von Trainingsmaßnahmen
- Betriebspraktika,
- zeitweise Beschäftigung auf ausgelagerten Arbeitsplätzen.

11. Der Schutz behinderter Menschen in anderen Lebensbereichen

Der Begriff des Behindertenrechts ist weiter zu fassen als das im SGB IX enthaltene Schwerbehindertenrecht. Der Schutz behinderter Menschen in unserer Rechtsordnung umfasst noch weitere Lebensbereiche:

---

[67] *Bungart* in: Gemeinsam leben 2002, 112, 115.

§ 5 Zivilrecht

1. Geschäftsfähigkeit für Heim- und Werkstattverträge

§ 138 Abs. 5 SGB XI und § 5 Abs. 11 HeimG bestimmen, dass Heim- und Werkstattverträge im Hinblick auf bereits gegenseitig bewirkte Leistungen auch dann als rechtswirksam gelten, wenn sich herausstellt, dass der volljährige Werkstattbeschäftigte oder der Heimbewohner zum Zeitpunkt der Aufnahme in die Einrichtung oder bei Vertragsabschluss geschäftsunfähig war.[1]

2. Allgemeine Geschäftsbedingungen (AGB)

Zusammen mit der Übernahme der Regelungen über die AGB aus dem AGBG ins BGB wurde in § 305 Abs. 2 Ziff. 2 BGB nun bestimmt, dass AGB gegenüber behinderten Menschen im Falle einer für den Verwender der AGB erkennbaren körperlichen Behinderung der anderen Vertragspartei nur dann wirksam werden, wenn dem behinderten Vertragspartner die Möglichkeit gegeben wurde, vom Inhalt Kenntnis zu nehmen.

Eine solche zumutbare Kenntnisnahme vor Vertragsschluss kann etwa ermöglicht werden durch

- Übergabe in elektronischer oder
- akustischer Form,
- durch Braille-Schrift.

Erkennbar ist die körperliche Behinderung des anderen dann, wenn bei gehörigem Hinschauen oder Hinhören die Wahrnehmungsschwierigkeiten der behinderten Person offenbar werden.[2]

3. Mietrecht

Der behinderte Mieter kann vom Vermieter die *Zustimmung zu baulichen Veränderungen* oder zu sonstigen Einrichtungen verlangen, die für eine behindertenge-

---

[1] *Kossens/Maass/Steck/Wollschläger* Rn 913.
[2] *Moritz* in: ZFSH/SGB 2002 (Heft 4), 204, 213.

rechte Nutzung der Mietsache oder den Zugang zu ihr erforderlich sind, wenn er ein *berechtigtes Interesse* daran hat, § 554 a BGB. Hierbei muss zwischen den Mieter- und Vermieterinteressen abgewogen werden; ebenso sind die berechtigten Interessen anderer Mieter zu berücksichtigen. Der Mieter trägt dabei die Kosten des Umbaus sowie bei Auszug die des Rückbaus; in Betracht kommen jedoch Ansprüche des Mieters auf *staatliche Förderung*.[3]

Problematisch erscheint es, wenn der Mieter die Arbeiten selbst durchführt bzw. von Bekannten durchführen lässt. Zumindest wenn die Arbeiten sicherheitsrelevante Teile des Hauses betreffen (Statik), oder diejenigen Gebäudeteile, die auch von anderen Hausbewohnern benutzt werden, wird man dem Vermieter das Recht zuzubilligen haben, auf einer Ausführung durch einen anerkannten Fachbetrieb zu bestehen. Um Rechtsstreitigkeiten zu vermeiden, kann der Vermieter generell einen Fachhandwerkervorbehalt in den Mietvertrag aufnehmen. Die Auswahl des konkreten Handwerkers steht aber in jedem Falle dem Mieter zu.[4] Grundsätzlich hat ein *Rückbau* zu erfolgen:

- bei vertraglicher Vereinbarung
- bei Verlangen des Vermieters (§ 258 BGB).

Die bloße Einverständnis des Vermieters mit den Umbaumaßnahmen läßt seinen Anspruch auf Rückbau noch nicht entfallen.[5] Nur Ausnahmsweise entfällt bei einer solchen Genehmigung eine Wiederherstellungsverpflichtung, wenn die Baumaßnahme auf Dauer angelegt ist und entweder nur mit erheblichem Kostenaufwand wieder beseitigt werden kann oder das Mietobjekt in einen erheblich schlechteren Zustand versetzen würde.[6] Wenn der Vermieter kein Interesse an einem Rückbau hat und daher darauf verzichtet, steht diesem aber auch kein Anspruch auf Geldersatz zu.

§ 554 a BGB enthält eine ausgewogene Regelung zur Herstellung der Barrierefreiheit: Weder muss der Vermieter jedem Wunsch des behinderten Mieters auf Umbau zustimmen, noch muss der Vermieter dem Mieter die Wohnung behindertengerecht umbauen.[7]

Mit der Formulierung „behindertengerechte Nutzung" soll klargestellt werden, dass ein Anspruch auf Zustimmung des Vermieters nicht nur bei Behinderung des Mieters selbst besteht, sondern alle Personen mitumfasst, die berechtigterweise in der Wohnung leben.[8] Bauliche Veränderungen sind z.B.

- der Einbau einer behindertengerechten Nasszelle oder
- einer behindertengerechten Toilette

---

[3] *Moritz* S. 213 mit Hinweis auf die Zusammenstellung des Beauftragten der Bundesregierung für die Belange der Behinderten: „Finanzielle Förderung behindertengerechten Wohnens", Mai 1997, Nachdruck Dezember 2000.

[4] *Mersson* in: NZM 2002 (Heft 8), 313, 315.

[5] BGH, NJW-RR 1997, 1216.

[6] LG Münster in: WM 1999, 515.

[7] *Mersson* in: NZM 2002 (Heft 8), 313.

[8] *Mersson* in: NZM 2002 (Heft 8), 313, 314.

- Verbreiterung der Türen
- Neuverlegung von Leitungen und das nachfolgende Versetzen zu hoch ange-brachter Schalter und Armaturen
- die Schaffung eines schwellenfreien Übergangs zum Balkon oder zur Terrasse[9]
- der Einbau eines Treppenliftes.[10]

Die baulichen Veränderungen für eine behindertengerechte Nutzung müssen er-forderlich sein, eine bloße Nützlichkeit reicht nicht aus. Die restriktive Interpreta-tion des Begriffs erscheint vor dem Hintergrund der Schwere der durch § 454 a BGB möglichen Eingriffe in das Eigentumsrecht geboten.[11]

Für die voraussichtlichen *Rückbaukosten* kann der Vermieter eine *zusätzliche Mietkaution* verlangen. „Angemessen" ist eine Sicherheit, wenn sie sich an den Kosten des späteren Rückbaus orientiert; diese können durch einen Kostenvoran-schlag belegt werden. Gerade bei längerer Mietdauer erscheint es trotz des Fehlens einer entsprechenden Regelung im Gesetz als angemessen, eine Aufstockung der Kaution zu verlangen. Insbesondere bei einem extremen Abweichen des Preisni-veaus bei Einholen des Kostenvoranschlags von den tatsächlichen Kosten im Zeit-punkt des Auszuges ist von einem solchen Recht des Vermieters auszugehen.[12]

Da ein behindertengerechter Umbau der Wohnung auch einen Marktvorteil dar-stellen kann, hat der Vermieter bei Auszug des Mieters bisweilen ein Interesse daran, dass die Umbauten erhalten bleiben. Falls man sich nicht auf eine Ablöse-summe einigen kann, gelten die allgemeinen Grundsätze über das Wegnahmerecht des Mieters und die Übernahme von mieterseitigen Einbauten durch den Vermie-ter nach den §§ 559, 552 BGB.

---

[9] *Mersson* in: NZM 2002 (Heft 8), 313, 314.
[10] BVerfG, Beschl. v. 28.03.2000 (Az.: 1 BvR 1460/99): Ein Mieter darf auf eigene Kosten einen *Lift* einbauen, um seiner querschnittsgelähmten Lebensgefährtin den Zugang zu der im zweiten Obergeschoss gelegenen gemeinsamen Wohnung zu erleichtern. Der Mieter ersuchte seinen Vermieter um die Zustimmung zum Einbau eines *elektrischen Treppen-liftes,* den er auf eigene Kosten einbauen und beim Auszug wieder ausbauen wollte. Der Vermieter versagte seine Zustimmung und bekam vor dem Amtsgericht und dem Land-gericht Recht. Das BVerfG entschied, dass die Entscheidungen der Vorinstanzen das Grundrecht des Mieters aus Art. 14 Abs. 1 GG verletzten. Art. 14 GG schütze nämlich nicht nur die Eigentumsposition des Vermieters, sondern auch das Besitzrecht des Mie-ters an der gemieteten Wohnung. Hieraus folge, dass auch dem Lebensgefährten des Mieters der Zugang zur Wohnung gewährt werden muss. Ist dieser behindert, so ist bei der Bestimmung des sich aus Art. 14 GG ergebenden Nutzungsrechts des Mieters auch Art. 3 Abs. 3 S. 2 GG zu beachten. Danach darf niemand aufgrund seiner Behinderung benachteiligt werden. Im vorliegenden Fall war deshalb zwischen dem eigentumsrecht-lich geschützten Recht des Vermieters an der unveränderten Erhaltung seines Treppen-hauses und dem ebenfalls grundrechtlich geschützten Interesse des Mieters an einer be-hindertengerechten Nutzung abzuwägen. Diese Interessenabwägung habe das Landge-richt nicht vorgenommen. Quelle: www.sozialportal.de.
[11] *Mersson* in: NZM 2002 (Heft 8), 313, 314.
[12] *Mersson* in: NZM 2002 (Heft 8), 313, 316f.

Im Mietvertrag kann die *Behindertengeeignetheit* einer Wohnung *Vertragsbestandteil* sein: Rollstuhlfahrer können mit dem Vermieter vereinbaren, dass eine Wohnung behindertengerecht umgebaut wird. Genügt die Wohnung nicht den vereinbarten Erfordernissen, so führt dies zu *Gewährleistungsansprüchen* wie etwa Mietminderung. Ein Schmerzensgeldanspruch kann hieraus jedoch nicht erwachsen: dies wäre nur bei einem Vertrag mit besonderen Schutzpflichten wie beispielsweise dem Behandlungsvertrag mit einem Arzt anzunehmen.[13]

4. Reiserecht[14]

Nach herrschender Meinung stellen die *bloße Anwesenheit* oder der *bloße Anblick* behinderter Menschen in einem Urlaubshotel, die unartikulierte Laute ausstoßen oder am Nachbartisch gefüttert werden, *keinen Reisemangel* dar.[15]

Auch die Anwesenheit von blinden Menschen im Hotel stellt keinen Reisemangel dar.[16]

Hingegen hat die Rechtsprechung entschieden, dass für Mitreisende dann ein Minderungsanspruch bestehe, wenn von der Reisegruppe wie bei anderen Reisegruppen auch *unzumutbare Störungen* ausgehen.[17] Dies kann zu einer Reisepreisminderung von 50% führen.

Eine Beeinträchtigung liege insbesondere vor, wenn sich behinderte Menschen bei den Mahlzeiten erbrechen und Wasser lassen.[18]

Das Urteil, das vor allem in der Öffentlichkeit Empörung ausgelöst hat, wurde auch in der Fachpresse scharf kritisiert:

Das Urteil verabsolutiere nicht nur den „Urlaubsgenuss" im Sinne einer geschützten „Zauberbergatmosphäre", die die Probleme von „denen da unten" nur noch als theoretische wahrnehmen will. Es verkenne auch die Menschenwürde Behinderter, die, wenn ihre Anwesenheit als Reisemangel qualifiziert wird, noch weiter ausgegrenzt würden, und die letztlich nur noch in extra für sie vorbehaltenen Einrichtungen Urlaub machen könnten.[19]

Nach gemäßigter Kritik an dem Urteil[20] könne der bloße Anblick und die bloße Anwesenheit von Behinderten einen Reisemangel nicht begründen und stelle da-

---

[13] KG Az.: 8 U 3313/97 in: http://www.anwon.com/urteile/maengel/maengel_006.html.

[14] Informationen über spezielle Reiseberatungsstellen sowie Hinweise und Tipps zum barrierefreien Reisen vermittelt die „Nationale Koordinationsstelle Tourismus für Alle e.V." (NatKO), der Zusammenschluss der Bundes-Behindertenverbände, die im Tourismus aktiv sind. www.natko.de.

[15] so: AG Kleve in: NJW 2000 mwN.

[16] AG Bad Homburg in: RRa 206, 207: „Konkrete Beeinträchtigungen des Klägers sind nicht dargetan. Es ist bedauerlich, dass derartiger Vortrag zum Gegenstand eines Klagevorbringens gemacht wird."

[17] LG Frankfurt a. M. in: NJW 1980, 1169.

[18] AG Frankfurt a. M. in: NJW 1980, 1965.

[19] Däubler Kapitel 22 Rn 162 a.

[20] *Brox* in: NJW 1980, 1939f.

mit auch keinen Schaden dar. Nur in seltenen Ausnahmefällen, in denen auch für einen durchschnittlich empfindenden Reisenden erhebliche und dauernde Störungen ausgehen, könne ein Reisemangel vorliegen.

Als dauernde Beeinträchtigung könne angesehen werden, wenn das Schwimmbecken des Hotels insgesamt drei Stunden am Tag für eine Gruppe von Behinderten reserviert war und wenn das Badewasser durch das von den Behinderten Erbrochene verunreinigt wurde.[21]

Zustimmend wurde angemerkt, dass auch bei solidaritätsbewusster Auslegung des Reiseveranstaltervertrages der von Rechts wegen zu fordernde Rücksichtnahme auf Schwerbehinderte Grenzen gesetzt blieben: Die Rechtsordnung könne dem Bürger nicht den sittlichen Heroismus von Heiligen abfordern, sondern müsse sich am Durchschnittsmenschen orientieren.[22]

Das AG Flensburg[23] ging 1993 davon aus, dass eine *Minderung von 10%* gegeben sei, wenn es dem Reisenden über eine Woche nicht möglich sei, gemeinsamen *Mahlzeiten mit Schwerstbehinderten „auszuweichen"*. Das Urteil wurde allgemein als unzutreffend bezeichnet:[24] Das Urteil berücksichtige nicht den Grundrechtsschutz der Art. 1 und Art. 3 Abs. 3 GG.[25]

a)   Information über Rollstuhlgeeignetheit

Behinderte Reisende haben gegen den Reiseveranstalter einen Anspruch auf *klare* und *vollständige Informationen über die Rollstuhlgeeignetheit* benutzter Transportmittel und Unterbringung.[26]

Die Aufklärungs- und Hinweispflicht ist dann verletzt, wenn nicht nach dem *konkreten Ausmaß der Behinderung gefragt* bzw. nicht darüber informiert wurde, dass nicht alle zur Verfügung gestellten Unterkünfte und Beförderungsmittel rollstuhlgerecht seien.

Unabhängig davon, dass § 1 Abs. 1 b, c der zweiten Verordnung über die Informationspflichten von Reiseveranstaltern (InfVO) vom 14.11.1994 auch die Information des Reiseveranstalters über das Transportmittel und die Unterbringung verlangt, richten sich im jeweiligen Fall konkrete Aufklärungs- und Hinweispflichten gerade danach, was für den potentiellen Reisekunden objektiv erkennbar für den Abschluss des Vertrages von Bedeutung ist. Neben dem Inhalt der Erklärung kommt es insoweit auf die Person des Reisenden sowie auf die Art der beabsichtigten Reise und auf das Reiseziel an.

---

[21] *Brox* in: NJW 1980, 1939f. stellt hier ab auf die Ausführungen des AG Frankfurt a. M. in: NJW 1980, 1965.

[22] *Hagen* in: DRiZ 1981, 295, 298.

[23] in: NJW 1993, 272.

[24] so *Führich* Rn 282 mit Hinweis auf *Reuter* in: SchlHA 12/1992, 217, Stellungnahme des BMJ RRa 1995, 115.

[25] damals noch ohne das spezielle Diskriminierungsverbot für behindere Menschen.

[26] LG Frankfurt am Main in: NJW-RR 2000, 580.

Bei einem Rollstuhlfahrer sei zudem davon auszugehen, dass dieser die Reise grundsätzlich eigenständig durchführen und seinen Urlaub verbringen will, ohne ständig auf die Hilfe Dritter zur Überwindung von Hindernissen bei der Benutzung eines Busses oder von Hotelzimmern angewiesen zu sein.

Die Mitarbeiter der Beklagten hätten daher davon ausgehen müssen, dass die Klägerin bei der Buchung der Reise als wesentlichen Vertragsbestandteil die im wesentlichen ungehinderte Zugangsmöglichkeit mit dem Rollstuhl in den Reisebus voraussetzte, ebenso wie die Benutzbarkeit des Hotelzimmers in Hawaii.

Wenn die Beklagte ein solches Angebot nicht hätte erbringen wollen, hätte sie die Kläger darauf hinweisen bzw. einen Vertragsabschluss ablehnen müssen.

Diese Pflicht sei auch nicht auf Grund des Umstandes entfallen, dass für die Beklagte nicht konkret erkennbar gewesen sei, in welchem Umfang die Klägerin auf ihren Rollstuhl angewiesen war: Bei Unklarheiten treffe die Beklagte eine *Nachfragepflicht*.[27]

Das Urteil wurde als „gut gemeint" kritisiert: die Fürsorgepflichten des Reiseveranstalters würden überspannt, die Eigenverantwortung des behinderten Reisenden in unzulässiger Weise beschnitten.[28]

Angesichts der Vielzahl von möglichen Behinderungen, die von einer Benutzung des Rollstuhls nur für längere Wegstrecken bis zu einer dauerhaften Angewiesenheit auf den Rollstuhl reichten, sei es Sache des behinderten Reisenden, seine konkreten Bedürfnisse darzulegen. Dies gelte vor allem dann, wenn – wie im vorliegenden Fall – zunächst eine Abenteuerreise gebucht worden, mithin ein völlig falscher Anschein erweckt worden sei. Subjektive, nicht geäußerte Vorstellungen, die etwa die Rollstuhlgeeignetheit der Unterkunft und der Transportmittel betreffen, könnten jedoch nicht einseitig in die Risikosphäre des Reisveranstalters verlagert werden.[29]

Probleme bereiten Kundenwünsche in der *Reiseanmeldung*, die nicht in der Reisebestätigung beantwortet werden. So soll ein bloßer Vermerk „Rollstuhlfahrer" in der Reiseanmeldung für einen Behinderten noch keinen Vertrauensschutz schaffen, dass für ihn ein behindertengerechtes Hotel gebucht wird.[30]

Hingegen sollen der Veranstalter und das die Buchung vermittelnde Reisebüro verpflichtet sein, die notwendigen Voraussetzungen für eine *behindertengerechte Unterkunft* zu schaffen, wenn ein *erkennbar schwerbehinderter Rollstuhlfahrer* eine Pauschalreise bucht.[31]

Nach Treu und Glauben müssen sich Veranstalter und Reisebüro bei dem Behinderten erkundigen, was seine besonderen Bedürfnisse sind. Diese sind dann in

---

[27] Hier wird auf die in der Entscheidung des LG Frankfurt am Main in: NJW 1989, 2397f. dargestellten *Fürsorge- und Obhutspflicht* des Reiseveranstalters gegenüber Behinderten hingewiesen.

[28] *Bechhofer* in: RRa 1999, 189.

[29] *Bechhofer* in: RRa 1999, 189, 190.

[30] AG Düsseldorf in: VersR 1987, 674; hingegen soll der Vermerk „Nichtraucher" bei der Anmeldung einen Anspruch auf einen Sitzplatz in einer raucherfreien Zone im Bus begründen: so: AG Borken in: NJW-RR 1991, 377.

[31] LG Frankfurt am Main in: NJW 1989, 2397.

der schriftlichen Anmeldung festzuhalten, und für ihre Verwirklichung ist bis zum Reiseantritt zu sorgen.

Der Rollstuhlfahrer war in diesem Fall berechtigt, den *Reisepreis um 50% zu mindern,* da er wegen der engen Badezimmertür mit seinem Rollstuhl weder Bad, Dusche noch Toilette aufsuchen konnte und deshalb auf die erhebliche Unterstützung seiner Ehefrau bei Ersatzlösungen angewiesen war.

Äußert der Kunde in der Reiseanmeldung einen Wunsch hinsichtlich der Art der Unterbringung, so kommt der Vertrag mit diesem Inhalt zustande, auch wenn die Reisebestätigung sich nicht zu diesem Kundenwunsch äußert.[32]

Eine *Reisepreisminderung* von je 20% für die auf den Rollstuhl angewiesene Reisende und ihre beiden Begleitpersonen wurde bei einer USA-Reise in einem nicht behindertengerechten Bus für angemessen erachtet. Die zu engen Hotelzimmer führten zu einer weiteren Minderung um 50% für die Reisende, um 25% für die Mitreisenden.[33]

b)   Verpflegungsmängel

Gerade Verpflegungsmängel sind genau zu substantiieren. *Diätnahrung* kann nur bei Zusage gefordert werden.[34]

c)   Risiko

Störungen aus der *Privatsphäre des Reisenden* können nicht zu einer Einstandspflicht im Rahmen des Leistungsprogramms des Reisveranstalters führen.[35] Zum privaten Unfall- und Verletzungsbereich gehören unter anderem:

- *Platzangst* und *Atembeschwerden* bei einer Schiffsreise[36]
- *Herzinfarkt* auf einem überfüllten Schiff[37]
- Unannehmlichkeiten wegen der *persönlichen Konstitution* des Reisenden.[38]

Eine Einstandspflicht des Reisveranstalters besteht aber bei einer ungewöhnlich hohen Gefahr. Der Reiseveranstalter hat Informations- und Fürsorgepflichten, sobald das allgemeine Lebensrisiko zu einer *besonderen Gefahr für den Reisenden* wird: Der Veranstalter ist in der Regel besser über die jeweilige Situation des Zielortes informiert und *muss den Reisenden soweit unterrichten, dass sich dieser auf die Situation einstellen kann.*[39]

---

[32] LG Frankfurt am Main in: NJW-RR 1991, 878.
[33] LG Frankfurt am Main in: NJW-RR 2000, 580.
[34] *Führich* Rn 286.
[35] *Führich* Rn 196.
[36] AG Bad Homburg in: RRa 1994, 168.
[37] OLG Düsseldorf in: NJW-RR 1992, 1461.
[38] AG Ludwigsburg in: RRa 1994, 167; AG Stuttgart in: RRa 1996, 240.
[39] *Führich* Rn 196.

d)   Erzwungenes Umsteigen

Das erzwungene Umsteigen eines schwerbehinderten Flugreisenden wegen Über-
buchung einer Maschine kann zu einer Minderung des anteiligen Flugpreises führen, ein Anspruch auf Entschädigung wegen entgangener Urlaubsfreuden nach
§ 651 f Abs. 2 BGB wurde hingegen verneint.[40]

e)   Finanzierung der Reise[41]

Eine Kostenübernahme für Urlaubsreisen nach § 12 BSHG kommt nicht in Frage.
Wenn die Reise jedoch Zwecken der Eingliederungshilfe dient, können die Kosten
gemäß § 40 BSHG durch den Sozialhilfeträger übernommen werden.

5.   Deliktsrecht

Zum 01.08.2002 ist das Haftungsrechtsänderungsrecht in Kraft getreten.

a)   Kinder als Schadensverursacher

Bisher galt eine Haftungsprivilegierung nur für Kinder bis zur Vollendung des 7.
Lebensjahres. § 828 Abs. 2 BGB bestimmt nunmehr:
Wer das siebente, aber nicht das zehnte Lebensjahr vollendet hat, ist für den
Schaden, den er bei einem Unfall mit einem Kraftfahrzeug, einer Schienenbahn
oder einer Schwebebahn einem anderen zufügt, nicht verantwortlich. Dies gilt
nicht, wenn er die Verletzung vorsätzlich herbeigeführt hat.
Bisher existierte eine solche Haftungsprivilegierung nur für Kinder bis zur
Vollendung des 7. Lebensjahres.
Der Gesetzgeber geht in der amtlichen Begründung davon aus, „dass Kinder
aufgrund ihrer physischen und psychischen Fähigkeiten regelmäßig frühestens ab
Vollendung des 10. Lebensjahres imstande sind, die besonderen Gefahren des mo-
torisierten Straßenverkehrs zu erkennen und sich den erkannten Gefahren entsprechend zu verhalten" (Bt-Drs. 14/7752 v. 07.12.2001, S. 16).
§ 828 BGB ist auch für den Mitverschuldenseinwand (§ 254 BGB) maßgebend,
zudem unterscheidet die Neuregelung nicht, ob das Kind Opfer oder Täter eines
Unfalls ist.

---

[40] LG Frankfurt, Urt. v. 18.06.1990 in: NJW-RR 1990, 1211ff.: Die schwerbehinderte Reisende musste als Rollstuhlfahrerin auf einen Rückflug mit Zwischenlandung umsteigen,
was eine längere Flugdauer von etwa zwei Stunden bedingte. Für die daraus resultierenden Erschwernisse wurde eine Minderung von 30% des anteiligen Rückflugpreises als
angemessen erachtet.
[41] ausführlicher dazu: *Castendiek/Hoffmann* Rn 450f.

Soweit keine Haftung des Aufsichtspflichtigen nach § 832 BGB in Betracht kommt, muss nunmehr der andere Unfallbeteiligte den eigenen Schaden selbst tragen bzw. den Schaden des Kindes in voller Höhe begleichen. Erscheint dies im Einzelfall nicht gerechtfertigt, so kann die Billigkeitshaftung des § 829 BGB eingreifen, „die nach dieser Änderung in der Praxis stärker als zuvor in den Blick genommen werden muss. Im Übrigen schützt vor dem Risiko, durch einen Nichtverantwortlichen geschädigt zu werden – ebenso wie in den Fällen, in denen bereits selbst kein Anspruchsgegner zur Verfügung steht – nur der Abschluss einer entsprechenden Versicherung" (Bt-Drs. a.a.O.).

b)   Mangel an Einsichtsfähigkeit beim Schädiger

Unverändert blieb die Regelung, dass derjenige, der das 18. Lebensjahr noch nicht vollendet hat, für den Schaden, den er einem anderen zufügt, nicht verantwortlich ist, wenn er bei Begehung der schädigenden Handlung nicht die zur Erkenntnis der Verantwortlichkeit erforderliche Einsicht hat (§ 828 Abs. 3 BGB n. F., bisher § 828 Abs. 2 S. 1 BGB).

Ein solcher Mangel an Einsichtsfähigkeit ist bei Menschen mit schwerer geistiger Behinderung anzunehmen.

c)   Streichung der Sonderregelung für Gehörlose

§ 828 Abs. 2 S. 2 BGB a. F. privilegierte Gehörlose unabhängig von ihrem Alter, indem diese haftungsrechtlich Minderjährigen im Alter zwischen 7 und 18 Jahren gleichgestellt wurden.

Deshalb wurde immer wieder die Forderung erhoben, *§ 828 Abs. 2 S. 2 BGB (Unerlaubte Handlungen Taubstummer)* zu streichen. Bei der Vorschrift handelt es sich um eine Haftungsprivilegierung: In einer Besserstellung behinderter Menschen kann zunächst keine Diskriminierung gesehen werden. Die Gleichstellung hinsichtlich der Deliktsfähigkeit mit Minderjährigen wurde aber nicht mehr für zeitgemäß erachtet.

In seinem „Plädoyer für eine Abschaffung des § 828 Abs. 2 S. 2 BGB" wies *Hoeren*[42] zunächst auf einen Vergleich zum § 55 StGB a. F. hin, wonach die Strafbarkeit des Taubstummen ausgeschlossen sein sollte, wenn dieser in seiner geistigen Entwicklung zurückgeblieben und unfähig war, das Unerlaubte der Tat einzusehen oder nach dieser Einsicht zu handeln. Als taubstumm im Sinne dieser Vorschrift galt nur derjenige, der stumm infolge völliger Taubheit war oder der deshalb stumm war, weil er eine dauernde Hörerschwernis hatte, die die Artikulation verwischte. Bei der Änderung des StGB wurde § 55 a. F. aus dem Gesetz herausgenommen, und die in ihrer geistigen Entwicklung zurückgebliebenen Taubstummen werden nun nicht mehr eigens hervorgehoben. Man ging offensichtlich

---

[42] in: JZ 1999, 653ff.

davon aus, dass diese wie auch ähnliche Gebrechen ausreichend von den heute geltenden §§ 20 und 21 StGB mitumfasst seien.[43]

Ebenso sei bei den Beratungen zum BGB ursprünglich ein eigener Passus für Taubstumme nicht vorgesehen gewesen, die spätere Einfügung der Vorschrift sei nicht hinreichend begründet worden.[44]

In systematischer Hinsicht sei es nicht verständlich, warum Gehörlose weder in die Kategorie der Geschäftsunfähigen (§ 104 BGB) fielen, noch zu den beschränkt Geschäftsfähigen zählten (§§ 106, 114 BGB). Auch seien sie uneingeschränkt dazu fähig, im Zivilprozess als Partei aufzutreten. Damit seien sie zwar uneingeschränkt geschäfts- und prozess-, aber nur eingeschränkt deliktsfähig. Auch die Regelung in der StPO, wonach Tauben und Stummen ein Pflichtverteidiger zu bestellen war, sei 1988 aufgehoben worden.

Die als scheinbar selbstverständlich empfundene Fürsorgepflicht des Staates könne auch eine den Behinderten diskriminierende Aufdringlichkeit des Staates darstellen. Bei der rechtlichen Qualifizierung des Handelns Behinderter seien das Diskriminierungsverbot und der Gleichheitsgrundsatz zu bedenken; abseits zwingender Gründe sei jedwede Schlechterstellung verboten. Die haftungsrechtliche Schlechterstellung des § 828 Abs. 2 BGB beruhe aber auf dem diskriminierenden Grundgedanken, dass Taubstumme die Einsichtsfähigkeit eines Minderjährigen haben. Damit reihe das deutsche Recht die Taubstummen ein in den Bereich der hypothetisch Deliktsunfähigen. Es stelle dabei ab auf das auf mangelhafter geistiger Entwicklung dieser Gebrechlichen beruhende Fehlen der zur Erkenntnis der Verantwortlichkeit erforderlichen Einsicht.

Im Hinblick auf den heutigen Stand der Taubstummenbildung und -erziehung sei die Bestimmung aber zu weit gezogen. Der Wille zur Anerkennung der Gehörlosen als rechtlich voll handlungsfähige Menschen bedinge auf der anderen Seite einen Verzicht auf eine privilegierende Ausnahmestellung in ihrer Verantwortlichkeit.[45]

Auch andere Autoren meinten, dass unter einer Gleichstellungsperspektive auch solche Regelungen auf den Prüfstand zu stellen seien, die vordergründig auf den – begünstigenden – Schutz von Menschen mit Behinderungen zielen.[46] Auch bei ausschließlich begünstigenden Rechtswirkungen könne eine grundrechtsrelevante Benachteiligung bei einem gleichstellungsbezogenen Nachteilsbegriff wegen der Beeinträchtigung des Selbstgeltungsanspruchs vorliegen.[47]

Der Gesetzgeber strich die Gleichstellung, da „damit der unzutreffende Eindruck erweckt wurde, dass Gehörlose auch in Bezug auf ihre intellektuellen Fähigkeiten nur Minderjährigen gleichstünden." (Bt-Drs. a.a.O. S. 27)

---

[43] *Hoeren* in: JZ 1999, 653, 654.

[44] *Hoeren* in: JZ 1999, 653, 654.

[45] *Hoeren* in: JZ 1999, 653, 655.

[46] *Berlit* in: RdJB 1996, (Heft 2), 145, 148. Als weitere Beispiele für solche begünstigenden Schutzgesetze nennt der Autor § 8 Abs. 1 BGB, wonach nicht voll Geschäftsfähige ihren Wohnsitz nur mit dem Willen ihres gesetzlichen Vertreters begründen und aufheben können und die Regelungen des Betreuungsrechts.

[47] *Berlit* in: RdJB 1996, (Heft 2), 145, 148.

d)   Verbesserter Schutz von Kindern in StVG und HaftpflG

Im Straßenverkehrsgesetz (StVG) wurde § 7 Abs. 2 geändert, ebenso die entsprechende Vorschrift des § 1 Abs. 2 Haftpflichtgesetz (HaftpflG). Die Haftung aufgrund der von einem Kraftfahrzeug ausgehenden Betriebsgefahr wurde dadurch verschärft, dass der Einwand des „unabwendbaren Ereignisses" durch den Einwand „höherer Gewalt" ersetzt wurde. Die verbesserte Haftungssituation von Kindern sollte nämlich nicht durch den Unabwendbarkeitsnachweis der alten Fassungen konterkariert werden. Die Neuregelung kommt aber nicht nur Kindern zu gute, sondern auch behinderten und älteren Menschen, die Schwierigkeiten haben, schnell auf heikle Verkehrssituationen zu reagieren.

6.   Familienrecht

a)   Eherecht

Die Eheschließung ist erst ab Volljährigkeit möglich, § 1303 Abs. 1 BGB. Trotz der Volljährigkeit ist eine *Heirat nicht möglich, soweit Geschäftsunfähigkeit* besteht (§ 1304 BGB). Die Ehe ist dann wegen der fehlenden Ehefähigkeit nichtig; dies kann insbesondere bei schweren psychischen Erkrankungen gegeben sein (§ 1314 Abs. 2 Nr. 1 BGB).[48]

Grundsätzlich sind auch geistig behinderte Menschen ehefähig, sofern nicht die Behinderung derart schwerwiegend ist, dass von einer Geschäftsunfähigkeit ausgegangen werden muss, was im Zweifel durch *ärztliches Gutachten* festgestellt werden kann. Die Bestellung eines Betreuers nach den §§ 1896ff. BGB stellt kein Hindernis für die Heirat dar. Dies gilt selbst dann, wenn ein Einwilligungsvorbehalt gegeben ist, da dieser nicht für die Eheschließung gilt, § 1903 Abs. 2 BGB. Der *Standesbeamte* hat daher in jedem Fall zu prüfen, ob die Geschäftsfähigkeit vorliegt.

Bei Zweifeln kann er die Trauung ablehnen und die Vorlage eines Attestes oder eines ärztlichen Gutachtens fordern. Bei Ablehnung des Aufgebotes oder der Trauung kann das zuständige Amtsgericht nach § 45 Personenstandsgesetz (PStG) angerufen werden.[49]

---

[48] *Kienzle* S. 152.
[49] *Kienzle* S. 152f.

b)   Rechtliche Betreuung

Volljährige (§ 2 BGB), die ihre Angelegenheiten nicht mehr selbst besorgen können, berürfen des Schutzes ihrer Person und ihres Vermögens.[50] Unter rechtlicher Betreuung versteht man staatlichen Beistand in Form von Rechtsfürsorge, die der Betreuer zu organisieren hat.[51] Die Betreuung ist inhaltlich auf bestimmte Aufgabenkreise beschränkt, in denen eine Betreuung erforderlich ist, § 892 Abs. 2 S. 1 BGB. Die Anordnung der Betreuung setzt Hilfsbedürftigkeit der betroffenen Person voraus, die bei psychischer Krankheit und bei einer körperlichen, geistigen oder seelischen Behinderung vorliegen kann, § 1896 Abs. 1 S. 1.[52] Das Gesetz selbst definiert die Begriffe nicht. Unter einer Behinderung wird eine bleibende negative Konditionierung der körperlichen und/oder geistigen oder seelischen Abläufe verstanden, die angeboren oder krankheitsbedingt sein können.[53] Bei reiner Körperbehinderung kommt eine Betreuung grundsätzlich nur auf Antrag des Betroffenen in Betracht, § 1896 Abs. 1 S. 3 BGB.

7.   Erbrecht

a)   Testierfähigkeit behinderter Menschen

Die Testierfähigkeit ist die Fähigkeit, ein Testament zu errichten, sie ist eine besondere Ausprägung der Geschäftsfähigkeit.[54] Volljährige, die wegen krankhafter Störung der Geistestätigkeit, wegen Gesundheitsschwäche oder Bewußtseinsstörung nicht in der Lage ist, die Bedeutung einer von ihm abgegebenen Willenserklärungen einzusehen oder nach dieser Einsicht zu handeln (§§ 104 Nr. 2, 105 Abs. 2 BGB) ist testierunfähig, § 2229 Abs. 4 BGB. Die Bestellung eines Betreuers hat keine Auswirkungen auf die Testierfähigkeit des Betreuten.[55]

b)   Formerfordernisse

Die im Erbrecht geltenden *Formerfordernisse* für letztwillige Verfügungen dürfen nicht zu einer Benachteiligung Behinderter führen. Das Bundesverfassungsgericht hat daher den generellen gesetzlichen Ausschluss schreib- und sprechunfähiger Personen von der Testiermöglichkeit für verfassungswidrig erklärt.[56] Dem Auftrag des Gerichtes zur Behebung des Mißstandes ist der Gesetzgeber mittlerweile durch die Änderung der §§ 2232f. BGB, §§ 22 – 24 BeurkG und die Aufhebung

---

[50] *Roth* in: BtKomm A, Rn 2.
[51] *Diederichsen* in: *Palandt* Einf v § 1896, Rn 1.
[52] *Roth* in: BtKomm A, Rn 4f.
[53] *Holzhauer* in: *Erman*, § 1896 BGB, Rn5.
[54] *Brox,* Erbrecht Rn 89.
[55] *Brox,* Erbrecht Rn 91.
[56] BVerfGE 99, 341, 356.

des § 31 BeurkG nachgekommen. Die Neuregelungen haben dazu geführt, dass die bisherige Einschränkung der möglichen Testamentsformen für Sprechunfähige weggefallen ist; Leseunfähige können weiterhin nur durch Erklärung gegenüber dem Notar testieren (§ 2233 BGB).[57]

c)   Behinderte Menschen als Erben

Auch der geschäftsunfähige, weil beispielsweise geistig behinderte Mensch kann Erbe (§ 1922ff. BGB), Pflichtteilsnehmer (§ 2303ff. BGB) und Vermächtnisnehmer sein (§ 2147ff. BGB).

Dies resultiert daraus, dass man Erbe bei Tod des Erblassers ohne eigenes Zutun wird. Die Erbenposition erlangt man durch letztwillige Verfügung des Erblassers, also in der Regel durch Testament, oder durch gesetzliche Erbschaft (Erbfolge unter Verwandten (§§ 1924ff.) oder gesetzliches Erbrecht des Ehegatten, §§ 1931ff. BGB).[58]

d)   Das Behindertentestament[59]

Grundsätzlich ist die Sozialhilfe nur nachrangig zu gewähren, § 2 BSHG (sog. Nachrangprinzip). Der Sozialhilfeträger kann daher bei der Betreuung eines behinderten Menschen verlangen, dass Mittel, die dem Behinderten als Erben zufließen, zur Refinanzierung der Leistungen eingesetzt werden.[60] Vom vorrangigen Einsatz des eigenen Vermögens ist nur ein Kern des Privatvermögens ausgenommen, wie etwa ein angemessenes Hausgrundstück und ein kleineres Barvermögen (Beträge zwischen 1000 und 4000 €) sowie Hausrat. Dies bezeichnet man als sog. Schonvermögen, § 88 Abs. 2 BSHG.

Das Vermögen des erbenden behinderten Kindes kann daher verloren gehen, ohne dass es daraus finanzielle Vorteile ziehen kann: Die Sozialhilfe hätte es nämlich auch bei völliger Vermögenslosigkeit erhalten. Um diese als ungerecht empfundene Konsequenz auf legale Art zu vermeiden, können verschiedene testamentarische Verfügungen getroffen werden, die dem Kind das Ererbte sichern sollen. Es kommen verschiedene *erbrechtliche Gestaltungsmöglichkeiten* in Betracht:[61]

---

[57] *Rossak* in: ZEV 2002, 435.

[58] *Quambusch* Rn 144.

[59] ausführlich dazu: *Settergren, Pia:* „Das Behindertentestament im Spannungsfeld zwischen Privatautonomie und sozialhilferechtlichem Nachrangprinzip", 1999; *Hinweis:* teilweise werden – vor allem auf den Homepages einiger Rechtsanwälte – unter dem Begriff „Behindertentestament" auch das Testament eines Behinderten verstanden und somit die Probleme der Formerfordernisse behandelt.

[60] *Quambusch* Rn 125.

[61] ein *Muster* eines sog. Behindertentestaments findet sich unter: www.intakt.info/information/limmer.htm.

(1)   *Anordnung eines Vermächtnisses*

Durch die Anordnung eines Vermächtnisses kann eine Vermögensmasse geschaffen werden, die vom übrigen Nachlass unabhängig und allein für den behinderten Erben bestimmt ist. Dies kann z.B. ein Altenteilsrecht sein, das ein Recht auf Wohnung und Verköstigung sowie auf Betreuung und Pflege umfassen soll.[62] Zwar kann der Sozialhilfeträger auf vorhandene Geldbeträge zurückgreifen, da diese nicht geschützt sind, § 88 Abs. 2 Nr. 7, 8 BSHG. Zudem ist der Sozialhilfeträger berechtigt, auch ein Wohnrecht auf sich überleiten, § 80 BSHG, wenn sich bei Auszug des Behinderten aus der von ihm genutzten Wohnung in ein Heim das Wohnrecht in einen Geldanspruch umwandelt.

Diese Möglichkeiten entfallen aber, wenn der aus dem Vermächtnis Verpflichtete dem behinderten Vermächtnisnehmer die Realleistung nur für den Zeitraum zu erbringen hat, in dem der Behinderte das Grundstück des Erblassers selbst nutzen kann.[63]

(2)   *Vor- und Nacherbschaft*

Das behinderte Kind kann als nicht befreiter Vorerbe eingesetzt werden, während eine andere Person als Nacherbe eingesetzt wird. Das Kind bleibt bis zu seinem Tod Vorerbe, nach seinem Tod erhält der Nacherbe das Vermögen. Der Nacherbe ist dabei nicht Erbe des Vorerben, sondern Erbe des Erblassers, §§ 2100, 2106 Abs. 1 BGB. Gemäß §§ 2113ff. BGB ist der Vorerbe hinsichtlich seiner Verfügungsmacht über den Nachlass stark eingeschränkt.

Da prinzipiell die Früchte des Nachlasses dem Vorerben zustehen, muss der Erblasser mit einer entsprechenden Testamentsvollstreckung den Zufluss der aus der Verwaltung des Vermögens resultierenden Erlöse in geeigneter Weise beschränken. Nur der *Testamentsvollstrecker,* nicht der Vorerbe hat Zugriff auf das Vermögen und kann es dem Zugriff des Sozialhilfeträgers entziehen. Die Einsetzung eines Testamentsvollstreckers ist auch deshalb sinnvoll, da das behinderte Kind oft zu eigener Vermögensverwaltung nicht in der Lage ist.

Da die Früchte des Nachlasses dem behinderten Vorerben zugute kommen sollen, erstrecken sich die Möglichkeiten z.B. auf die Finanzierung von Kuraufenthalten, Freizeiten und Hobbies, mithin auf Zuwendungen, die nach dem Bundessozialhilfegesetz nicht in Betracht kommen und daher die Leistungen nach diesem Gesetz nicht beschränken.[64]

Soweit die Rechte des behinderten Erben der Testamentsvollstreckung unterliegen, kann der Erbe diese nicht selbst ausüben, §§ 2205, 2211 BGB. Mit der hier notwendigen *Dauertestamentsvollstreckung* kann sowohl eine der Familie nahestehende Einzelperson als auch eine juristische Person betraut werden.[65]

---

[62] *Quambusch* Rn 147.
[63] *Quambusch* Rn 148.
[64] *Quambusch* Rn 152f.
[65] *Quambusch* Rn 156.

(3)   *Grenze der Sittenwidrigkeit*

Auch letztwillige Verfügungen können gemäß § 138 BGB nichtig sein; bei vorliegender Konstruktion könnte sich dies daraus ergeben, dass dem Sozialhilfeträger die Refinanzierungsmöglichkeit abgeschnitten wird.

Grundsätzlich wird es jedoch für zulässig gehalten, einem behinderten Kind nur die laufenden Einnahmen aus dem Nachlass zu verschaffen, diesen aber dem Zugriff des Trägers der Sozialhilfe zu entziehen.[66]

Es existiert keine allgemeine Rechtsüberzeugung, dass Eltern ihrem behinderten Kind mehr als den Pflichtteil hinterlassen müssten, um die Kosten für den Sozialhilfeträger und damit für die Allgemeinheit zu verringern.[67]

e)   Schutz der Heimbewohner

§ 14 Abs. 1 und 5 HeimG verbietet es dem Pflegepersonal, sich von oder zu Gunsten von Heimbewohnern über das vereinbarte Entgelt hinaus Vermögensvorteile versprechen oder gewähren zu lassen, sofern es sich dabei nicht um geringwertige Aufmerksamkeiten handelt. Hierdurch soll die Testierfreiheit der Bewohner geschützt und vermieden werden, daß diese vom Personal ausgenutzt oder ungleich behandelt werden.

Nach ganz herrschender Meinung[68] ist die Vorschrift auch auf Verfügungen von Todes wegen anzuwenden, ein Verstoß dagegen macht diese gem. § 138 BGB nichtig.[69] Der umfassende Schutzzweck der Norm verlangt dies, wobei jedoch einschränkend verlangt wird, daß im Einvernehmen oder zumindest mit Wissen des Bedachten gehandelt wurde.[70]

Die durch Art. 14 GG grundrechtlich geschützte Testierfreiheit wird durch § 14 Abs. 1 und 5 HeimG nicht unverhältnismäßig beschränkt, da eine Verfügung von Todes wegen ohne Kenntnis des Heimpersonals möglich bleibt. Allerdings ist ein bereits vor dem Einzug des Bewohners errichtetes Testament ebenfalls nichtig, wenn der Heimleiter oder Mitarbeiter davon Kenntnis erlangen und sich danach in einer Weise verhalten, die auf ein Einverständnis mit der letztwilligen Verfügung geschlossen werden kann.[71] Außerdem kann der Heimbewohner eine Erlaubnis für die Zuwendung bei der zuständigen Behörde gem. § 14 Abs. 6 HeimG beantragen,

---

[66] so: BGHZ 111, 39; 123, 368.

[67] *Däubler* Kapitel 42 Rn 42.

[68] so z.B. KG in: ZEV 1998, 437.

[69] dagegen nur *Brox*, Erbrecht Rn 261, der davon ausgeht, daß § 14 HeimG ein einvernehmliches Handeln voraussetze, was nur bei lebzeitigen Verfügungen und Erbverträgen (§§ 2274ff. BGB) der Fall sei. Ein ausreichender Schutz der Heimbewohner sei durch die Möglichkeit des Testamentswiderrufs (§§ 2253ff. BGB) gegeben. Hiergegen wendet *Adam* (in: AnwBl. Heft 6, 2003, 336, 336) zu Recht ein, der Widerruf sei bei abnehmenden Kräften des Heimbewohners oft nicht möglich und begründe gerade die Zwangslage, vor der die Vorschrift eigentlich schützen wolle.

[70] *Müller* in: ZEV 1998, 219, 221 mit Rechtsprechungsnachweisen.

[71] KG in: ZEV 1998, 437.

auf die er einen Anspruch hat, wenn die Zuwendung nicht dem Zweck der Vorschrift widerspricht. Die Einschaltung der Heimaufsichtsbehörde dient der Überprüfung der Freiwilligkeit des Testierentschlusses und damit dem Schutz des
Heimbewohners.[72]

Die Vorschrift findet auf Betreuer (§§ 1896ff. BGB) weder direkte noch entsprechende Anwendung, da die Situation des Betreuten nicht mit der des Heimbewohners vergleichbar ist, insbesondere eine Ungleichbehandlung unter den
Heimbewohnern bei der Betreuung nicht möglich ist. Jedoch kann auch die lebzei-
tige oder vertragsgemäß letztwillige Zuwendung wegen Verstoßes gegen die guten
Sitten gemäß § 138 BGB unwirksam sein, insbesondere, wenn der Betreuer den
Betreuten unter Ausnutzung des aus der Betreuung resultierenden Überordnungs-
verhältnisses dazu veranlaßt hat („psychische Zwangslage").[73]

8.   Ein zivilrechtliches Antidiskriminierungsgesetz

a)   Der Regierungsentwurf

Der Regierungsentwurf wurde zum Teil als notwendige Ergänzung zum Behindertengleichstellungsgesetz des Bundes begrüßt. Das Antidiskriminierungsgesetz sei
notwendig, um die „Kette der Benachteiligungen insgesamt zu durchbrechen" und
um die tief in der Gesellschaft sitzende „strukturelle Gewalt gegen Behinderte" zu
beseitigen.[74]

In seiner Stellungnahme zum BGG-RegE[75] fordert der Deutsche Verein eine
Ergänzung dieses Gesetzes *durch ein zivilrechtliches Antidiskriminierungsgesetz.*

Der Regierungsentwurf beinhalte nur eine Barrierefreiheit und Gleichstellung
im öffentlichen Recht. Unberücksichtigt blieben damit die zahlreichen Forderungen von Behindertenorganisationen und Wohlfahrtsverbänden nach einer zivilrechtlichen Gleichstellung. Als Beispiele werden die Vorschriften des BGB über
die Geschäftsfähigkeit, die Berücksichtigung von Behinderungen bei allgemeinen
Geschäftsbedingungen oder im Versicherungsvertragsrecht genannt.

Andernorts[76] wurde kritisch angemerkt, dass die Erfahrung des BGG gezeigt
habe, dass auch beim Antidiskriminierungsgesetz im Gesetzgebungsverfahren
„Verwässerungen" zu befürchten seien.

---

[72] *Crößmann/Iffland/Mangels* HeimG S. 317f. mit Hinweis auf BVerfG, Beschl. v.
03.07.1998.

[73] *Müller* in: ZEV 1998, 224.

[74] *Steiner* in: Gemeinsam leben 2002, 129f. Die Autorin äussert ein tiefes Misstrauen gegen
den Juristenstand: „Zwar hat die Bundesregierung „Benachteiligung" definiert, aber da
werden die JuristInnen – hauptsächlich diejenigen, die sich als Bremser, Ausgrenzer und
Behinderer einen Namen manchen wollen, – schon einen Ausweg aus einer klar umrissenen Situation finden." (S. 130).

[75] Stellungnahme des Deutschen Vereins zum Regierungsentwurf eines Gesetzes zur
Gleichstellung behinderter Menschen und zur Änderung anderer Gesetze (BGG) – BR-
Drs. 928/01, NDV 2002, 41.

b)   Zivilrechtliches Benachteiligungsverbot

Bis dato liegt nur ein vorläufiger Diskussionsentwurf eines „Gesetzes zur Verhinderung von Diskriminierungen im Zivilrecht" vor.[77]

Mit ihm soll an die Richtlinie 2000/41/EG des Europäischen Rates vom 29.07.2000 angeknüpft werden.[78]

Der Entwurf konkretisiert im wesentlichen die bestehenden Generalklauseln im deutschen Recht.[79]

Im Antidiskriminierungsgesetz, das insbesondere auch der Diskriminierung behinderter Menschen entgegenwirken soll, werden die Pflichten zur Gleichstellung behinderter Menschen, welche § 7 BGG den Trägern öffentlicher Gewalt auferlegt, auf den Privatrechtsverkehr erstreckt.[80]

Der Diskussionsentwurf will an den § 319 BGB unter dem „Untertitel 5: Verbotene Beteiligung" fünf neue Paragraphen (§§ 319 a – e) anfügen. Diese wurden bereits als „Schlüssel für eine neue Nichtdiskriminierungspolitik" bezeichnet.[81]

§ 319 a BGB-RefE enthält als „zivilrechtliches Pendant" zu Art. 3 GG[82] ein sog. Benachteiligungs- und Belästigungsverbot: „Niemand darf aus Gründen des Geschlechts, der Rasse, der ethnischen Herkunft, der Religion oder der Weltanschauung, *einer Behinderung,*[83] des Alters oder der sexuellen Identität bei der Begründung, Beendigung oder Ausgestaltung von Verträgen, die öffentlich angeboten werden, eine Beschäftigung, eine medizinische Versorgung oder Bildung zum Gegenstand haben oder dem Zugang zu oder der Mitwirkung in Organisationen, deren Mitglieder einer bestimmten Berufsgruppe angehören, unmittelbar oder mittelbar benachteiligt oder belästigt werden".

Es ist fraglich, was an dieser Stelle unter Behinderung zu verstehen ist. Ein ähnliches Diskriminierungsverbot taucht auch in Art. 3 Abs. 3 S. 2 GG auf, wobei nach herrschender Meinung dort der Begriff der Behinderung im gleichen Sinne zu verstehen ist wie im SGB IX.

Vor dem Hintergrund der nationalen Rechtsordnungen der EU wird vermutet, dass auch der Behindertenbegriff des Diskussionsentwurfs weit zu verstehen ist, worauf die Diskussionsbegründung auch ausdrücklich hinweist. Da in einigen nationalen Rechtsordnungen aber nicht zwischen der Frage der Gesundheit und der Behinderung unterschieden wird, bestehen die daraus folgenden Abgrenzungs-

---

[76] *Müller, Jürgen und Schulz-Loerbroks* in: FoR Online Heft 1/2002.

[77] §§ 319 a – e BGB des Entwurfes sind abgedruckt in: DB 2002, 470f.

[78] in: NJW 52/2001, S. X; www.paritaet.org/bayern/antidiskriminierung.htm.

[79] *Schnorr/Wissing* in: ZRP 2002, 48.

[80] *Moritz* in: ZFSH/SGB (Heft 4) 2002, 204, 213.

[81] *Miles-Paul* in: Forum Online 04.12.2001.

[82] *Müller, Jürgen und Schulz-Loerbroks* FoR Online Heft 1/2002.

[83] Hervorhebung nicht im Entwurf.

schwierigkeiten auch hier.[84] Es ist deshalb anzustreben, im BGB den gleichen Begriff der Behinderung wie im SGB IX zu implementieren.

§ 319 b BGB-RefE enthält Begriffsbestimmungen. Es wird zwischen unmittelbaren Benachteiligungen und einer mittelbaren Benachteiligung unterschieden. Eine unmittelbare Benachteiligung soll vorliegen, wenn eine Person aufgrund der angesprochenen Merkmale eine weniger günstige Behandlung als eine andere Person erfahren hat oder erfahren würde. Die mittelbare Benachteiligung ist demgegenüber anzunehmen, wenn nur scheinbar neutrale Regelungen, Kriterien oder Verfahren Personen, bei denen eines oder mehrere Merkmale vorliegen, in „besonderer Weise benachteiligen können", es sei denn, die Regelungen etc. dienen einem berechtigten Anliegen und sind verhältnismäßig.

Weiter wird auch die Belästigung definiert. Der Entwurf versteht darunter Verhaltensweisen, die im Zusammenhang mit den Merkmalen stehen und die Würdeverletzung, Einschüchterungen usw. bezwecken oder bewirken.

Demgegenüber enthält § 319 d BGB-RefE zulässige Unterscheidungen. Dies ist einmal bei Beschäftigungsverhältnissen der Fall, wenn die Merkmale entscheidende Voraussetzung für die Mitwirkung in der Organisation ist und im übrigen auch dann, wenn die Berücksichtigung der Merkmale durch sachliche Gründe gerechtfertigt ist, was dann angenommen werden soll, wenn sie sich auch bei zumutbarer Vertragsanpassung nicht vermeiden ließe.

Zulässig sind weiter unter Bedingungen Altersgrenzen und Unterscheidungen zur Wahrung von berechtigten Gruppen- und Einzelinteressen zu verstehen, insbesondere zum Abbau von Benachteiligungen.

c)   Beweislastumkehr

§ 319 c BGB-RefE soll eine *Beweislastumkehr* konstituieren: „Wenn im Streitfall der Betroffene Tatsachen glaubhaft macht, die eine Verletzung des Benachteiligungsverbots durch eine bestimmte Person vermuten lassen, trägt diese Person die Beweislast dafür, dass schon eine Benachteiligung nicht vorliegt oder eine zulässige Unterscheidung gegeben ist". Die beschuldigte Person trägt also die Beweislast dafür, dass keine Benachteiligung vorliegt,[85] d.h. welche sachlichen Gründe für das konkrete Verhalten gesprochen haben.[86]

Dem Benachteiligten steht bei einer Benachteiligung oder Belästigung ein Anspruch auf Unterlassung einer Handlung, auf barrierefreie Behandlung, auf Folgenbeseitigung als ein für das Zivilrecht neuer Rechtsbehelf und, wenn dies alles nicht ausreichend ist, auf Schadensersatz zu, § 319 e BGB-RefE.

Beispiel: Eine Familie mit einem behinderten Kind kann auf Abschluss eines Mietvertrages bestehen, wenn sie von dem Vermieter wegen der Behinderung abgewiesen wird. Wurde

---

[84] *Wiedemann/Thüsing* in: DB 2002, 463, 466 mit dem Hinweis auf die unterschiedliche Einordnung einer symptomlosen HIV-Infektion als Behinderung im ablehnenden deutschen und bejahenden französischen Schrifttum.

[85] *Miles-Paul* in: Forum Online 04.12.2001.

[86] *Moritz* in: ZFSH/SGB 2002 (Heft 4), 204, 213.

die Wohnung zwischenzeitlich vermietet, so dass die Diskriminierung durch einen Vertragsabschluss nicht mehr zu beseitigen ist, können die Benachteiligten den Vermieter auf Schadensersatz in Anspruch nehmen.[87]

Der Gesetzesentwurf tangiert in ganz erheblichem Masse die Vertragsfreiheit; fraglich erscheint vor allem, ob man nicht gerade mit der Idee einer Beweislastumkehr „über das Ziel hinausschießt."[88]

d)   Auswirkungen auf das Mietrecht

Gerade der *Kontrahierungszwang* im Mietrecht ist aber auf erbitterten Widerstand gestoßen: So sprach *Friedrich-Adolf Jahn,*[89] Vorsitzender des Haus- & Grundeigentümervereins, von einem „unangemessenen Eingriff in die funktionierende wirtschaftliche Alltagspraxis". Die Pläne seien „absurd", da sie nicht nur dazu führten, dass Mehrheiten wie Inländer oder Heterosexuelle nicht zum Zuge kämen, sondern es dem Vermieter sogar verwehrt würde, in seiner Vermietungsanzeige nach einer Familie mit Kindern oder einem Studenten zu suchen.

Zweifellos sind Fälle denkbar, in denen ein Vermieter, der ein langfristiges Mietverhältnis anstrebt, dem interessierten Schwerbehinderten die seinen Bedürfnissen optimal entsprechende Wohnung vorenthalten muss. Dies wäre etwa dann anzunehmen, wenn auch ein früherer Bewerber als Mitglied einer „Minderheit" ein langes Wohnen zusagt und der Vermieter das Gegenteil nicht nachweisen kann.

Aber auch in anderen Bereichen des Vertragsrechts wird vor einem strikten, generellen und undifferenzierten Verbot der unmittelbaren oder mittelbaren Anknüpfung an das Merkmal „Behinderung" gewarnt: Nur differenzierte Gestaltungseingriffe kämen in Betracht, um die von privaten Belangen nicht gerechtfertigten Entscheidungen des einzelnen mit ausgrenzender, diskriminierender Wirkung zu untersagen.[90]

e)   Auswirkungen auf die Religionsgemeinschaften

Zwar geht aus der Begründung des Gesetzesentwurfs hervor, dass man sich darüber bewusst war, dass die Merkmale „Religion und Weltanschauung" in § 319 a BGB-RefE besondere Fragen aufwerfen. Insgesamt scheinen die Auswirkungen

---

[87] *Schnorr/Wissing* in: ZRP 2002, 48.
[88] *Schnorr/Wissing* in: ZRP 2002, 48.
[89] in: Rheinischer Merkur Nr. 20, 2002, S. 12.
[90] *Berlit* in: RdJB 1996, (Heft 2), 145, 152f. Der Autor gibt das Beispiel der Nichtbedienung körperlich oder geistig behinderter Menschen in einem Restaurant wegen Berührungsängsten oder Intoleranz.

des Gesetzes auf die Religionsgemeinschaften aber noch nicht genug bedacht.[91] Folgende *Problemfelder* sind auszumachen:[92]

- Inwieweit darf eine *Religionsgemeinschaft als Arbeitgeber* die entsprechende Religionszugehörigkeit zur Voraussetzung machen?
- Dürfen beispielsweise *kirchliche Kindergärten* oder Altenheime die Aufnahme von Kindern bzw. Bewohnern an die Religionszugehörigkeit binden?
- Soll einem *Anhänger von Scientology* die Möglichkeit gegeben werden, zu klagen, wenn man ihm wegen dieser Mitgliedschaft einen Arbeitsplatz verweigert?

Weiter wird darauf hingewiesen, dass im Entwurf die Religion oder Weltanschauung in einer Reihe mit Geschlecht, Rasse, ethnischer Herkunft, Behinderung und Alter genannt wird, also mit Merkmalen, die sich an der Person des einzelnen festmachen: diese können nicht einfach verändert werden. Im Gegensatz dazu kann die Religionszugehörigkeit oder die Weltanschauung (grundrechtlich geschützt) sehr einfach gewechselt werden. Damit liegt aber die Gefahr von Missbrauch nahe.[93]

f) Keine Bundesmittel für Diskriminierer

Weiter ist geplant, in § 44 a Bundeshaushaltsordnung (BHO) zu bestimmen, dass diskriminierende Unternehmer keine staatlichen Zuwendungen mehr erhalten dürfen:

„Zuwendungen dürfen, soweit nicht ausdrücklich etwas anderes bestimmt ist, nur gewährt werden, wenn der begünstigte Unternehmer das Benachteiligungsverbot nach § 319 a des Bürgerlichen Gesetzbuches einhält".

Nach der Begründung des Entwurfs sollen sich die zur Durchsetzung dieser Vorschrift notwendigen Anordnungen von Auflagen und die Abwicklung von Auflagen gegen Verstöße nach allgemeinem und für die Vergabe bzw. die Rückforderung von Subventionen einschlägigem Verfahrensrecht richten.[94]

Diese Regelung wird durch eine Ergänzung von § 97 Abs. 4 des Gesetzes gegen Wettbewerbsbeschränkungen noch verschärft:[95] „Der Unternehmer muss die Gewähr dafür bieten, dass er das Benachteiligungsverbot nach § 319 a des Bürgerlichen Gesetzbuches beachtet".

Eine solche Bindung der Vergabepraxis an die Einhaltung der Antidiskriminierungsgesetze wurde bereits als „kraftvolles Zeichen, das an der Wirtschaft nicht spurlos vorbei gehen wird"[96] begrüßt.

---

[91] so: *Rhode* in: Vorlesung „Staatskirchenrecht" (Stand: Juli 2002), S. 48; Download: http://www.staatskirchenrecht.de/suche/display.php3?Datei=./inhalt/scriptskr/uebersicht.html.

[92] nach: *Rhode* aaO.

[93] so: *Rhode* aaO.

[94] *Wiedemann/Thüsing* in: DB 2002, 463, 470.

[95] *Miles-Paul* in: Forum Online 04.12.2001.

[96] *Miles-Paul* in: Forum Online 04.12.2001.

g)   Weitere geplante Veränderungen des Zivilrechts

Weitere Regelungen verfolgen folgende Ziele:

- Verbesserung der Möglichkeiten von bisher geschäftsunfähigen Erwachsenen. Behinderten Menschen, die nach § 104 BGB nicht geschäftsfähig sind, soll es ermöglicht werden, Geschäfte des täglichen Lebens mit geringem Wert abschließen zu können.
- gleichberechtigten Einsatz und die Finanzierung der Gebärdensprache und anderer Kommunikationshilfen bei Gerichtsverfahren
- bessere Information von Sehgeschädigten durch zugängliche Gerichtsbescheide
- Verbesserung der Testiermöglichkeit für lese- und sprachbehinderte Menschen
- Leistung eines Eides durch sprach- und hörbehinderte Menschen.

h)   Verbandsklagerecht

Den Verbänden (und zwar sowohl den Verbraucherverbänden (!) als auch rechtsfähigen Verbänden, deren satzungsgemäßes Ziel die Aufklärung und Beratung benachteiligter Personengruppen ist) soll ein Verbandsklagerecht eingeräumt werden. Ähnlich wie im Verbraucherschutz[97] wird in § 2 Abs. 3 des am 26.11.2001 in Kraft getretenen Unterlassungsklagegesetz (UKlG, BGBl. I S. 3168, 3173) bestimmt:

„Ein Unternehmer, der gegen das Benachteiligungsverbot des § 319 a des Bürgerlichen Gesetzbuchs verstößt, kann auf Unterlassung in Anspruch genommen werden, soweit der Anspruch eine Handlung betrifft, durch die wesentliche Belange der benachteiligten Personengruppen berührt werden".

Wann ein solcher „wesentlicher Belang" jedoch betroffen ist, wird nicht definiert. Da hierfür jegliches Vorbild fehlt, wird es wohl einiger Gerichtsentscheidungen bedürfen, um zu einer hinreichenden Konkretisierung zu gelangen.[98]

i)   Strafe

Bei einer Zuwiderhandlung gegen das Gesetz ist sogar eine Strafe vorgesehen:

„Wer einer vollstreckbaren Anordnung nach § 3 Abs. 2 zuwiderhandelt, die durch Urteil ergeht, wird mit Freiheitsstrafe bis zu einem Jahr oder mit Geldstrafe bestraft".

Gegen eine Strafbewehrung aller Handlungen und Äußerungen, die im gesellschaftlichen Bereich als diskriminierend zu bewerten sind, sprechen die Ultima-ratio-Funktion des Strafrechts und das Bestimmtheitserfordernis des Art. 102 Abs. 2 GG. In rechtspolitischer Hinsicht wird vor allem vor einem bloß symboli-

---

[97] *Miles-Paul* in: Forum Online 04.12.2001.
[98] so *Wiedemann/Thüsing,* in: DB 2002, 463, 470.

schen Einsatz des Strafrechts gewarnt und an dessen bewusstseinsbildender Kraft gezweifelt.[99]

j)   Offene Wünsche von Behindertenvertretern und -verbänden

Die von den Verbänden immer wieder angemahnte Änderung des Deliktsrechts wurde zum 01.08.2002 verwirklicht. Trotzdem bleiben immer noch einige Kritikpunkte an der geltenden Rechtsordnung:

So wurde die teilweise aufgeworfene Frage[100] *der Benachteiligung behinderter Schöffen* im Gesetz nicht gelöst.

Auch würden Gehörlose durch die Vorschrift des § 187 Abs. 1 Gerichtsverfassungsgesetz (GVG) diskriminiert, da es danach im gerichtlichen Ermessen stehe, ihren Vortrag überhaupt zu berücksichtigen.[101]

Auch *Urheberrechtsfragen* hinsichtlich des gleichberechtigten Zugangs zu Informationen sollen ebenfalls nicht in diesem Gesetz, sondern im Zusammenhang mit der Multimediarichtlinie im Rahmen des anstehenden Urheberrechtsänderungsgesetzes geregelt werden.[102] Das Urheberrecht erschwere aber Sinnesbehinderten den Zugang zu Informationen, weil es für die Umsetzung von gedruckter Literatur durch Einscannen oder Aufsprache auf Tonträger eine Erlaubnis des Urhebers fordert, §§ 16, 31 Urheberrechtsgesetz (UrhG). Der Zugang werde somit über die bereits sehr teure Kassettenproduktion hinaus zusätzlich durch Lizenzgebühren verteuert.[103]

Zuletzt wird angeregt, die Möglichkeit einer Angleichung des Strafrahmens bei sexuellem Missbrauch widerstandsunfähiger Personen an die allgemeine Vorschrift zur sexuellen Nötigung und Vergewaltigung zu prüfen.[104]

---

[99] *Berlit* in: RdJB 1996 (Heft 2), 145, 153.
[100] *Miles-Paul* in: Forum Online 04.12.2001.
[101] *Müller, Jürgen und Schulz-Loerbroks* FoR Online Heft 1/2002.
[102] *Miles-Paul* in: Forum Online 04.12.2001.
[103] *Müller/Schulz-Loerbroks* FoR Online Heft 1/2002.
[104] *Miles-Paul,* Forum Online 04.12.2001.

§ 6 Das Behindertengleichstellungsgesetz (BGG)[1]

1. Vorgeschichte

Forderungen nach einem Gleichstellungsgesetz knüpften an die Diskussion über Gleichstellungsgesetze für Frauen bzw. an Antidiskriminierungsregelungen in anderen Staaten wie in den USA *(„Americans with Disabilities Act"*[2] von 1990) an.[3] Neben der Grundgesetzänderung des *Art.* 3 Abs. 3 GG 1994 gab der vom Behindertenbeauftragten der Bundesregierung und dem Deutschen Behindertenrat organisierten *Kongress „Gleichstellungsgesetz jetzt"* im Herbst 2000 inhaltliche Anstöße. Inhaltliche Grundlage des Kongresses war der Gesetzesentwurf des *„Forums behinderter Juristinnen und Juristen"*. Im August legte das Bundesarbeitsministerium einen Entwurf vor, der im November 2001 in den Bundestag eingebracht wurde.[4]

In seiner Stellungnahme zum Gesetzesentwurf begrüßte der Deutsche Verein zwar den Gesetzesentwurf als Signal zur Weiterführung des schrittweisen Ausbaus einer barrierefreien Infrastruktur in den Kommunen.[5] Er gab aber folgendes zu bedenken:

In Anbetracht der gegenwärtigen Krise der kommunalen Haushalte sei die mit immensen Investitionsvolumen verbundene Schaffung einer barrierefreien Infrastruktur nur schrittweise zu realisieren. Dabei seien starre Umsetzungsfristen zu vermeiden. Vielmehr solle zwischen den ohne größere Kosten unmittelbar realisierbaren Neubaumaßnahmen und bereits bestehenden Einrichtungen unterschieden werden.

Die Regelung, dass von der Herstellung von Barrierefreiheit abgesehen werden könne, wenn diese nur mit unzumutbarem Aufwand zu erreichen möglich wäre, sei zu unpräzise. Die Kostenauswirkungen für die Beteiligten müssten transparenter gemacht werden.

---

[1] „Gesetz zur Gleichstellung behinderter Menschen und zur Änderung anderer Gesetze" (BGG), BR-Drucks. 928/01.

[2] = ADA (www.ada.gov).

[3] *Scholz* in: MDH GG Art. 3 Abs. 3 Rn 175 (32. Lieferung, Oktober 1996).

[4] *Haak* in: Bundesarbeitsblatt 2002 (Heft 6), 5, 6.

[5] Stellungnahme des Deutschen Vereins zum Regierungsentwurf eines Gesetzes zur Gleichstellung behinderter Menschen und zur Änderung anderer Gesetze (BGG) – BR-Drucks. 928/01, NDV 2002, 41.

2.   Grundzüge des BGG

a)   Der „behindertenpolitische Paradigmenwechsel"

Das BGG soll Ausdruck eines neuen Denkens in der Behindertenpolitik sein. Es soll nicht länger die Fürsorge und Versorgung behinderter Menschen im Vordergrund staatlichen Handelns stehen, sondern „ihr bürgerrechtlicher Anspruch auf selbstbestimmte Teilhabe am gesellschaftlichen Leben und die Beseitigung der Hindernisse, die ihrer Chancengleichheit im Wege stehen." „Der behindertenpolitische Paradigmenwechsel wurde eingeleitet. Selbstbestimmung statt Fürsorge ist Richtschnur der Integrationspolitik."[6]

b)   Anwendungsbereich

Das Gesetz bindet

- Bundesbehörden, Verpflichtet werden Dienststellen und sonstige Einrichtungen der Bundesverwaltung, einschließlich der bundesunmittelbaren Körperschaften, Anstalten und Stiftungen des öffentlichen Rechts.
- Landesbehörden, soweit die Länder Bundesangelegenheiten ausführen.

Entsprechende Verpflichtungen für Landesbehörden sind in die Behindertengleichstellungsgesetze der Länder aufzunehmen.

c)   Begriff der Barrierefreiheit

Zentraler Begriff der gesellschaftlichen Gleichstellung von behinderten Menschen im BGG ist die Barrierefreiheit; eine gleichberechtigte Teilhabe von behinderten Menschen am Leben in der Gesellschaft und eine selbstbestimmte Lebensführung bedingen, den Zugang zum öffentlichen Leben so hindernisfrei wie möglich zu gestalten.[7] § 4 BGG lautet:

„Barrierefrei sind bauliche und sonstige Anlagen, Verkehrsmittel, technische Gebrauchsgegenstände, Systeme der Informationsverarbeitung, akustische und visuelle Informationsquellen und Kommunikationseinrichtungen sowie andere gestaltete Lebensbereiche, wenn sie für behinderte Menschen in der allgemein üblichen Weise, ohne besondere Erschwernis und grundsätzlich ohne fremde Hilfe zugänglich und nutzbar sind."

Mit dieser Definition soll deutlich werden, dass *nicht nur die physischen Barrieren* wie Treppen, zu schmale Gänge oder Stolperstufen gemeint sind, sondern *auch die kommunikativen* Schranken erfasst werden, denen beispielsweise hörbe-

---

[6] so: *Karl Hermann Haak,* der Beauftragter der Bundesregierung für die Belange der behinderten Menschen und Mitglied des Deutschen Bundestages in: Bundesarbeitsblatt 2002 (Heft 6), 5, 6.

[7] *Moritz* in: ZFSH/SGB (Heft 4) 2002, 204, 211.

hinderte Menschen ausgesetzt sind, wenn z.B. gehörlosen Menschen zur Verständigung mit hörenden Menschen Gebärdensprachendolmetscher fehlen.[8] Barrierefreiheit ist also umfassend zu verstehen, sie betrifft

* bauliche und sonstige Anlagen
* Verkehrsmittel

- öffentlicher Personennahverkehr[9]
- Eisenbahnen
- Flughäfen und Luftfahrtunternehmen
- Bundesfernstraßen

* technische Gebrauchsgegenstände
* Systeme der Informationsverarbeitung
* akustische und visuelle Informationsquellen und Kommunikationseinrichtungen
* andere gestaltete Lebensbereiche, soweit sie für behinderte Menschen in der allgemein üblichen Weise, ohne besondere Erschwernis und grundsätzlich ohne fremde Hilfe zugänglich und nutzbar sind.[10]

Das Bundesministerium spricht von einem *„universal design"*, einer allgemeinen Gestaltung des Lebensumfeldes für alle Menschen, die möglichst niemanden ausschließt und von allen gleichermaßen genutzt werden kann.[11]

Weiter weist es darauf hin, dass bei der Ausformung der Barrierefreiheit auch den besonderen Belangen *seelisch behinderter Menschen* Rechnung zu tragen ist. Bereits in der Regelung zum Gesetzesziel werde an zentraler Stelle deutlich hervorgehoben, dass deren besondere Bedürfnisse zu berücksichtigen sind.[12]

Welche Anforderungen im jeweiligen Lebensbereich an die Barrierefreiheit gestellt werden, wird im jeweiligen Rechtsbereich geregelt. Es geht um eine *grundsätzlich selbständige Nutzungsmöglichkeit* durch behinderte Menschen, ohne dass diese fremde Hilfe in Anspruch nehmen müssen. Das schließt jedoch nicht aus, dass behinderte Menschen wegen ihrer Beeinträchtigung dennoch auch bei optimaler Gestaltung ihrer Lebensbereiche auf Trennung angewiesen sein können.[13]

d)   Einzelregelungen

An den Begriff der Barrierefreiheit knüpfen mehrere Einzelregelungen an:

---

[8] BMin für Arbeit und Sozialordnung: BGG S. 12.
[9] Der Bundesbehindetenbeauftragte appelliert: „Bei Neubauten und Neuanschaffungen sollten die Verkehrsbetriebe bzw. die Kommunen die Vorzüge der *Niederflurtechnik* für viele Bürger unbedingt berücksichtigen" in: www.behindertenbeauftragter.de.
[10] *Moritz* in: ZFSH/SGB (Heft 4) 2002, 204, 211.
[11] BMin für Arbeit und Sozialordnung: BGG S. 12.
[12] BMin für Arbeit und Sozialordnung: BGG S. 13.
[13] *Ullrich/Spereiter* in: Bundesarbeitsblatt 2002 (Heft 6), 7, 9.

(1)   *Räumliche Barrieren*

§ 8 BGG sieht die Beseitigung räumlicher Barrieren für Rollstuhlfahrer und Geh-behinderte vor. Grosse[14] zivile Neu-, Um- oder Erweiterungsbauten des Bundes „sollen" (Abs. 1) barrierefrei gestaltet werden, sonstige bauliche oder sonstige An-lagen „sind" (Abs. 2) barrierefrei zu gestalten. Die Vorschrift betrifft nicht Bauun-terhaltungsmaßnahmen und lässt auch den bisherigen Bestandsschutz unberührt.[15]

(2)   *DIN-Normen*

Zur Umsetzung der Barrierefreiheit sollen die *anerkannten Regeln der Technik,* wie sie in die Planungsnorm DIN 18024 (Teil 1: „Barrierefreies Bauen im öffent-lichen Verkehrsraum", Teil 2: „Öffentlich zugängige Gebäude") Eingang gefun-den haben, berücksichtigt werden. Das Rheinland-Pfälzische Ministerium der Fi-nanzen als oberste *Bauaufsichtsbehörde* hat diese Normen mit der Verwaltungs-vorschrift „Einführung von technischen Regeln als technische Baubestimmungen" vom 01.06.1998 (MinBl. S. 230) als technische Baubestimmungen nach § 3 Abs. 3 LBauO eingeführt.[16]

Doch handelt es sich bei den DIN-Vorschriften nur um Empfehlungen an Städ-te und Raumplaner, Architekten und Bauherren im öffentlichen Bereich, ein-schließlich der Baugenehmigungen für Private, soweit die Gebäude öffentlich zu-gänglich sind.[17]

(3)   *Neue DIN-Normen*

Ergänzend zu dem Behindertengleichstellungsgesetz ist der Entwurf der Norm *DIN 33455 (Barrierefreie Produkte* – Grundsätze und Anforderungen) veröffent-licht worden. Dort ist vorgesehen, dass technische Produkte für möglichst alle Menschen konstruiert und hergestellt werden sollen. Sie gilt für

- einfache und zerlegbare Produkte,
- Produktgruppen und
- Produktkombinationen

Beispiele sind: Geschirr, Verpackungen, Schilder, Beschläge, Arbeitsmittel, Hausgeräte, Computer und haustechnische Systeme.

Produkte müssen den Aufgaben *angemessen gestaltet* sein und dadurch den *Nutzer* bei Erledigung seines geplanten Vorhabens *unterstützen*. Zudem sollten sie *selbsterklärend* sein und aufgrund ihrer Gestaltung auf ihre bestimmungsgemäße Nutzung schließen lassen und weitgehend *ohne Gebrauchsanleitung* genutzt wer-den können.

---

[14] Ein Um- oder Erweiterungsbau soll „gross" sein, wenn die baulichen Maßnahmen Kos-ten von über 1 Mio € auslösen; *Ullrich/Spereiter* in: Bundesarbeitsblatt 2002 (Heft 6), 7f.

[15] *Steck* in: Arbeitgeber 2002, 10, 12.

[16] Finanzministerium: Barrierefrei bauen – Planungshilfe S. 16.

[17] *Moritz* in: ZFSH/SGB (Heft 4) 2002, 204, 212.

Weiter müssen Produkte bei bestimmungsgemäßer Nutzung *fehlertolerant* sein, das heißt es, dürfen trotz fehlerhafter Benutzung keine unsicheren, den Nutzer oder das Produkt *gefährdende Zustände* eintreten oder *Folgeschäden* entstehen.

Der Begriff „barrierefrei" ist in folgenden DIN-Normen umgesetzt worden.

- DIN 18024, Teil 2 (Barrierefreies Bauen für öffentliche Gebäude und Arbeitsstätten 1996)
- DIN 18025, Teil 1 (Wohnungen für Rollstuhlbenutzer/-innen, 1992)
- DIN 18025, Teil 2 (Barrierefreie Wohnungen 1992).

e)   Zielvorgaben

§ 1 BGG normiert drei Zielvorgaben:

- Beseitigung und Verhinderung der Benachteiligung behinderter Menschen
- Gewährleistung der gleichberechtigten Teilhabe von behinderten Menschen am Leben in der Gesellschaft
- Ermöglichung eines selbstbestimmten Lebens.

f)   Behinderte Frauen

Nach *§ 2 Abs. 1 BGG* sind bei der Durchsetzung der Gleichberechtigung von Frauen und Männern die *besonderen Belange behinderter Frauen* zu berücksichtigen und die bestehenden Benachteiligungen zu beseitigen. Nach S. 2 sind besondere Maßnahmen zur Förderung der Gleichstellung behinderter Frauen zulässig.

Die Träger öffentlicher Gewalt können bei der Anwendung von Gesetzen zur tatsächlichen Durchsetzung der Gleichberechtigung von Frauen und Männern den besonderen Belangen behinderter Frauen dadurch Rechnung tragen, dass nun auch bei einer *Konkurrenzsituation zwischen einer behinderten und einer nicht behinderten Frau* zugunsten der behinderten Frau entschieden werden kann.[18]

Die Bevorzugung behinderter Frauen resultiert aus § 3 Abs. 2 GG und *Art.* 141 Abs. 4 EG-Vertrag. Unter Berücksichtigung des Falles „Kalanke" (EuGH-Entscheidung vom 17.10.1995) ist in der Gesetzesbegründung klargestellt, dass bei gleicher Qualifikation eine nur leicht behinderte Frau nicht automatisch einem schwerstbehinderten Mann vorzuziehen sein wird.[19]

Im Gesetzgebungsverfahren wurde dem *Gender-Mainsteaming*-Ansatz Rechnung getragen: Bei allen gesellschaftlichen Vorhaben, insbesondere auch bei der Gesetzgebung, sollen die unterschiedlichen Lebenssituationen und Interessen von Frauen und Männern von vornherein und regelmäßig zu berücksichtigt werden.[20]

---

[18] *Ullrich/Spereiter* in: Bundesarbeitsblatt 2002 (Heft 6), 7.
[19] *Kossens* in: Gemeinsam leben 2002, 23, 24.
[20] Bundesministerium für Arbeit und Sozialordnung: Das Gesetz zur Gleichstellung behinderter Menschen (Informationsbroschüre) S. 12.

Auf der zentralen Informationsseite der Bundesregierung (www.gender-mainstreaming.net) wird der Auftrag des Gender Mainstreaming an die Spitze einer Verwaltung, einer Organisation, eines Unternehmens und an alle Beschäftigten definiert, die unterschiedlichen Interessen und Lebenssituationen von Frauen und Männern

- in der Struktur,
- in der Gestaltung von Prozessen und Arbeitsabläufen,
- in den Ergebnissen und Produkten,
- in der Kommunikation und Öffentlichkeitsarbeit und
- in der Steuerung (Controlling)

von vornherein zu berücksichtigen, um das Ziel der Gleichstellung von Frauen und Männern effektiv verwirklichen zu können.

g)   Zielvereinbarungen

Das neue Instrument der Zielvereinbarung (§ 5 BGG) wird künftig eine wichtige Rolle spielen: Unternehmen und Verbände behinderter Menschen sollen in eigener Verantwortung *Vereinbarungen* treffen können, wie und in welchem *Zeitraum Barrierefreiheit vor Ort konkret verwirklicht* wird.[21]

Leitgedanke bei der Einführung der Zielvereinbarung als Instrument zur Gleichstellung und Integration war, dass behinderte Menschen nun nicht mehr Objekte staatlichen Handelns sein sollen, sondern ihr Leben selbst in die Hand nehmen und gestalten wollen.[22]

Verbände der behinderten Menschen, Gewerkschaften und Wohlfahrtsverbände sollen selbständig und in eigener Verantwortung als Verhandlungspartner der Wirtschaft ihre Ziele und Vorstellungen einbringen. Hingegen soll der Staat nur Beobachter dieses Vorgangs sein.[23]

Zielvereinbarungen sind sowohl dazu geeignet, gesetzliche Bestimmungen zu erweitern und zu ergänzen, als auch dazu, die Anforderungen an die Barrierefreiheit zu konkretisieren.[24]

Sie sollen vor allem auch dazu dienen, den Status behinderter Menschen als Kunden zu verbessern. Dort, wo spezielle Anforderungen an die Ausgestaltung des Angebots zu stellen sind, der Umgang mit behinderten Kunden benachteiligende Elemente enthält oder Ausnahmen erfordert, und der Selbstregelungsmechanismus des Marktes nicht ausreicht, um ein diskriminierungsfreies Angebot herzustellen, können Zielvereinbarungen verbindliche Standards für die Vertragspartner setzen.[25]

---

[21] Sozialrecht + Praxis 2002, 212, 213.
[22] *Frehe* in: Bundesarbeitsblatt 2002 (Heft 6), 12.
[23] *Frehe* aaO.
[24] *Frehe* aaO.
[25] *Frehe* aaO.

(1)   *Rechtsnatur der Zielvereinbarung*

Im Unterschied zu Selbstverpflichtungen stellen Zielvereinbarungen *verbindliche zivilrechtliche Verträge* über Pflichten und Ansprüche dar, deren Erfüllung vor den Zivilgerichten eingeklagt werden kann.[26]

Die Neuerung ist in *§ 5 BGG* enthalten: Zur Herstellung der Barrierefreiheit (Definition in § 4) sollen *Zielvereinbarungen* zwischen Verbänden behinderter Menschen und Unternehmen oder Unternehmensbranchen der verschiedenen Wirtschaftsbranchen getroffen werden. Im Laufe der parlamentarischen Beratungen wurde der Kreis der angesprochenen Verbände eingeschränkt.[27]

Beispiel für eine Zielvereinbarung:[28] Ein Verband behinderter Menschen schließt mit einer Kaufhauskette eine Vereinbarung darüber, wie der Zugang zu den Verkaufsräumen künftig barrierefrei gestaltet wird, ebenso über die Breite der Gänge, die Anordnung der Waren in den Regalen und die blindengerechte Kennzeichnung der Waren.

(2)   *Verhandlungspartner*

Partner der Zielvereinbarungen sind:

- Einzelunternehmen
- Wirtschaftsverbände
- anerkannte Behindertenverbände
- Gewerkschaften, Wohlfahrtsverbände.

Da die Unternehmensverbände selbst in der Regel kein Mandat haben, verbindliche Regelungen für ihre Mitglieder zu treffen, können die Regelungen nur indirekt verbindlich gemacht werden. Es ist vorstellbar, dass gemeinsame Regelungen für eine ganze Branche getroffen werden, die von den Unternehmensverbänden mit den Behindertenverbänden oder anderen anerkannten Verbänden geschlossen werden. Die so vereinbarten Regelungen können durch den Beitritt der Unternehmen für diese verbindlich gemacht werden. Ein Beitritt kann für die Unternehmen deshalb interessant sein, weil sie ansonsten Wettbewerbsnachteile zu befürchten hätten. Außerdem kann mit dem Beitritt zu einer solchen Zielvereinbarung geworben werden.[29]

Zum Abschluss von Zielvereinbarungen berechtigt sind nunmehr nur solche Verbände, die die Voraussetzungen nach *§ 13 Abs. 3 BGG* erfüllen und vom Bundesministerium für Arbeit und Sozialordnung „anerkannt" sind. Das hier durchzuführende Anerkennungsverfahren ist somit demjenigen zur Zulassung der Verbandsklage angeglichen worden.[30]

Nach § 13 Abs. 3 S. 2 Behindertengleichstellungsgesetz soll *die Anerkennung erteilt* werden, wenn der vorgeschlagene Verband

---

[26] *Frehe* in: Bundesarbeitsblatt 2002 (Heft 6), 12, 13.
[27] *Steck* in: Arbeitgeber 2002, 10.
[28] Beispiel aus den Blättern der Wohlfahrtspflege (Heft 5) 2002, 200.
[29] *Frehe* in: Bundesarbeitsblatt 2002 (Heft 6), 12, 13.
[30] *Steck* in: Arbeitgeber 2002, 10.

1. nach seiner Satzung ideell und nicht nur vorübergehend die Belange behinderter Menschen fördert,
2. nach der Zusammensetzung seiner Mitglieder oder Mitgliedsverbände dazu berufen ist, Interessen behinderter Menschen auf Bundesebene zu vertreten,
3. zum Zeitpunkt der Anerkennung mindestens drei Jahre besteht und in diesem Zeitraum im Sinne der Nummer 1 tätig gewesen ist,
4. die Gewähr für eine sachgerechte Aufgabenerfüllung bietet; dabei sind Art und Umfang seiner bisherigen Tätigkeit, der Mitgliederkreis sowie die Leistungsfähigkeit des Vereins zu berücksichtigen und
5. wegen Verfolgung gemeinnütziger Zwecke nach § 5 Abs. 1 Nr. 9 des Körperschaftsteuergesetzes von der Körperschaftsteuer befreit ist.

Die *Anerkennung* wird durch Bescheid des Bundesministeriums für Arbeit und Sozialordnung erteilt.[31] Bei der Entscheidung über die Anerkennung von Verbänden zum Abschluss von Zielvereinbarungen und für Verbandsklagen sind vom Bundesministerium für Arbeit und Sozialordnung auch die besonderen Belange behinderter Frauen nach § 2 zu berücksichtigen, so dass unter den anerkannten Verbänden auch Vereinigungen sein werden, die schwerpunktmäßig Interessen behinderter Frauen vertreten.[32]

Die anerkannten Verbände haben einen Anspruch gegenüber den Unternehmen und Unternehmensverbänden auf Aufnahme von Verhandlungen über Zielvereinbarungen; sie können diese jedoch nicht zum Abschluss einer Zielvereinbarung zwingen. Vereine, die dies verlangen, haben die Aufnahme von Verhandlungen gegenüber dem vom Bundesarbeitsministerium geführten *Zielvereinbarungsregister*[33] anzuzeigen. Der Verband ist verpflichtet, *innerhalb eines Monats* nach Abschluss, Änderung oder Aufhebung einer Zielvereinbarung dem Bundesministerium für Arbeit und Sozialordnung die Vereinbarung als beglaubigte Abschrift und *in informationstechnisch erfassbarer Form* zu übersenden bzw. die Änderung oder Aufhebung mitzuteilen.[34]

Das Zielvereinbarungsregister im Internet beinhaltet auch eine *Datenbank*, auf der nach verschiedenen Suchkriterien Ankündigungen von Verhandlungen und abgeschlossene Vereinbarungen eingesehen werden können.[35] *Innerhalb von vier Wochen* nach Bekanntgabe haben andere anerkannte *Verbände* das Recht, den Verhandlungen durch Erklärung gegenüber den bisherigen Verhandlungsparteien *beizutreten.*

Nachdem die beteiligten Verbände eine gemeinsame Verhandlungskommission gebildet haben oder feststeht, dass nur ein Verband verhandelt, sind die Verhandlungen innerhalb von vier Wochen aufzunehmen.[36]

---

[31] BMin für Arbeit und Sozialordnung: BGG S. 15.
[32] BMin für Arbeit und Sozialordnung: BGG S. 11.
[33] Die Internetseite des Zielvereinbarungsregisters lautet: www.bma.bund.de/zielvereinbarungsregister.
[34] Auf der Internetseite befindet sich eine *Dokumentvorlage*, die ausgefüllt an folgende E-mailadresse gesandt werden soll: BGG@bma.bund.de.
[35] *Ullrich/Spereiter* in: Bundesarbeitsblatt 2002 (Heft 6), 7, 8, 10.
[36] *Ullrich/Spereiter* in: Bundesarbeitsblatt 2002 (Heft 6), 7, 10.

h)   Anerkennung der Deutschen Gebärdensprache

Gemäß *§ 6 Abs. 1 BGG* wird die *Deutsche Gebärdensprache* als eigenständige Sprache anerkannt. Hörbehinderte Menschen haben das Recht, in der Kommunikation mit Trägern öffentlicher Gewalt die Deutsche Gebärdensprache, lautsprachbegleitende Gebärden oder andere Kommunikationshilfen zu verwenden, § 6 Abs. 3 BGG. Jedoch wird hiermit kein direkter Anspruch begründet. Vielmehr macht die Formulierung „nach Maßgabe der einschlägigen Gesetze" deutlich, dass sich ein solcher nur aus den jeweiligen Spezialgesetzen ergibt. Dies sind beispielsweise:

- § 17 SGB I
- § 57 SGB IX
- § 19 SGB X
- § 12 Abs. 5 b ArbGG (Kosten für Gebärdendolmetscher werden nicht erhoben)
- §§ 186, 191 a GVG: Gerichtssprache, Verständigung mit dem Gericht
- § 483 ZPO: Eidesleistung sprach- oder hörbehinderter Personen
- §§ 66 e, 259 StPO
- § 22 Beurkundungsgesetz: Hörbehinderte, sprachbehinderte und sehbehinderte Beteiligte
- § 23 Besonderheiten für hörbehinderte Beteiligte
- § 24 Besonderheiten für hör- und sprachbehinderte Beteiligte, mit denen eine schriftliche Verständigung nicht möglich ist.

Die notwendigen Aufwendungen für die auf Wunsch des Hörbehinderten erforderliche Übersetzung durch Gebärdendolmetscher oder die Übertragung mit anderen Kommunikationsmitteln hat der Träger der öffentlichen Gewalt zu tragen, § 9 *Abs. 1 S. 2 BGG.*[37]

Einzelheiten der Bereitstellung sind in der Verordnung zur Verwendung von Gebärdensprache und anderen Kommunikationshilfen im Verwaltungsverfahren nach dem Behindertengleichstellungsgesetz *(Kommunikationshilfeverordnung, KHV)* vom 17.07.2002 geregelt (BGBl. I 2002, S. 2650ff.).

Die Forderung des paritätischen Wohlfahrtsverbandes, in den Paragrafen, die sich mit Kommunikationshilfen beschäftigen, auch sprachbehinderte Menschen zu berücksichtigen, wurde nicht umgesetzt.[38]

i)   Schlechterstellungsverbot

§ 7 BGG untersagt eine rechtliche Schlechterstellung behinderter Menschen für den Gesamtbereich öffentlicher Verwaltung. Diese ist nur zulässig, wenn „zwingende Gründe dafür vorliegen" (Abs. 2) oder nachteilige Auswirkungen „unerlässlich" sind, um behinderungsbezogenen Besonderheiten Rechnung zu tragen. Un-

---

[37] *Steck* in: Sozialer Fortschritt 2002, 23f.
[38] Paritätischer Wohlfahrtsverband, vorläufige Stellungnahme vom 31.08. 2001, S. 3.

erheblich ist (im Gegensatz zu § 8 Abs. 3 2 SGB IX), ob die unterschiedliche Behandlung „*wegen* der Behinderung" erfolgte; unzulässig ist hier allein schon die unterschiedliche Behandlung.[39]

j)   Barrierefreie Gestaltung von amtlichen Bescheiden

Auch hier ist die Behinderung von Menschen zu berücksichtigen. Blinde und sehbehinderte Menschen können verlangen, dass ihnen die genannten Dokumente in einer für sie wahrnehmbaren Form zugänglich gemacht werden.[40] Gebührenerhebung und Kostenerstattung für entstandene Aufwendungen der Verwaltung sind nicht erlaubt.

Die Dokumente können als *E-mails* versendet werden, sofern der Empfänger über einen *Computer mit Sprachausgabe* oder *Braille-Zeile* verfügt. Sonstige Möglichkeiten sind:

- Diskette
- CD-ROM
- Braille-Druck
- Großruck.[41]

Zur Umsetzung ist die Verordnung zur Zugänglichmachung von Dokumenten für blinde und sehbehinderte Menschen im Verwaltungsverfahren nach dem Behindertengleichstellungsgesetz *(Verordnung über barrierefreie Dokumente in der Bundesverwaltung, VBD)* vom 17.07.2002 erlassen worden (BGBl. I 2002, S. 2652ff.).

k)   Barrierefreie Informationstechnik

Nach *§ 11 Abs. 1 BGG* haben die Träger der öffentlichen Gewalt ihre *Internet- und Intranetseiten* technisch so zu gestalten, dass sie von Menschen mit visuellen, motorischen und kognitiven Behinderungen grundsätzlich uneingeschränkt benutzt werden können; eine Verpflichtung gegenüber behinderten Mitarbeitern der öffentlichen Verwaltung besteht bereits aus § 81 Abs. 4 SGB IX.[42]

Bis spätestens 31.12.2005 sollen schrittweise alle Internetangebote des Bundes barrierefrei zugänglich sein.

Dabei sollen die international anerkannten *Zugangsrichtlinien* für Webinhalte 1.0 (Web-Content Accessibility Guidelines 1.0) des World Wide Web Consortiums-Web Accessibility Initiative (W3C-WAI) angewandt werden.

---

[39] *Moritz* in: ZFSH/SGB (Heft 4) 2002, 204, 211.
[40] *Steck* in: Arbeitgeber 2002, 10, 12.
[41] *Ullrich/Spereiter* in: Bundesarbeitsblatt 2002 (Heft 6), 7, 9.
[42] *Steck* in: Arbeitgeber 2002, 10, 12.

Gemäß § 11 Abs. 2 BGG hat die Bundesregierung darauf hinzuwirken, dass gewerbsmäßige Anbieter von Internetseiten ihre Produkte entsprechend gestalten, was im Wege der Zielvereinbarung nach § 5 BGG zu erreichen ist.[43]

Als erste Landesbehörde hat das Versorgungsamt Heidelberg ihren Internetauftritt barrierefrei gestaltet (www.versorgungsverwaltung-baden-wuerttemberg.de).

l)   Rechtsschutz

Bei Rechtsverletzung eines behinderten Menschen können *dieser selbst* und – mit seinem Einverständnis – *Verbände* Rechtsschutz beantragen, § 12 BGG. Klagebefugt sind die nach § 13 Abs. 3 BGG auf Vorschlag des Deutschen Behindertenrates vom Bundesministerium für Arbeit und Sozialordnung anerkannten Verbände. Die Klagebefugnis ist wie bei § 63 SGB IX als gesetzliche Prozeßstandschaft ausgestaltet.

m)   Echtes Verbandsklagerecht

Auch ein echtes Verbandsklagerecht, eine *Klage aus eigenem Recht,* wurde geschaffen: § 13 BGG. Danach kann ein anerkannter rechtsfähiger Verband, ohne in seinen Rechten betroffen zu sein und ohne Zustimmung des betroffenen behinderten Menschen, Klage auf Feststellung eines Verstoßes gegen die wesentlichen Vorschriften des BGG erheben.[44]

Das Verbandsklagerecht soll dazu dienen, eine mit dem BGG in Einklang stehende Verwaltungspraxis herbeizuführen, und so die Interessen behinderter Menschen effektiver vertreten zu können.[45]

In der parlamentarischen Beratung war die Einführung eines umfassenden Verbandsklagerechtes heftig umstritten. Vorbehalte wurden vor allem von der CDU/CSU-Bundestagsfraktion und dem Bundesrat geäußert. So votierte die Länderkammer für eine Streichung des § 13, da mit dessen Einführung eine gravierende Veränderung der auf individuellen Rechtsschutz ausgerichteten Konzeption des Verwaltungs- und Sozialgerichtsprozesses einhergehe.

Sinnvoll sei eine Verbandsklagemöglichkeit nur, wenn bei Individualklagen das durch die betroffene Norm geschützte Gesamtinteresse unzureichend repräsentiert werde oder in größerem Umfang zulässige Individualklagen etwa aus Kostengründen unterblieben.[46]

Die Regierungsfraktionen verarbeiteten die Kritik insoweit, als im Regierungsentwurf zum nunmehr geltenden Gesetz in § 13 *Abs. 1* die Vorschriften enumerativ aufgezählt werden, deren mögliche Verletzung Gegenstand eines Klageverfahrens sein kann.

---

[43] *Ullrich/Spereiter* in: Bundesarbeitsblatt 2002 (Heft 6), 7, 9.
[44] *Steck* in: Arbeitgeber 2002, 10, 12.
[45] www.behindertenbeauftragter.de „V wie Verbandsklagerecht".
[46] Bundesratsdrucksache 928/1/01, S. 11.

Ein Verbandsklagerecht liegt vor, wenn Träger öffentlicher Gewalt folgende Vorschriften verletzen:

- § 7 Abs. 2 Verbot der Benachteiligung behinderter Menschen
- § 8 Barrierefreiheit in den Bereichen Bau und Verkehr
- § 9 Abs. 2 Verordnungen über Kommunikationshilfen
- § 10 Abs. 1 Kommunikationstechnik, vor allem Internet
- § 11 Abs. 1 S. 2 Gestaltung von Dokumenten für blinde und sehbehinderte Menschen.

Eine weitere Einschränkung enthält Abs. 2: Soweit die eigene Rechtsverfolgung via Gestaltungs- oder Leistungsklage durch den behinderten Menschen möglich ist, kann der Verband nur klagen, wenn er geltend macht, dass es sich bei der Maßnahme um einen *Fall von allgemeiner Bedeutung* handele.

Weitere Voraussetzung der Verbandsklage ist die erfolglose *Durchführung eines Widerspruchsverfahrens*.

n)   Beauftragter der Bundesregierung,[47] Berichtspflicht

Die Bundesregierung schafft – nach dem Vorbild des Ausländer-, Drogen- sowie Wehrbeauftragten – ein Amt des Beauftragen für die Belange behinderter Menschen als Appellationsstelle für Verbände und Betroffene sowie als Beteiligter bei allen relevanten Gesetzes-, Verordnungs- und sonstigen Vorhaben,[48] §§ 14, 15 BGG. Auch alle anderen Bundesbehörden sind verpflichtet, den Beauftragten bei der Erfüllung der Aufgabe zu unterstützen, z. B. die erforderlichen Auskünfte zu erteilen und Akteneinsicht zu gewähren.[49]

Die Bundesregierung hat dem Deutschen Bundestag bis zum 31.12.2004 über die Lage behinderter Frauen und Männer sowie die Entwicklung ihrer Teilhabe zu berichten. In diesem Rahmen soll neben einer – nach Geschlecht und Alter differenzierten – Darstellung des Sachstandes ein Bericht zu möglichen weiteren Maßnahmen zur Gleichstellung behinderter Menschen erfolgen.

Es soll beispielsweise Auskunft darüber gegeben werden, ob der Abschluss von Zielvereinbarungen zu ausreichenden Ergebnissen in den jeweiligen Regelungsbereichen geführt hat, oder ob weitere Maßnahmen zur Gleichstellung behinderter Menschen als notwendig angesehen werden.[50]

---

[47] www.behindertenbeauftragter.de.
[48] *Moritz* in: ZFSH/SGB (Heft 4) 2002, 204, 212 und dort Fussnote 55.
[49] BMin für Arbeit und Sozialordnung: BGG S. 26.
[50] *Ullrich/Spereiter* in: Bundesarbeitsblatt 2002 (Heft 6), 7, 11.

o)   Drittwirkung im Privatrecht, Gaststättengesetz

Drittwirkungen ergeben sich vorrangig dadurch, dass im Genehmigungsverfahren die Behörden die Umsetzung der Grundsätze der Barrierefreiheit durch die Gewerbetreibenden überwachen.[51]

So wird durch die Änderung des *§ 4 Abs. 1 GaststG* die barrierefreie Ausgestaltung der Räume bei Neubauten und „wesentlichen" Um- oder Erweiterungsbauten Pflicht und Voraussetzung für die Erteilung einer Gaststättenerlaubnis.[52]

Die Verpflichtung für die Barrierefreiheit gilt für alle Gaststättenbetriebe, Ausnahmeregelungen für kleinere Gaststätten sind nicht vorgesehen. Eine Ausnahme ist aber dann zulässig, wenn eine barrierefreie Gestaltung für Räume nicht möglich oder nur mit unzumutbaren Aufwendungen verbunden ist. Unzumutbarkeit kann finanzielle oder technische Gründe haben.[53]

In Rechtsverordnungen auf Landesebene soll die Barrierefreiheit in Gaststätten konkret ausgestaltet werden; durch eine Stichtagsregelung sowie eine Zumutbarkeitsklausel soll eine unangemessene Belastung der Gastronomie vermieden werden.[54]

p)   Weitere Regelungen des BGG

Die zuständen Aufgabenträger, also vor allem Städte und Kreise, werden verpflichtet, in ihrem *Nahverkehrsplan* die Belange behinderter Menschen zu berücksichtigen. Für die diesbezügliche Verbesserung der Infrastruktur werden Finanzhilfen erteilt. Auch die *Eisenbahnen* werden verpflichtet, die Bahnanlagen und Züge möglichst barrierefrei zu gestalten. Gleiches gilt für den Luftverkehr.

Die Barrierefreiheit beim Bau und der Unterhaltung der Bundesfernstraßen soll gewährleistet werden, sofern nicht überwiegende öffentliche Belange (Verkehrssicherheit) entgegenstehen.

q)   Hochschulrecht

Das geänderte Hochschulrahmengesetz (HRG) verpflichtet die Hochschulen sicherzustellen, dass behinderte *Studenten in ihrem Studium nicht benachteiligt* werden und die Studienangebote möglichst ohne fremde Hilfe in Anspruch nehmen können. Dazu müssen gerade die Prüfungsordnungen Chancengleichheit herstellen, indem sie den verschiedenen Formen der Behinderung durch adäquate Berücksichtigung bei Leistungsnachweisen und Prüfungen Rechnung tragen, § 2 Abs. 4 HRG.

---

[51] *Moritz* in: ZFSH/SGB (Heft 4) 2002, 204, 213.
[52] *Steck* in: Arbeitgeber 2002, 10, 13.
[53] *Kossens* in: Gemeinsam leben 2002, 23, 25.
[54] *Ullrich/Spereiter* in: Bundesarbeitsblatt 2002 (Heft 6), 7, 10.

Der gesetzliche Auftrag entspricht dem Rechtsanspruch von Menschen mit Behinderung und chronischer Krankheit auf Chancengleichheit (Menschenrechtskonvention der Vereinten Nationen, Gleichheitsgrundsatz und Sozialstaatsprinzip des Grundgesetzes) auch im Bereich der Hochschulausbildung. Er geht von dem Grundsatz aus, dass das Studium an einer Hochschule auch jedem behinderten Menschen offen stehen muss, der die dazu erforderlichen Voraussetzungen und Fähigkeiten mitbringt.[55]

Die Hochschulen werden verpflichtet, Sorge dafür zu tragen, dass behinderte Studierende in ihrem Studium nicht benachteiligt werden und die Angebote der Hochschule möglichst ohne fremde Hilfe in Anspruch nehmen können. Ebenso muss in den Prüfungsordnungen berücksichtigt werden, dass den Studierenden eine den verschiedenen Formen der Behinderung entsprechende Möglichkeit der Erbringung der Prüfungsleistung gegeben wird. Dies kann beispielsweise durch die Zulassung der Nutzung eines Bildschirmlesegerätes zur Vergrößerung des Prüfungstextes geschehen oder durch eine Verlängerung der Bearbeitungsdauer.[56]

(1)   *Der studentische Alltag*

Eine nützliche Einführung zum Thema „Studium und Behinderung" findet sich im Internet unter www.studieren.de.

(2)   *Barrierefreiheit in den Hochschulen*

Im *rheinland-pfälzischen* Landesgleichstellungsgesetz vom 04.12.2002 wurden keine Regelungen hinsichtlich Hochschule und Studium getroffen. Fraglich ist, ob die anstehende Novellierung des Hochschulrechts Regelungen zur Verbesserung des Situation behinderter Studenten treffen wird. Die Landesarbeitsgemeinschaft „Barrierefreies Studium Rheinland-Pfalz" hat daher verschiedene Änderungen des Hochschulrechts vorgeschlagen:

- Das vorgesehene „Studienkontenmodell", das bei Langzeitstudierenden zu Studiengebühren führt, kann behinderte Studierende wegen der oft schwierigen Bedingungen an den Hochschulen häufig betreffen. Behinderten Studierenden wird es schwerer fallen, die Geldmittel aufzubringen, als nicht behinderten. Es wird daher gefordert, keine Studiengebühren zu erheben, auch nicht über das System der Studienkonten.
- Die Prüfungsordnungen und die Ordnungen über Eignungsprüfungen sollen Regelungen zu Prüfungsmodifikationen enthalten, um landesweit faire Prüfungsbedingungen zu gewährleisten.
- Eine vermehrte Einführung von Kurzstudiengängen kann für behinderte Studierende, die zur Finanzierung ihrer Studienassistenz auf Sozialhilfe angewiesen sind, zu Problemen führen, da Hilfe nur bis zum ersten Studienabschluss ge-

---

[55] *Unterstell:* „Studium und Behinderung" S. 5.
[56] *Ullrich/Spereiter* in: Bundesarbeitsblatt 2002 (Heft 6), 7, 10.

währt wird. Alle behinderten Studierenden sollen das Recht haben, Studiengang und -abschluss frei zu wählen.

• Das Gesetz muss eine Verpflichtung zur Einrichtung eines Behindertenbeauftragten und eines Beratungsangebots für behinderte Studierende an den Hochschulen enthalten.

• Die Betreuung des Studenten darf kein gesetzlicher Grund zur Versagung der Immatrikulation sein.

• Auch die Hochschulen müssen auf das (jeweilige) Landes-Behinderten-Gleichstellungsgesetz verpflichtet werden.

r)   Internetauftritt des Bundes

Da das Internet immer wichtiger wird, gibt sich der Bund die Vorgabe, seinen Internetauftritt etwa durch textunterlegte Benutzeroberflächen soweit wie möglich *barrierefrei* zu gestalten.[57] Zur Umsetzung ist die Verordnung zur Schaffung barrierefreier Informationstechnik nach dem Behindertengleichstellungsgesetz *(Barrierefreie-Informationstechnik-Verordnung, BITV)* vom 17.07.2002 erlassen worden (BGBl. I 2002, S. 2654ff.).

s)   Bundestags- und Europawahlen

Durch die Verwendung von Stimmzettelschablonen bei Bundestags- und Europawahlen soll dem blinden oder sehbehinderten Wähler die Möglichkeit gegeben werden, den Wahlzettel unbeobachtet selbst auszufüllen und in den Wahlumschlag zu legen. Die Stimmzettelschablonen sollen von Blindenverbänden hergestellt und verteilt werden, die ihre Bereitschaft dazu erklärt haben. Auch die Wahlräume sollen möglichst barrierefrei ausgestaltet werden. Die Gemeindebehörden werden verpflichtet, frühzeitig darüber zu informieren, welche Wahlräume barrierefrei sind.[58]

t)   Berufsrecht

Gerade in älteren berufsrechtlichen Regelungen existierten bis vor kurzem noch überkommene und als diskriminierend empfundene Begriffe wie „körperliche Gebrechen" und „Schwäche der geistigen Kräfte". Durch die Neufassung dieser Vorschriften soll grundsätzlich die gesundheitliche Eignung Voraussetzung für die Zulassung zu Berufen oder die staatliche Anerkennung sein, nicht mehr das Fehlen einer Behinderung. Hierdurch soll ein „diskriminierungsfreier Standard" geschaffen werden.[59]

---

[57] Sozialrecht + Praxis 2002, 212, 213.
[58] *Ullrich/Spereiter* in: Bundesarbeitsblatt 2002 (Heft 6), 7, 10.
[59] *Ullrich/Spereiter* in: Bundesarbeitsblatt 2002 (Heft 6), 7, 10f.

§ 7 Die Landesgesetze zur Gleichstellung behinderter Menschen

Ein großer Teil der Bundesländer hat bereits ein Landesgesetz zur Gleichstellung[1] behinderter Menschen erlassen, in weiteren Ländern befinden sich entsprechende Vorschläge in der Diskussion bzw. im Gesetzgebungsverfahren. Nur wenige Landesregierungen möchten auf ein solches Gesetz verzichten. Die folgende Darstellung orientiert sich zunächst an dem „Landesgesetz zur Herstellung gleichwertiger Lebensbedingungen für Menschen mit Behinderungen",[2] das der *rheinland-pfälzische* Landtag am 04.12.2002 beschlossen hat. Hauptbestandteil dieses Artikelgesetzes ist das „Landesgesetz zur Gleichstellung behinderter Menschen (LGGBehM)" – Art. 1. Die Regelungen orientieren sich weitgehend an den vergleichbaren Bestimmungen des Bundesgesetzes zur Gleichstellung behinderter Menschen (BGG).Weitere Gesetze:[3]

- *Bayerisches* Gesetz zur Gleichstellung, Integration und Teilhabe von Menschen mit Behinderung vom 25.06.2003, in Kraft getreten am 01.08.2003 (Bayerisches Behindertengleichstellungsgesetz – BayBGG).
- Gesetz zur Gleichstellung behinderten Menschen im Land *Brandenburg* (Brandenburgisches Behindertengleichstellungsgesetz – BbgBGG) vom 20.03.2003, GVBl. I, Nr. 4, S 42ff.
- Gesetz über die Gleichberechtigung von Menschen mit und ohne Behinderung (Landesgleichberechtigungsgesetz – LGBG) vom 17.05.1999, GVBl. S. 178ff. für *Berlin*.
- Gesetz für Chancengleichheit und gegen Diskriminierung behinderter Menschen im Land *Sachsen-Anhalt* (Behindertengleichstellungsgesetz – BGStG LSA) vom 20.11.2001, GVBl. Nr. 50/2001, S. 457ff.
- Am 22.06.2000 trat in *Mecklenburg-Vorpommern* das Integrationsförderratsgesetz in Kraft. Dieser unterstützt die Landesregierung bei der Aufgabe, gleichwertige Lebensbedingungen zu schaffen. Zudem ist ein Landesgleichstellungsgesetz in Arbeit.

---

[1] Die Landesgleichstellungsgesetze für Menschen mit Behinderungen sind nicht zu verwechseln mit den „Gleichstellungsgesetzen" der Länder, in denen es um die Verwirklichung der Gleichstellung von Frauen und Männern (im öffentlichen Dienst) geht.

[2] GVBl. 2002, 481ff.

[3] nach: www.aktion-grundgesetz.de/seite3/_14486.html.

- Gesetz zur Gleichstellung behinderter Menschen des Landes *Schleswig-Holstein* (Landesbehindertengleichstellungsgesetz – LBGG) vom 21.12.2002, GVOBl. Schl.-H., 2002, S. 264.

Im Entwurfsstadium befinden sich:

- Im Rahmen einer interministeriellen Arbeitsgruppe wird in *Bremen* ein Landesgleichstellungsgesetz erarbeitet, das noch im Jahre 2003 in Kraft treten soll.
- Eckpunkte für ein Hamburgisches Landesbehindertengleichstellungsgesetz, Antrag von Abgeordneten, Drucksache 17/793 v. 07.05.02.
- Der Ministerrat hat im Juli 2002 entschieden, dass für *Baden-Württemberg* ein Entwurf eines Gesetzes zur Gleichstellung von Menschen mit Behinderungen (LGG-E) erarbeitet wird.
- In *Hamburg* wird zur Zeit ein Referentenentwurf eines Landesgleichstellungsgesetzes vorbereitet, das noch im Laufe des Jahres 2003 verabschiedet werden soll.
- In *Niedersachsen* hat die Landesregierung beschlossen, ein entsprechendes Gesetz in den Landtag einzubringen. Die erste Lesung fand bereits statt.
- In *Nordrhein-Westfalen* fand ebenfalls bereits eine erste Lesung des Entwurfs eines Gesetzes zur Gleichstellung behinderter Menschen (Behindertengleichstellungsgesetz Nordrhein-Westfalen – BGG NRW) statt. Das Gesetz soll noch im Jahre 2003 verabschiedet werden.
- Der Entwurf eines Gesetzes zur Gleichstellung behinderter Menschen des *Saarlandes* (BehGstG) soll noch im Jahre 2003 verabschiedet werden.
- Das *Sächsische* Staatsministerium hat einen Entwurf eines Gesetzes zur gleichberechtigten Gleichstellung, Teilhabe und Integration von Menschen mit Behinderungen im Freistaat *Sachsen* (Sächsisches Behindertengleichstellungsgesetz, SächsBGG) erarbeitet. Dieses Gesetz soll noch im Jahre 2003 verabschiedet werden.
- In *Thüringen* liegt ein Referentenentwurf eines Gesetzes zur Verbesserung der Integration von Menschen mit Behinderung vor. Wegen der schlechten Finanzlage soll aber im Jahre 2003 kein Behindertengleichstellungsgesetz mehr verabschiedet werden.

In *Hessen* hat eine interministerielle Arbeitsgruppe die Landesgesetze auf für behinderte Menschen diskriminierenden Inhalt geprüft. Von der Auswertung des nun vorliegenden Abschlussberichts hängt es ab, ob in Hessen ein Gleichstellungsgesetz für notwendig erachtet wird.

1.   Das Ziel der Gesetze

Zum Ziel des *rheinland-pfälzischen* Gesetzes führte Sozialministerin *Malu Dreyer* aus: „Unser Ziel ist es, nicht nur die rechtliche Situation von behinderten Menschen zu verbessern, sondern die gesellschaftliche Grundeinstellung positiv zu verändern. Während traditionelle Ansätze der Politik für Menschen mit Behinderung die Kompensation von Nachteilen in den Mittelpunkt stellen, ist eine moderne Politik für behinderte Menschen darauf gerichtet, Diskriminierungen und Ausgrenzung aktiv entgegenzuwirken und berufliche und soziale Integration zu fördern".[4]

In § 1[5] wird unter Hinweis auf Art. 64 Verf. das Ziel des Gesetzes genannt,

- Benachteiligungen behinderter Menschen zu beseitigen
- und zu verhindern
- ihnen die gleichberechtigte Teilhabe am Leben in der Gesellschaft zu gewährleisten
- und eine selbstbestimmte Lebensführung zu ermöglichen.

Dabei wird besonderen Bedürfnissen Rechnung getragen.
Nach § 1 Abs. 2 BGStG LSA *(Sachsen-Anhalt)* ist das Gesetzesziel:

- Entfaltung der Persönlichkeit
- Teilhabe am gesellschaftlichen Leben
- Teilnahme am Erwerbsleben.

In *Bayern* wird die in Art. 1 BayBGG die Aufgabe des Gesetzes formuliert, „geborenes und ungeborenes Leben umfassend zu schützen. Begrüßenswert ist, dass hier der Lebensschutzgedanke verankert ist, auch das ungeborene Leben wurde für schützenswert erklärt. Nach dieser Voranstellung in Abs. 1 und der Bezeichnung von Gleichstellung und sozialer Eingliederung als gesamtgesellschaftliche Aufgabe (Abs. 2) wird in Abs. 3 das Gesetzesziel wie in den anderen Landesgesetzen definiert.

2.   Der Begriff der Behinderung

§ 2 Abs. 1[6] definiert den *Begriff der Behinderung* inhalts- und fast wortgleich mit § 2 Abs. 1 S. 1 SGB IX. Dagegen sind behinderte Menschen nach der Bestimmung des § 2 Abs. 1 BGStG LSA „Menschen mit einer nicht nur vorübergehenden körperlichen, seelischen oder geistigen Schädigung oder Funktionsbeeinträchtigungen, die von Maßnahmen, Verhältnissen und Verhaltensweisen von Staat oder Gesellschaft betroffen sind, die ihre Lebensmöglichkeiten beschränken

---

[4] in: Kobinet-Nachrichten vom 18.09.2002 „Kabinett verabschiedet Landesgleichstellungsgesetz".

[5] § 1 Abs. 1 LBGG *(Schleswig-Holstein)*, § 3 Abs. 1 BGStG LSA *(Sachsen-Anhalt)*: Verweis auf die Verfassung Sachsen-Anhalts und das GG; § 1 BbgBGG *(Brandenburg)*, § 1 BGG NRW *(Nordrhein-Westfalen)*, ohne Hinweis auf die Verfassung: § 1 SächsBGG *(Sachsen)*, § 1 Abs. 1 LGBG *(Berlin)*.

[6] § 2 Abs. 1 LBGG *(Schleswig-Holstein)*, § 3 BbgBGG *(Brandenburg)*, Art. 2 BayBGG *(Bayern)*, § 3 Abs. 1 BGG NRW *(Nordrhein-Westfalen)*, § 2 Abs. 1 SächsBGG *(Sachsen)*, § 4 LGBG *(Berlin)*.

oder erschweren." Diese Bestimmung erklärt eine Behinderung zum Defizit („Schädigung", „Funktionsbeeinträchtigung"), sieht den Grund für die Freiheitsbeeinträchtigung dann aber in „Maßnahmen und Verhältnissen" von „Staat und Gesellschaft" sowie in Verhaltensweisen von Einzelnen.

Nach Abs. 2[7] liegt eine *Benachteiligung* vor, wenn behinderte und nicht behinderte Menschen *ohne zwingenden Grund* unterschiedlich behandelt und dadurch behinderte Menschen unmittelbar oder mittelbar beeinträchtigt werden. Der Wortlaut des Gesetzes bringt mit dem Begriff des „zwingenden Grundes" zum Ausdruck, dass nicht jeder vernünftige Grund, sondern nur ganz außergewöhnliche Fälle als Rechtfertigung einer Ungleichbehandlung ausreichen sollen.

Der weite Begriff der *Barrierefreiheit* wird in § 2 Abs. 3[8] wortgleich mit § 4 BGG definiert.

In *Sachsen-Anhalt* wird zwischen Diskriminierung (§ 2 Abs. 2) und Benachteiligung unterschieden (§ 2 Abs. 3). Die Diskriminierung wird ähnlich definiert wie in anderen Bundesländern die Benachteiligung; sie ist jede nicht gerechtfertigte Ungleichbehandlung „durch Maßnahmen und Regelungen des Staates und der Gesellschaft". Fraglich ist, ob eine Gesellschaft Maßnahmen und Regelungen treffen kann. Gemeint sind wohl die tatsächlichen Zustände in einer Gesellschaft. Da nach lebensnaher Betrachtungsweise jede ungerechtfertigte Ungleichbehandlung eine Benachteiligung darstellt, ist die Unterscheidung der beiden Begriffe entbehrlich. Das *bayerische* Gesetz definiert hingegen korrekt (Art. 5):

„Eine Benachteiligung liegt vor, wenn Menschen mit und ohne Behinderung ohne zwingenden Grund unterschiedlich behandelt werden und dadurch behinderte Menschen in der gleichberechtigten Teilhabe am Leben in der Gesellschaft unmittelbar oder mittelbar beeinträchtigt werden."

In *Sachsen* spricht zwar § 4 SächsBGG ein Diskriminierungs- und Benachteiligungsverbot aus, die Begriffsbestimmung des § 2 Abs. 2 SächsBGG umfasst aber nur die Benachteiligung. Dafür knüpft das Gesetz an die den Begriff der Benachteiligung aus zwingenden Gründen an und schreibt für diesen Fall einen *Nachteilsausgleich* vor, § 7 Abs. 1 SächsBGG. Für den Ausgleich der Folgen ist Sorge zu tragen, soweit hiermit nicht ein unverhältnismäßiger Mehraufwand verbunden ist. Normiert wird auch die Zulässigkeit der *Bevorzugung*: Diese ist zur Kompensation beeinträchtigungsspezifischer Nachteile zu solange zulässig, wie diese existieren, Abs. 2.

3. Das Benachteiligungsverbot

§ 3 Abs. 1[9] enthält dann ein *allgemeines Benachteiligungsverbot:* „Behinderte Menschen dürfen gegenüber nicht behinderten Menschen nicht benachteiligt wer-

---

[7] § 2 Abs. 2 LBGG *(Schleswig-Holstein)*, § 2 Abs. 3 BGStG LSA *(Sachsen-Anhalt)*, § 3 Abs. 2 S. 1 BGG NRW *(Nordrhein-Westfalen)*.

[8] § 2 Abs. 3 LBGG *(Schleswig-Holstein)*, § 4 BbgBGG *(Brandenburg)*, § 3 SächsBGG *(Sachsen)*.

[9] § 3 Abs. 1 BGStG LSA *(Sachsen-Anhalt)*, § 3 SächsBGG *(Sachsen)*, § 2 Abs. 1 LGBG *(Berlin)* Diskriminierungsverbot.

den." Für den Fall des Streites über das Vorliegen einer Benachteiligung muss der behinderte Mensch die entsprechenden Tatsachen lediglich *glaubhaft* machen, die eine Benachteiligung vermuten lassen, während die Gegenseite die *Beweislast* dafür zu tragen hat, dass keine Benachteiligung vorliegt (Abs. 2).[10] Dies soll aber nicht gelten, soweit bundesrechtliche Regelungen Abweichendes bestimmen. Nach einer allgemeinen Umschreibung ist eine Tatsache in der Regel glaubhaft gemacht, wenn sie nach Überzeugung des erkennenden Gerichts mit überwiegender Wahrscheinlichkeit vorliegt.[11] *Beweislast* ist das eine Partei betreffende Risiko des Prozessverlustes wegen Nichterweislichkeit der ihren Sachvortrag tragenden Tatsachenbehauptungen.[12]

Gemäß § 1 Abs. 2 S. 2 LBGG *(Schleswig-Holstein)* dürfen die Träger der öffentlichen Verwaltung behinderten Menschen nicht benachteiligen, ein allgemeineres Diskriminierungsverbot wird nicht formuliert, gleiches gilt für *Brandenburg*, § 6 Abs. 2 BbgBGG und für Nordrhein-Westfalen, § 3 Abs. 2 S. 2 BGG NRW *(Nordrhein-Westfalen)*.

§ 5 Abs. 1 SächsBGG enthält neben dem allgemeinen Diskriminierungs- und Benachteiligungsverbot ein *Gleichstellungsgebot* für den Freistaat, die Gemeinden, die Landkreise und die sonstigen der Aufsicht des Freistaates *Sachsen* unterstehenden juristischen Personen des öffentlichen Rechts sowie deren Behörden und sonstigen Stellen. Diese öffentlichen Stellen sind im Rahmen ihrer Aufgaben verpflichtet, aktiv auf die Umsetzung der Gesetzesziele hinzuwirken. Gleiches gilt für *Empfänger öffentlicher Zuwendungen*, Abs. 2.

4. Anspruch auf Beseitigung von Behinderungen

Gemäß § 3 Abs. 2 BGStG LSA *(Sachsen-Anhalt)* haben behinderte Menschen einen Anspruch auf Verhinderung und Beseitigung von diskriminierenden und benachteiligenden Maßnahmen und Regelungen.

5. Die besonderen Belange behinderter Frauen

Auch das LGGBehM enthält in § 4[13] wie das BGG (§ 2) eine Vorschrift über die besonderen Belange behinderter Frauen. Gemäß § 1 Abs. 3 BGStG LSA sind geschlechtsspezifische Behinderungen und Benachteiligungen abzubauen und zu verhindern.

---

[10] Eine solche Beweisregel ist auch in § 3 Abs. 3 BGStG LSA *(Sachsen-Anhalt)* und § 3 Abs. 3 BGG NRW *(Nordrhein-Westfalen)* verankert.

[11] MünchKomm ZPO/Prütting § 294 Rn 23.

[12] *Greger* in: Zöller ZPO § Vor 284 Rn 18.

[13] § 1 Abs. 3 LBGG *(Schleswig-Holstein)*, § 2 BbgBGG *(Brandenburg)*, Art. 3 BayBGG *(Bayern)*, § 2 BGG NRW *(Nordrhein-Westfalen)*, § 6 SächsBGG *(Sachsen)*, § 10 LGBG *(Berlin)*.

6.   Maßnahmen öffentlicher Stellen

§ 5[14] verpflichtet die aufgezählten *öffentliche Stellen*, Maßnahmen zur Verwirklichung des Gesetzeszieles zu ergreifen, indem sie dieses im Rahmen ihres Aufgabenbereiches berücksichtigen und aktiv fördern. Dies sind:

* Landesbehörden
* Gerichte des Landes (soweit Tätigkeit in Verwaltungsangelegenheiten betroffen)
* Behörden der Gemeinden und Gemeindeverbände
* der Aufsicht des Landes unterstehende juristische Personen des öffentlichen Rechts
* die Staatsanwaltschaft und
* der Rechnungshof.

Im Rahmen der verfügbaren Haushaltsmittel[15] haben sie vor allem *geeignete Maßnahmen* zur Herstellung der Barrierefreiheit zu ergreifen, soweit diese noch nicht gewährleistet ist. Abzuwarten bleibt, welche „geeignete Maßnahmen" zur Ausfüllung des Gesetzes tatsächlich ergriffen werden, damit der Begriff keine Leerformel bleibt.

In *Bayern* werden die verpflichteten Träger der öffentlichen Gewalt leicht abweichend definiert. Das Benachteiligungsverbot gilt gemäß Art. 9 BayBGG für

* die Behörden und
* sonstigen öffentlichen Stellen *mit Ausnahme der Staatsanwaltschaften*
* die Gemeinden
* Gemeindeverbände
* die sonstigen der Aufsicht des Freistaates Bayern unterstehenden juristischen Personen des öffentlichen Recht.

7.   Zielvereinbarungen

In *Nordrhein-Westfalen* sollen zur Herstellung der Barrierefreiheit Zielvereinbarungen zwischen Landesverbänden behinderter Menschen und kommunalen Körperschaften, deren Verbänden und Unternehmen für ihren jeweiligen Bereich abgeschlossen werden, § 5 BGG NRW.

---

[14] so auch: § 11 SächsBGG *(Sachsen)*. § 6 BbgBGG *(Brandenburg)* nennt alle Landesbehörden, die landesunmittelbaren Körperschaften, Anstalten und Stiftungen des öffentlichen Rechts. Nach § 1 Abs. 2 LGBG *(Berlin)* gilt dies auch für Betriebe und Unternehmen, die mehrheitlich vom Land Berlin bestimmt werden (S. 2): Die Wahl der privaten Rechtsform soll sich auf behinderte Menschen nicht nachteilig auswirken.

[15] § 1 Abs. 2 S. 1 LBGG *(Schleswig-Holstein)* verpflichtet die Träger der öffentlichen Verwaltung, ein Vorbehalt ausreichender Haushaltsmittel wird nicht formuliert.

8. Besondere Vorschriften zur Verwirklichung der Gleichstellung

Das Gesetz zur Gleichstellung in *Schleswig-Holstein* enthält unter Abs. 3 besondere Vorschriften, die der Umsetzung der Gesetzesziele dienen sollen:

- § 10 Gebärdensprache
- § 11 Herstellung von Barrierefreiheit in den Bereichen Bau- und Verkehr
- § 13 Gestaltung von Bescheiden, amtlichen Informationen und Vordrucken.

In *Sachsen-Anhalt* wurden einzelne Recht behinderter Menschen in einem dritten Abschnitt normiert:

- § 15 Akteneinsicht
- § 16 Deutsche Gebärdensprache
- § 17 Klagerecht
- § 18 Grundsätzliche Aufgaben (Hier wird die Berücksichtigung behinderten-spezifischer Interessen bereits im Gesetz- und Verordnungsgebungsverfahren vorgeschrieben.)

In *Brandenburg* fasst man in Abschnitt 2 des Gesetzes folgende Vorschriften der Verpflichtung zur Gleichstellung und Barrierefreiheit zusammen:

- § 6 Benachteiligungsverbot für Träger öffentlicher Gewalt
- § 7 Recht auf Verwendung von Gebärdensprache und anderen Kommunikationshilfen
- § 8 Gestaltung von Bescheiden und Vordrucken
- § 9 Barrierefreie Informationstechnik.

a)   Die Gestaltung von Bescheiden und Vordrucken

Nach § 6[16] müssen die genannten Behörden bei Bescheiden und Vordrucken die besonderen Belange behinderter Menschen berücksichtigen. Soweit dies zur Wahrnehmung der eigener Interessen notwendig ist, sind diese Dokumente blinden und sehbehinderten Menschen auf ihren Wunsch und ohne zusätzliche Kosten in einer für sie wahrnehmbaren Form zugänglich zu machen. Näheres bestimmt die Landesregierung durch Rechtsverordnung. Dies gilt sowohl im behördlichen Verwaltungsverfahren als auch für Gerichte und Staatsanwaltschaften, soweit diese in Verwaltungsangelegenheiten tätig werden.

---

[16] § 13 LBGG *(Schleswig-Holstein)*, § 8 BbgBGG *(Brandenburg)*, Art. 12 BayBGG *(Bayern)*, ebenso amtliche Informationen: § 9 BGG NRW *(Nordrhein-Westfalen)*, § 10 SächsBGG *(Sachsen)*.

b)   Barrierefreie Informationstechnik

Die genannten Behörden haben ihre Internet- und Intranetseiten und graphische Programmoberflächen schrittweise technisch so zu gestalten, dass sie von behinderten Menschen möglichst uneingeschränkt genutzt werden können, § 7[17] *(Barrierefreie Informationstechnik)*. Gleiches gilt für Gerichte und Staatsanwaltschaften in Verwaltungsgelegenheiten.

Die Landesregierung trifft durch Rechtsverordnung nähere Regelungen über die barrierefreie Gestaltung und die anzuwendenden Standards nach Maßgabe der technischen, finanziellen und verwaltungsorganisatorischen Möglichkeiten.

c)   Barrierefreie Medien

In *Bayern* werden auch diejenigen Träger öffentlicher Gewalt, denen kommunikationspolitische Angelegenheiten übertragen sind und die nicht unter das allgemeine behördliche Benachteiligungsverbot fallen, verpflichtet, dass der nicht unmittelbar erfasste öffentlich-rechtliche Rundfunk mit seinen Möglichkeiten die Ziele des Gesetzes fördert und beachtet, Art. 14 BayBGG.

d)   Gebärdensprache und andere Kommunikationsformen

Gehörlose hörbehinderte Menschen sowie Menschen mit eingeschränkter Sprechfähigkeit haben das Recht, sich mit den genannten Behörden in deutscher Gebärdensprache, lautsprachbegleitenden Gebärden oder mit anderen geeigneten Kommunikationshilfen zu verständigen, soweit dies zur Wahrnehmung eigener Rechte erforderlich ist (§ 8 LGGBehM *Rheinland-Pfalz*).[18]

Die Behörden haben auf Wunsch die Übersetzung und die Verständigung mit Kommunikationshilfen sicherzustellen und tragen die notwendigen Ausgaben. Auch diese Vorschriften finden für Gerichte und Staatsanwaltschaften Anwendung, soweit diese in Verwaltungsangelegenheiten tätig werden. Die Landesregierung regelt das Nähere durch Rechtsverordnung.[19]

---

[17] § 12 LBGG *(Schleswig-Holstein)*, § 9 BbgBGG *(Brandenburg)*, Art. 13 BayBGG *(Bayern)*, § 10 BGG NRW *(Nordrhein-Westfalen)*, § 13 SächsBGG *(Sachsen)*.

[18] § 10 LBGG *(Schleswig-Holstein)*, § 7 BbgBGG *(Brandenburg)*, Art. 6 BayBGG *(Bayern)*, § 8 BGG NRW *(Nordrhein-Westfalen)*, § 9 SächsBGG *(Sachsen)*. In *Berlin* soll auf Antrag im Verwaltungsverfahren ein Dolmetscher hinzugezogen werden, sofern nicht eine schriftliche Verständigung erfolgen kann, § 12 Abs. 2 LGBG. Der Abschnitt II des Gesetzes enthält Bestimmungen über die Förderung von Gehörlosen und hörgeschädigten Menschen. § 13: Unterricht an Sonderschulen, § 14: Berufsqualifizierung für Dolmetscher im Rahmen eines zu schaffenden Studiengangs „Gebärdendolmetscher".

[19] § 7 Abs. 2 BbgBGG *(Brandenburg)*.

e) Barrierefreiheit in den Bereichen Bau und Verkehr

Weiter soll die *Barrierefreiheit* verwirklicht werden *in den Bereichen Bau* (bauliche Anlagen, öffentliche Wege, Plätze und Straßen) *und Verkehr* (öffentlich zugängliche Verkehrsanlagen und Beförderungsmittel im ÖPNV), § 9.[20] Zum Ausgleich von Mobilitätsnachteilen begründet § 8 SächsBGG *(Sachsen)* einen Anspruch auf Erstattung der Mehrkosten der individuellen Beförderung für Menschen, die behinderungsbedingt vom öffentlichen Personennahverkehr ausgeschlossen sind.

Das Land, die Gemeinden und die der Landesaufsicht unterstehenden juristischen Personen des öffentlichen Rechts „sollen" *bei Neubauten und großen Umbauten* die Barrierefreiheit so weit wie möglich berücksichtigen (Abs. 2 Nr. 1) und *bereits bestehende Bauten* schrittweise so weit wie möglich barrierefrei gestalten (Abs. 2 Nr. 2).

Zu Abs. 2 Nr. 1 enthält § 14 Abs. 1 eine *Übergangsbestimmung:* Von der Verpflichtung der Berücksichtigung der Barrierefreiheit bei Neu-, Um- und Erweiterungsbauten, die zum Zeitpunkt des Inkrafttreten des Gesetzes bereits geplant oder begonnen waren, kann bis zum 31.12.2004 abgewichen werden, „soweit die nachträgliche Berücksichtigung der allgemeinen Regeln der Technik zur barrierefreien Gestaltung zu einem unverhältnismäßigen Mehraufwand führen würde".

Für Abs. 2 Nr. 2, also bei bereits bestehenden Bauten, existiert keine solche Übergangsbestimmung. Zudem fehlen verbindliche Fristen für die schrittweise barrierefreie Ausgestaltung, was durch den Terminus „sollen" verstärkt wird. Im Grunde steht die Schaffung der Barrierefreiheit in den Bereichen Bau und Verkehr also unter einem faktischen Haushaltsvorbehalt. Die Verwirklichung der Barrierefreiheit soll nach den „allgemein anerkannten Regeln der Technik" erfolgen.

---

[20] § 11 LBGG *(Schleswig-Holstein)*, § 7 BGG NRW *(Nordrhein-Westfalen)*, § 12 SächsBGG *(Sachsen)*. § 9 Abs. 1 LGBG *(Berlin)*. Nach § 9 Abs. 2 wird in Berlin ein besonderer Fahrdienst für Personen vorgehalten, die wegen der Art und Schwere ihrer Behinderung nicht am ÖPNV teilnehmen können. Im Entwurf eines *baden-württembergischen* Gleichstellungsgesetzes von Menschen mit Behinderungen wird ein Anspruch auf Barriere- und Kommunikationsfreiheit begründet, § 12. Teilnahme, Zugang und Nutzung der gestalteten Lebensbereiche müssen auch für behinderte Menschen selbständig und unabhängig erfolgen können, soweit dies nicht technisch unmöglich ist. Der Begriff der Lebensbereiche ist dabei weit zu verstehen, hierunter fallen insbesondere alle baulichen Anlagen, Verkehrsinfrastruktur, Beförderungsmittel im öffentlichen Personenverkehr einschließlich Luft- und Schiffsverkehr, öffentlich zugängliche Terminals und Automaten, technische Geräte des täglichen Gebrauchs sowie Informations- und Kommunikationseinrichtungen/-dienstleistungen.

f)   Sicherung der Teilhabe

Das *Bayerische* Behindertengleichstellungsgesetz (Art. 7 BayBGG) beinhaltet eine Vorschrift zur *Sicherung der Teilhabe behinderter Menschen,* ein Instrument,
das dem SGB IX entlehnt ist.

g)   Das Verbandsklagerecht

§ 10 gewährt ein *Verbandsklagerecht*[21]. Es gilt für von dem fachlich jeweils zuständigen Ministerium anerkannte Verbände. Voraussetzung einer Anerkennung
sind (Abs. 4):[22]

- Anhörung des Landesbeirats zur Teilhabe behinderter Menschen.
- Der Verband muss nach seiner Satzung ideell und nicht nur vorübergehend die
  Belange behinderter Menschen fördern, Nr. 1.
- Der Verband muss nach der Zusammensetzung seiner Mitglieder dazu berufen
  sein, Interessen behinderter Menschen zu vertreten, Nr. 2.
- Der Verband muss zum Zeitpunkt der Anerkennung mindestens drei Jahre be-
  standen haben und tätig geworden sein, Nr. 3.
- Der Verband muss die Gewähr sachgerechter Aufgabenerfüllung bieten, Nr. 4.
- Der Verband muss den Anforderungen der Gemeinnützigkeit oder Mildtätigkeit
  im Sinne der Abgabenordnung (AO) genügen, Nr. 5.[23]

Ein Verband, der bereits nach den vergleichbaren Bundesvorschriften anerkannt
wurde, gilt auch im Sinne des LGGBehM als anerkannter Verein.[24] Die anerkannten Verbände können vor dem Verwaltungsgerichten und Sozialgerichten, ohne in
eigenen Rechten verletzt zu sein, folgende Verstöße durch die benannten Behörden rügen:

- § 3 Abs. 1: Benachteiligungsverbot
- § 4 S. 1: Verwirklichung der Gleichstellung von Frauen und Männern; Berücksichtigung der besonderer Belange behinderter Frauen und Beseitigung bestehender Benachteiligungen
- § 6 Abs. 1: Gestaltung von Bescheiden und Vordrucken (schriftliche Be-
  scheide, Allgemeinverfügungen, öffentlich-rechtliche Verträge, Vordrucke)
- § 7 Abs. 1: Barrierefreie Informationstechnik
- § 8 Abs. 1: Gebärdensprache und andere Kommunikationsformen

---

[21] § 15 LGBG *(Berlin)*: Außerordentliches Klagerecht für im Landesbeirat mit einem
stimmberechtigten Mitglied vertretene rechtsfähige gemeinnützige Verbände/Vereine.

[22] § 3 Abs. 3 LBGG *(Schleswig-Holstein)*, § 10 Abs. 3 BbgBGG *(Brandenburg)*, § 6 BGG
NRW *(Nordrhein-Westfalen)*, § 14 (Abs. 4) SächsBGG *(Sachsen)*.

[23] § 10 Abs. 3 Nr. 4 LBGG *(Schleswig-Holstein)*: Der Interessenverband muss wegen Verfolgung gemeinnütziger Zwecke nach § 5 Abs. 1 Nr. 9 des Körperschaftssteuergesetzes
von der Körperschaftssteuer befreit sein.

[24] ebenso in *Nordrhein-Westfalen:* § 6 Abs. 1 BGG NRW.

- § 9 Abs. 2 Nr. 1: Herstellung der Barrierefreiheit bei Neubauten sowie bei großen Um- und Erweiterungsbauten. Geltend gemacht werden kann also weder
eine mangelnde Herstellung der Barrierefreiheit im Bereich des öffentlichen
Personennahverkehr (§ 9 Abs. 1) noch bei bereits bestehenden Bauten. Die Ge-
schwindigkeit der „schrittweisen" Gestaltung der Barrierefreiheit bei bereits
bestehenden Bauten unterliegt also nicht dem Verbandsklagerecht der Verbände
- die hierzu erlassenen Vorschriften.

Wird in einem dieser Fälle ein behinderter Menschen in seinen Rechten verletzt,
so kann ein anerkannter Verein *an seiner Stelle und mit seinem Einverständnis*
Rechtsschutz beantragen. Dann müssen aber auch alle Verfahrensvoraussetzungen
wie bei dem Rechtsschutzersuchen durch den behinderten Menschen selbst vorliegen (§ 10 Abs. 5). Es existieren noch weitere Klagevoraussetzungen:[25]

- Die angegriffene Maßnahme muss den satzungsgemäßen Aufgabenbereich des
Vereines berühren (§ 10 Abs. 2 S. 1 Nr. 1).
- Die angegriffene Maßnahme darf nicht aufgrund einer Entscheidung in einem
gerichtlichen Verfahren erfolgt sein (§ 10 Abs. 2 S. 1 Nr. 2).
- Die angegriffene Maßnahme darf nicht bereits in einem gerichtlichen Verfahren
erfolgt sein (§ 10 Abs. 2 S. 1 Nr. 3).

Weiter ist die Situation geregelt, dass ein behinderter Mensch selbst seine Rechte
durch eine Gestaltungs- oder Leistungsklage verfolgen kann oder hätte verfolgen
können. Dann ist eine Klage nur zulässig, wenn der Verband geltend macht, dass
es sich bei der angegriffenen Maßnahme um einen Fall von allgemeiner Bedeutung handelt. Dies soll insbesondere dann anzunehmen sein, „wenn eine Vielzahl
gleichgelagerter Fälle vorliegt." (§ 10 Abs. 2 S. 2) Vor Klageerhebung ist ein ob-
ligatorisches Vorverfahren durchzuführen, auch dann, wenn der Verwaltungsakt
von einer obersten Landesbehörde stammt.

In *Schleswig-Holstein* ist das Klagerecht auf eine geringere Zahl von Verstößen
beschränkt. Geltend gemacht werden kann nach § 3 Nr. 1 LBGG ein Verstoß gegen das Benachteiligungsverbot der Träger der öffentlichen Verwaltung, ein Verstoß gegen deren Verpflichtung, Barrierefreiheit durch den Gebrauch der Gebärdensprache und die Gestaltung amtlicher Schriftstücke herzustellen, sowie wegen
der Verletzung der Vorschrift über die Herstellung der Barrierefreiheit in den Bereichen Bau und Verkehr.

In *Sachsen-Anhalt* wird den auf Landesebene tätigen Interessenverbänden ein
Klagerecht gegeben, ohne ein besonderes Anerkennungsverfahren zu regeln, § 17
Abs. 1 BGStG LSA. Sowohl die eigenständigen Geltendmachung (Abs. 1) als
auch die Klage an der Stelle und mit dem Einverständnis des verletzten behinder-
ten Menschen (Abs. 2) ist nicht an einzelne Verletzungstatbestände gebunden, die
Vorschrift spricht jeweils von der Verletzung von Rechten „nach diesem Gesetz".

---

[25] § 3 Abs. 2 LBGG *(Schleswig-Holstein)*.

9.   Der/die Landesbeauftragte

Das *Schleswig-Holsteinische* Gesetz weist einen eigenen Abschnitt über den oder die Landesbeauftragte(n) auf (§§ 4 – 9).[26] Diese/dieser soll selbst ein Mensch mit Behinderung sein. Sie/er wird von der Ministerpräsidentin/dem Ministerpräsidenten für die Dauer von sechs Jahren bestellt, eine erneute Bestellung ist möglich. An sie/ihn sollen sich Einzelpersonen, Verbände und Institutionen wenden, § 5 Abs. 3. Die Verbände der freien Wohlfahrtspflege und die Interessenverbände behinderter Menschen haben ein Vorschlagsrecht, § 4 Abs. 2. Der/die Landesbeauftragte hat die Aufgabe (§ 5), die gleichberechtigte Teilhabe behinderter Menschen am Leben in der Gesellschaft zu fördern, auf eine Verwirklichung der Verpflichtung des Landes, für gleichwertige Lebensbedingungen zu sorgen, hinzuwirken und die Landesregierung und den Landtag in Grundsatzangelegenheiten zu beraten (Abs. 1 Nr. 1 – 3). Er/sie wirkt auch auf den Abbau geschlechtsspezifischer Benachteiligungen hin.

Der/die Landesbehindertenbeauftragte ist weisungsunabhängig, § 6 Abs. 1, ist zur Verschwiegenheit verpflichtet (Abs. 2) und darf ohne Genehmigung des Ministerpräsidenten bzw. der Ministerpräsidentin weder vor Gericht noch außergerichtlich aussagen bzw. Erklärungen abgeben, § 6 Abs. 3. Die Stellung des/der Landesbeauftragen wird verstärkt durch die Verpflichtung der Träger der öffentlichen Verwaltung zur Auskunftserteilung und Unterstützung, § 7. Bei der Feststellung von Verstößen kann der/die Landebehindertenbeauftragte von den verantwortlichen Behörden eine Stellungnahme einfordern und den Verstoß beanstanden, womit Verbesserungsvorschläge verbunden werden können (Abs. 2). Die Bedeutung des Amtes wird durch die Beteiligung an allen einschlägigen Gesetzes- und Verordnungsvorhaben durch die Landesregierung unterstrichen (§ 8 Abs. 1), bei Gesetzesvorhaben, die den Zuständigkeitsbereich der oder des Landesbeauftragten betreffen, hat sie oder er das Recht auf Anhörung vor dem Landtag (Abs. 2).

Der/die Landesbeauftragte berichtet der Landesregierung über die Lage behinderter Menschen sowie über seine/ihre Tätigkeit. Die Landesregierung leitet den Bericht an den Landtag weiter, § 9 LBGG.

Der *Sächsische* Behindertenbeauftragte wird vom Landtag mit 2/3-Mehrheit der anwesenden Mitglieder gewählt, § 15 SächsBGG. Er berät die Staatsregierung und den Landtag und soll selbst ein von Behinderung betroffener Mensch sein. Der Behindertenbeauftragte erhält einen Anstellungsvertrag beim Landtag, der ihm auch die zur Erfüllung seiner Aufgaben notwendige Personal- und Sachausstattung zur Verfügung stellt, Abs. 2.

---

[26] § 11f. BbgBGG *(Brandenburg)*, Art. 17 BayBGG (Amt des Behindertenbeauftragten der *Bayerischen* Staatsregierung), § 5 LGBG *(Berlin)*.

10. Weitere Interessenvertretungen

In *Sachsen-Anhalt* enthält das BGStG LSA im zweiten Abschnitt Bestimmungen, in denen drei Institutionen als Interessenvertretung für die Gleichstellung behinderter Menschen eingerichtet werden:

- Die oder der Beauftragte der Landesregierung für die Belange behinderter Menschen (§§ 7 – 12)
- Der Runde Tisch für behinderte Menschen (§ 13)
- Der Behindertenbeirat des Landes.[27]

In *Bayern* wird ausdrücklich die Arbeit der Selbsthilfe-Organisationen für die Sicherung der Teilhabe anerkannt, Art. 8 BayBGG.

Die *nordrhein-westfälische* Landesregierung kann die Aufgabe, die Belange der behinderten Menschen zu wahren, dem Landesbehindertenrat e.V. übertragen, § 12f. BGG NRW *(Nordrhein-Westfalen)*. Bei Beendigung der Aufgabenübertragung kann auch ein Beauftragter (bzw. eine Beauftragte) bestellt werden. Landesbehindertenrat oder Landesbeauftragte/r berichten ab 2006 alle zwei Jahre über die Situation behinderter Menschen im Land soweit über seine/ihre Tätigkeit, § 14 BGG NRW.

In *Sachsen* wird beim Staatsministerium für Soziales ein Sächsischer Beirat für Fragen der gleichberechtigten Teilhabe behinderter Menschen (Landesbehindertenbeirat – LBB) gebildet, § 16 Abs. 1 SächsBGG. Ihm gehören 16 stimmberechtigte Mitglieder an (Abs. 2):

- ein Mitglied das Staatsministerium für Soziales,
- ein Mitglied die Bundesanstalt für Arbeit, so sie das für erforderlich hält,
- zwei Mitglieder die LIGA der Spitzenverbände der freien Wohlfahrtspflege im Freistaat Sachsen,
- drei Mitglieder die gemäß § 11 anerkannten Vereine und Verbände,
- drei Mitglieder die in Sachsen tätigen Selbsthilfevereine und -organisationen,
- ein Mitglied die kommunalen Spitzenverbände,
- ein Mitglied die Architektenkammer,
- ein Mitglied die auf Landesebene tätigen Verbände und Vereinigungen der
- Arbeitnehmerinnen und Arbeitnehmer,
- ein Mitglied die Verbände und Vereinigungen der Arbeitgeberinnen und Arbeitgeber,
- zwei Mitglieder die Arbeitsgemeinschaften von Schwerbehindertenvertretungen der Privatwirtschaft und des öffentlichen Rechts.

Außerdem bestellen in *Sachsen* die Landkreise und Kreisfreien Städte eine/n kommunalen Behindertenbeauftragten, § 17 SächsBGG.

---

[27] § 13 BbgBGG *(Brandenburg)*.

In *Berlin* gibt es neben dem/der Landesbeauftragten (§ 5 LGBG) noch einen Landesbeirat für Behinderte (§ 6) und auf Bezirksebene Bezirksbehindertenbeauftragte (§ 7).

11. Die Berichtspflicht der Landesregierung

Die *rheinland-pfälzische* Landesregierung hat dem Landtag alle zwei Jahre über die Lage der behinderten Menschen und über die Umsetzung des Landesgesetzes zur Herstellung gleichwertiger Lebensbedingungen für Menschen mit Behinderungen zu berichten.[28] Dabei soll die Situation behinderter Frauen besondere Berücksichtigung finden (§ 13 Abs. 1). Außerdem ist auf die Situation behinderter Menschen am Arbeitsmarkt einzugehen, wobei nach einzelnen Gruppen zu gliedern ist (§ 13 Abs. 2). Zuletzt ist eine geschlechtsspezifisch und nach Ressortbereichen gegliederte Statistik der Entwicklung der Beschäftigung schwerbehinderter Menschen in den genannten Behörden anzufertigen (§ 13 Abs. 3).

In *Berlin* unterrichtet gem. § 11 LGBG der Senat das Abgeordnetenhaus alle zwei Jahre über die Lage der Behinderten und die Entwicklung der Rehabilitation, Abs. 1. Er hat das Abgeordnetenhaus jährlich über Verstöße gegen die Regelungen zur Gleichstellung zu unterrichten und hat dazu Stellung zu nehmen, Abs. 2. Die für Inneres zuständige Senatsverwaltung unterrichtet einmal jährlich über die Erfüllung der Beschäftigungspflicht, Abs. 3. Die Aussagen der Berichte sind geschlechtsspezifisch zu treffen, Abs. 4.

12. Offene Wünsche von Verbänden

Keine Berücksichtigung im Gesetz haben folgende Forderungen des Netzwerkes kommunale Behindertenpolitik Rheinland-Pfalz und die Interessenvertretung selbstbestimmt leben in Rheinland-Pfalz e.V. gefunden:

- die Bindung der Vergabe öffentlicher Förderungen an die barrierefreie Gestaltung
- konkrete Fristen zur Umgestaltung von bereits bestehenden Bauten und Verkehrsmitteln
- ein Recht auf schulische Integration
- die Verankerung der barrierefreien Gestaltung der Arbeitsstätten in der LBauO
- die Festschreibung der Einsetzung von *kommunalen Behindertenbeauftragten*[29] und -Beiräten[30]

---

[28] § 11 BGG NRW *(Nordrhein-Westfalen)*.

[29] Es existiert bisher nur das Amt eines ehrenamtlichen kommunalen Behindertenbeauftragten in einzelnen Landkreisen.

[30] Diese könnten erheblich dazu beitragen, dass Fehlplanungen verhindert würden, so das Netzwerk kommunale Behindertenpolitik Rheinland-Pfalz und die Interessenvertretung

• Der Vorschlag des Netzwerks kommunale Behindertenpolitik in Rheinland-Pfalz, das Prinzip der „Umgehenden Erreichbarkeit (readily achievable)" einzuführen, wurde nicht umgesetzt.

Dieses im US-amerikanischen Gleichstellungsgesetz für Behinderte praktizierte und ressourcenorientierte Prinzips der „umgehenden Erreichbarkeit" sollte bei der Herstellung der Barrierefreiheit bei bereits bestehenden Bauten und Verkehrsmitteln im Gesetz Beachtung finden. Das Prinzip des „Americans with Disabilities Act (ADA)" der USA besagt unter dem Begriff „readily achievable" = „umgehend erreichbar", dass, „wo Barrierefreiheit leicht erreicht werden kann, dies auch umgehend realisiert werden muss".

Im ADA wird das Vorgehen für den Bestand an öffentlichen Gebäuden (z.B. Gaststätten, Läden etc.) geregelt, wobei die Größe des Geschäfts, die Anzahl der Beschäftigten und der Umsatz als Ausgangspunkt genommen werden, um den zumutbaren Aufwand zur behindertengerechten Gestaltung zu ermitteln. Jedes Unternehmen ist verpflichtet, seine Angebote anzupassen, jedoch in Abhängigkeit der jeweiligen Ressourcen. Wenn ein Betreiber nachweist, durch die Maßnahmen in wirtschaftliche Schwierigkeiten zu kommen, so müssen nicht direkt alle Umbauten durchgeführt werden, sondern diese werden nach Maßgabe einer Prioritätenliste zeitlich gestaffelt. Dieses Vorgehen würde es – so das Netzwerk – ermöglichen, den Bestand an öffentlichen Gebäuden nach § 51 Abs. 2 LBauO ab sofort zur Barrierefreiheit zu verpflichten, ohne dass dadurch wirtschaftlicher Schaden angerichtet wird.

Mit dem Prinzip der „Umgehenden Erreichbarkeit" soll es ähnlich wie bei einer Härtefallregelung möglich sein, kurzfristig mit Maßnahmen zur Herstellung von Barrierefreiheit zu beginnen, ohne dass unzumutbare Belastungen entstehen. Folge dieser Regelung sei, dass kurze Fristen vorgegeben werden könnten, auch für öffentliche Bauten gem. § 51 Abs. 2 LBauO. Öffentliche Verkehrsmittel könnten innerhalb von 10 Jahren komplett barrierefrei sein.

13. Die Herstellung gleichwertiger Lebensbedingungen

Neben seinem Hauptteil, dem Landesgesetz zur Gleichstellung behinderter Menschen, enthält das Landesgesetz zur Herstellung gleichwertiger Lebensbedingungen in *Rheinland-Pfalz* noch weitere Einzelregelungen:

Unter Art. 2 und 4 finden sich Änderungen des Landeswahlgesetzes und des Kommunalwahlgesetzes: Ein Stimmberechtigter, der wegen einer körperlichen Behinderung nicht in der Lage ist, einzelne Akte des Wahlvorgangs auszuführen, kann sich demnach der Hilfe einer anderen Person bedienen.

Blinde und sehbehinderte Wähler können eine Stimmzettelschablone benutzen. Um diese anzufertigen, werden Muster der Stimmzettel den Verbänden behinder-

---

selbstbestimmt leben in Rheinland-Pfalz e.V. Hingegen wurde in *Sachsen* ein solcher Kommunaler Beauftragter für die Belange von Menschen mit Behinderungen geschaffen, § 17 SächsBGG.

ter Menschen, die sich zur Herstellung solcher Schablonen bereit erklärt haben, zur Verfügung gestellt. Das Land übernimmt die dabei anfallenden Kosten.

Weiter sollen die Wahlräume so ausgewählt und eingerichtet werden, dass die Teilnahme an der Wahl insbesondere behinderten Menschen erleichtert wird. Weitere Änderungen des LWahlG, der LWahlO, des Kommunalwahlgesetzes und der Kommunalwahlordnung betreffen die Terminologie; so wird beispielsweise das Wort „Gebrechen" durch „körperliche Beeinträchtigung" ersetzt.

Die zentrale Verwaltungsschule des Landes wird dazu verpflichtet, dafür Sorge zu tragen, dass behinderte Lehrgangsteilnehmer einen möglichst barrierefreien Zugang zu den Angeboten ermöglicht wird. Die zum Ausgleich der Behinderung erforderlichen *Prüfungs- und Arbeitserleichterungen* sind zu gewähren (Art. 12).

Prüfungs- und Arbeitserleichterungen werden ebenso gewährt:

- Bewerbern für die Laufbahn des höheren allgemeinen Verwaltungsdienstes mit einem abgeschlossenen Studium der Wirtschafts-, Verwaltungs- oder Sozialwissenschaften (Art. 16)
- Anwärtern für den gehobenen Archivdienst (Art. 17)
- Anwärtern für den gehobenen vermessungstechnischen und kartographischen Dienst (Art. 18)
- Schülern und Abiturienten (Art. 43f.)
- Lehrern der Textverarbeitung und der Büropraxis (Art. 48)
- Hörern der Verwaltungshochschule (Art. 50) und der Verwaltungsfachhochschule (Art. 49)
- Kandidaten für die Laufbahn des gehobenen Vollzugs- und Verwaltungsdienstes (Art. 61).

Auch die Wahlordnung zum Landespersonalvertretungsgesetz wurde dahingehend geändert, dass sich behinderte Wahlberechtigte zur Stimmabgabe einer Vertrauensperson bedienen können (Art. 22).

a)   Terminologische Änderungen

In verschiedenen Gesetzen werden als diskriminierend empfundene Begriffe durch neutralere Formulierungen ersetzt. So wird „Behinderter" durch „behinderter Mensch" ersetzt, „Schwerbehinderter" durch „schwerbehinderter Mensch", „Blinder" durch „blinder Mensch", „Gehörloser oder Hörgeschädigter" durch „gehörloser oder schwerhöriger Mensch", „Gebrechlichkeit" durch „körperliche Beeinträchtigung", „wegen körperlicher Gebrechen" durch „aus gesundheitlichen Gründen", „Rollstuhlbenutzende" durch „Rollstuhlfahrerinnen und Rollstuhlfahrer", „Behindertengruppen" durch „Gruppen behinderter Schüler", „Körperbehinderter" durch „behinderter Bewerber bzw. Mensch".

b)   Änderung der Landesbauordnung

Die Landesbauordnung wurde geändert: Nun wird ausdrücklich auf die Anwendung der Vorschriften zugunsten behinderter Menschen hinsichtlich des barrierefreien Bauens hingewiesen (§ 4 S. 2 LBauO).

c)   Änderung des Schulrechts

Das Schulgesetz beinhaltet nun eine allgemeine Reglung des Zugangs behinderter Schülerinnen und Schülern. Demnach sollen behinderte Schüler das schulische Angebot grundsätzlich selbständig und barrierefrei wahrnehmen können, „wenn hierfür die sächlichen, räumlichen, personellen und organisatorischen Bedingungen geschaffen werden können" (§ 1 b Abs. 5 SchulG). Die Herstellung der Barrierefreiheit ist hier also letztlich unter den Vorbehalt der Finanzierbarkeit gestellt worden. Behinderte Studierende sollen die Angebote der Verwaltungsfachhochschule und der Verwaltungshochschule so weit wie möglich selbständig und barrierefrei nutzen können. Die Verwaltungsfachhochschulen und Verwaltungshochschulen werden in den entsprechenden Gesetzen nunmehr verpflichtet, hierfür Sorge zu tragen.

- Vergabeverordnung ZVS vom 26.06.2000 (GVBl. S. 262) (Abs. 1 S. 2 Nr. 1)
- Weiterbildungsgesetz 17.11.1995 (Art. 52)
- Bildungsfreistellungsgesetz 30.03.1993 (GVBl. S. 157).

d)   Denkmalschutzrecht

§ 15 des Denkmalschutz- und -pflegegesetzes (DSchPflG) des Landes Rheinland-Pfalz will einen freien Zugang aller zu den Kulturdenkmälern garantieren. Dazu soll die untere Denkmalschutzbehörde mit den Eigentümern, sonstigen Verfügungsberechtigten und Besitzern Vereinbarungen über den freien Zugang zu den unbeweglichen geschützten Kulturdenkmälern treffen, soweit diese dafür geeignet sind. Nunmehr ist durch das Landesgesetz zur Herstellung gleichwertiger Lebensbedingungen für Menschen mit Behinderungen in Art. 54 das Denkmalschutzpflegegesetz dahingehend ergänzt worden, dass der Zugang zu öffentlich zugänglichen Kulturdenkmälern im Rahmen des wirtschaftlich Zumutbaren barrierefrei ermöglicht werden soll, soweit dies mit Eigenart und Bedeutung des jeweiligen Kulturdenkmals vereinbar ist. Hinsichtlich des Begriffs der Barrierefreiheit wird auf die allgemeine Definition in § 2 Abs. 3 des LGGBehM verwiesen. Die Schaffung barrierefreier Zugänge bezieht sich damit

- nur auf bereits öffentlich zugängliche Kulturdenkmäler

und steht unter dem Vorbehalt

- des wirtschaftlich Zumutbaren und
- der Vereinbarkeit mit dem Kulturdenkmal selbst.

e)   Landesstraßenrecht

Auch im *Straßenrecht* sind die Belange behinderter Menschen zu berücksichtigten: Beim Neubau oder Ausbau von Straßen sind die besonderen Belange von Kindern, alten Menschen und Menschen mit Behinderungen im Rahmen der technischen Möglichkeiten zu berücksichtigen (§ 11 Abs. 3 LStrG).

Ziel ist es, eine möglichst weitreichende Barrierefreiheit zu erreichen, soweit nicht überwiegende öffentliche Belange, vor allem die Erfordernisse der Verkehrssicherheit, entgegenstehen.

Hinsichtlich der Möglichkeit einer *Sondernutzungserlaubnis* wird nunmehr klargestellt, dass diese nicht erteilt werden soll, wenn Kinder, Personen mit Kleinkindern oder behinderte oder alte Menschen durch die Sondernutzung in der Ausübung des Gemeingebrauchs erheblich beeinträchtigt würden (§ 41 Abs. 2 S. 2 LStrG). Die genannten Personengruppen sollen die öffentlichen Straßen möglichst ungefährdet sowie barrierefrei benutzen können, Art. 72. Gleiches gilt für den Nahverkehr bei der

- Planung und Ausgestaltung der Verkehrsinfrastruktur,
- Beschaffung von Fahrzeugen des öffentlichen Personennahverkehrs,
- Gestaltung der Angebote des öffentlichen Personennahverkehrs (Art. 73).

§ 8 Öffentliches Recht

1. Baurecht

a) Umsetzung der Barrierefreiheit in der Landesbauordnung

§ 4 LBauO Rheinland-Pfalz (Ökologische und soziale Belange) verankert die Berücksichtigung sozialer Belange bei der Anordnung, Errichtung, Instandhaltung, Änderung und Nutzungsänderung baulicher Anlagen im Bauordnungsrecht, insbesondere auch im Hinblick auf barrierefreies Wohnen.

Bei der Durchführung von Baumaßnahmen muss der Zugang für mobilitätsbehinderte Menschen zu Gebäuden und Räumen gewährleistet werden.[1]

§ 4 S. 2 LBauO bestimmt nun ausdrücklich, dass die Vorschriften zum barrierefreien Bauen des LGGBehM und sonstige Vorschriften zugunsten behinderter Menschen zu berücksichtigen sind.

b) Barrierefreiheit bei öffentlichen Gebäuden

Durch § 51 Abs. 1 LBauO wird grundsätzlich bestimmt, dass u.a. behinderte Menschen die dort genannten Anlagen ohne fremde Hilfe zweckentsprechend benutzen können.

§ 51 Abs. 2 LBauO normiert besondere Anforderungen an Anlagen, die von behinderten Menschen nicht nur gelegentlich (sondern häufig) aufgesucht werden. Die dem allgemeinen Besucherverkehr dienenden Teile (Treppen, Aufzüge, Flure, Toiletten[2] u.ä.) sind behindertengerecht herzustellen und instand zu halten.

Bei den dort genannten Anlagen handelt es sich um einen *abschließenden Katalog* von Beispielen, bei denen den besonderen Belangen der Personengruppe Rechnung getragen werden muss.[3] Dies sind:

---

[1] *Jeromin* in: *Jeromin*, LBauO § 4 Rn 11.

[2] VG Frankfurt (Oder) (Az: 7 K 1720/99): In öffentlichen Gebäuden müssen gut zugängliche behindertgerechte Toiletten vorhanden sein. Der Bauherr ist verpflichtet, in einem Restaurant eine Behindertentoilette samt Treppenlift zu schaffen. Diese Verpflichtung war ihm in der Baugenehmigung der Stadt auferlegt worden. Ein Behinderten-WC in einem Nachbargebäude sei keine Alternative, da das Erreichen dieser Toilette mit einem zu grossen Aufwand verbunden sei. Quelle: www.sozialportal.de.

[3] *Jeromin* in: *Jeromin*, LBauO § 51 Rn 7.

1. Versammlungsstätten einschließlich der für den Gottesdienst bestimmten Anlagen
2. Verkaufsstätten
3. öffentliche Büro- und Verwaltungsgebäude sowie Gerichte
4. Schalter und Abfertigungsräume der öffentlichen Verkehrs- und Versorgungseinrichtungen und der Kreditinstitute
5. Gaststätten, Kantinen, Beherbergungsbetriebe
6. Schulen, Hochschulen, Weiterbildungseinrichtungen
7. Krankenhäuser
8. Arztpraxen und ähnliche Einrichtungen der Gesundheitspflege
9. Kinder- und Jugendheime, Kindertagesstätten
10. Museen, öffentliche Bibliotheken, Messe- und Ausstellungsräume
11. Sportstätten, Spielplätze und ähnliche Anlagen
12. öffentliche Toilettenanlagen
13. allgemein zugängliche Stellplätze und Garagen mit mehr als 1.000 m² Nutzfläche sowie Stellplätze und Garagen, die zu den Anlagen und Einrichtungen nach den Nummern 1 bis 11 gehören.

Da der Katalog recht umfangreich ist, muss in jedem Einzelfall geprüft werden, ob die bauliche Anlage

- von der besonders *geschützten Personengruppe* (dazu zählen neben Behinderten auch alte Menschen und Personen mit Kleinkindern)
- *nicht nur gelegentlich genutzt* werden (hierbei kommt es auf die tatsächliche Nutzung an).[4]

Zu betonen ist, dass bei den aufgeführten Gebäuden nicht nur öffentliche Gebäude wie Ämter oder Schulen behindertengerecht sein müssen, sondern *auch privat betriebene, öffentlich zugängliche Gebäude* wie Restaurants, Banken, Arztpraxen etc.[5]

Diese *rheinland-pfälzischen* Bauvorschriften zur Barrierefreiheit wurden als besonders fortschrittlich bezeichnet. Trotzdem passiere es bei Baulichkeiten, die für mobilitätseingeschränkte Menschen von besonderer Bedeutung sind, wie z.B. Arztpraxen und ähnliche Einrichtungen der Gesundheitspflege, dass die gesetzlichen Vorschriften zur Barrierefreiheit i.d.R. nicht angewandt werden.[6] Gründe hierfür liegen einerseits darin, dass häufig diese Praxen im Freistellungsverfahren (§ 67 LBauO) erstellt werden und damit ohne Prüfung durch die Bauaufsicht erfolgen, oder andererseits bei Nutzungsänderungen die Betreiber keine Kenntnis von der Meldepflicht bei der Bauaufsicht haben.

Als Abhilfe werden die Informationen der Kammern, Verbände und kassenärztlichen Vereinigungen gefordert. Weiter wird gefordert, im Gebäudekatalog des § 51 LBauO weitere wichtige öffentliche Bereiche wie Arbeitsstätten, Rechtsan-

---

[4] *Jeromin* in: *Jeromin,* LBauO § 51 Rn 8.

[5] ZsL: Barrierefreies Bauen/Rampen u. WC; http://home.rhein-zeitung.de/~zsl/barriere2.html.

[6] So die Erfahrungen des Behindertenbeauftragten des Landkreises Mainz-Bingen *Knut Jordan* in seinem Tätigkeitsbericht für das Jahr 2001, S. 2.

walt-, Steuerberater- und Notarpraxen aufzuführen. Hier sollte die bestehende Landesbauordnung entsprechende Ergänzungen aufnehmen.

Das Finanzministerium Rheinland-Pfalz hat eine CD-ROM „Planungshilfe" erarbeitet, die dort zu beziehen ist.

c) Versammlungsstätten

Der Begriff der Versammlungsstätten (§ 51 Abs. 2 Nr. 1 LBauO Rheinland-Pfalz) schließt nach dem Gesetzeswortlaut ausdrücklich die für den Gottesdienst bestimmten Anlagen ein. Damit fallen auch Kirchen in den Bereich dieser Vorschrift: Insbesondere das Gedränge am Schluss von Veranstaltungen könne zu einer Gefährdung der Behinderten führen.[7]

Bei Kirchen handelt es sich oftmals um historische Bausubstanz, bei der die Anforderungen des Gesetzes nur mit einem *unverhältnismäßigen Mehraufwand* nachträglich erfüllt werden können.[8] § 51 Abs. 4 LBauO eröffnet daher die Möglichkeit, *Abweichungen zuzulassen,* wenn die Anforderungen wegen technischer Schwierigkeiten nur mit einem unverhältnismäßigen Aufwand erfüllt werden können.

Zwar kann sich die Kirche im Bauordnungsrecht auch auf die Ausnahmevorschrift des § 69 LBauO berufen, innerhalb der die fundamentale Bedeutung der Religionsfreiheit und die übrigen Schutznormen der Verfassung zugunsten von Kirchen und Religionsgemeinschaften staatlicherseits zu beachten sind.[9]

Jedoch muss hierbei berücksichtigt werden, dass jedenfalls die baupolizeilichen Vorschriften des Bauordnungsrechts, insbesondere der Schutz des Lebens und der körperlichen Unversehrtheit von Kirchenbesuchern und Passanten (Art. 2 Abs. 2 S. 1 GG) und die übrigen Normen vielfach eine sozial- und umweltgerechte Durchführung des Bauens (Art. 20 Abs. 1, 20 a GG) bewirken wollen. Zudem wird die Religionsfreiheit nur geringfügig eingeschränkt. Vielfach werden daher bei der dann notwendigen Abwägung die Interessen der Kirche hinter die durch das Bauordnungsrecht geschützten Werte zurücktreten müssen.[10]

Gerade bei der barrierefreien Gestaltung von gottesdienstlichen Räumen wird daher der Umsetzung des bezweckten sozialgerechten Bauens eine Vorrangstellung einzuräumen sein, wenn kein besonders gelagerter Fall die Annahme von Ausnahmen, Befreiungen oder Abweichungen gebietet.

Nach § 51 Abs. 4 LBauO können *Ausnahmen* „wegen technischer Schwierigkeiten, die nur mit einem *unverhältnismäßigen Mehraufwand* erfüllt werden können" erteilt werden. Problematisch wird hier immer sein, was unter einem „unverhältnismäßigen Mehraufwand" zu verstehen ist.

Nach einem Rundschreiben des rheinland-pfälzischen Finanzministeriums ist in diesen Fällen ein Mehraufwand von bis zu 20% der Gesamtbausumme zumutbar.

---

[7] so: *Sauter* § 39 Rz 8 *Große-Suchsdorf/L/Sch/Wi* § 48 Rz 6.

[8] *Jeromin* in: *Jeromin,* LBauO § 51 Rn 10.

[9] *Hammer* in: KuR 2000, 179, 189 (515, S. 11).

[10] *Hammer* in: KuR 2000, 179, 190 (515, S. 12).

Bei einem Gebäude, das für 2 Millionen DM errichtet wird, können also bis zu 400.000 DM zusätzlich für die behindertengerechte Gestaltung (z.B. Aufzüge, Behindertentoiletten etc.) verlangt werden.[11]

d)   Barrierefreiheit von Wohnungen

Die Landesbauordnung enthält auch Vorschriften über die Gestaltung und Beschaffenheit von Wohnungen. § 44 Abs. 2 regelt, dass Gebäude mit mehr als vier Wohnungen so herzustellen und instand zu halten sind, dass von fünf Wohnungen eine und von allen weiteren zehn Wohnungen zusätzlich jeweils eine Wohnung barrierefrei erreichbar ist. In diesen Wohnungen müssen

- Wohnräume
- Schlafräume
- eine Toilette
- ein Bad
- die Küche oder Kochnische

mit dem *Rollstuhl* zugänglich sein.

Die genannte Ausgestaltung und Instandhaltung ist aber wiederum nicht notwendig, wenn wegen schwieriger Geländeverhältnisse, wegen des Einbaus eines sonst nicht erforderlichen Aufzugs oder wegen ungünstiger vorhandener Bebauung die Anforderungen nur mit unverhältnismäßigem Mehraufwand erfüllt werden können.

e)   Weitere Anforderungen

Weitere Anforderungen im Hinblick auf barrierefreies Bauen sind in folgenden Paragraphen normiert:[12]

- Zugang zu Kinderspielplätzen, § 11 LBauO
- Verkehrssicherheit bei baulichen Anlagen, § 17 LBauO
- stufenloser Zugang zu notwendigen Aufzügen
- besondere Anforderungen, § 51 Abs. 2 LBauO (s.o.).

f)   Orientierungshilfen für Zugänge und WC

Das Zentrum für selbstbestimmtes Leben – Mainz e. V. hat Orientierungshilfen veröffentlicht, die auf DIN 18024 beruhen und das barrierefreie Bauen bezüglich des Zugangs zu öffentlichen Gebäuden und WC betreffen:[13]

---

[11] ZsL: Barrierefreies Bauen/Rampen u. WC; http://home.rheinzeitung.de/~zsl/barriere2.html.
[12] *Stich/Gabelmann/Porger:* LBauO § 4 Rn 6.
[13] ZsL: Barrierefreies Bauen/Rampen u. WC; http://home.rheinzeitung.de/~zsl/barriere2.html.

(1) *Zugang*

Der Zugang ist stufenlos zu gestalten. Bei einer Rampe sind folgende Masse zu beachten:

- Steigung maximal 6% (d.h. 1 m Rampenlänge überbrückt einen Höhenunterschied von 6 cm).
- Nach einer Rampenlänge von höchstens 6 m muss ein ebenes Zwischenpodest von 1,50 m Länge gebaut werden.
- Die Rampe muss 1,20 m breit sein.
- Auf beiden Seiten muss ein Handlauf in 85 cm Höhe vorgesehen sein mit einem Durchmesser von 3 – 4,5 cm und der Handlauf soll 30 cm in die Plattform ragen.
- Auf beiden Seiten ist ein Radabweiser mit 10 cm Höhe zu bauen.
- Bewegungsflächen vor und hinter der Rampe 150 * 150 cm
- Rutschsicherer Bodenbelag.

(2) *WC*

- Lichte Türbreite 90 cm (in Ausnahmefällen 80 cm) und die Tür muss nach außen aufgehen.
- Rechts und links neben der Toilette sind 95 cm breite Bewegungsflächen vorzusehen (in Ausnahmefällen eine Seite 95 cm und die andere Seite 30 cm).
- Das Toilettenbecken muss 70 cm tief sein (in Ausnahmefällen 55 cm).
- Vor der Toilette muss eine Bewegungsfläche von 1,5 m * 1,5 m vorgesehen sein. Ist die Toilette unterfahrbar, kann die Bewegungsfläche um bis zu 20 cm reduziert werden.
- Die Sitzhöhe einschließlich Sitz sollte 48 cm betragen. Besser ist jedoch eine elektrisch höhenverstellbare Toilette.
- 55 cm hinter der Vorderkante der Toilette sollte sich der Benutzer anlehnen können.
- Beidseitig klappbare Haltegriffe in 85 cm Höhe, 15 cm über den Beckenrand hinausragend mit 70 cm Abstand zwischen den Griffen.
- Toilettenspülung muss beidseitig mit Hand oder Arm zu betätigen sein, ohne dass der Benutzer die Sitzposition verändern muss.
- Mindestens ein Toilettenpapierhalter muss an den Klappgriffen im vorderen Greifbereich des Sitzenden angeordnet sein.
- Die Spiegelunterkante möglichst bis zur Waschtischhöhe hin anbringen.
- Die Oberkante des unterfahrbaren Waschtisches darf höchstens 80 cm hoch montiert sein. Er muss mit einer Einhebelstandarmatur oder berührungsloser Bedienung ausgestattet sein. Kniefreiheit muss in 30 cm Tiefe und in mind. 67 cm Höhe gegeben sein. Vor dem Waschtisch ist eine 1,5 m * 1,5 m große Bewegungsfläche vorzusehen.
- Nach Möglichkeit ist eine Klappliege (Höhe ca. 50 cm, Breite ca. 90 cm, Länge ca. 200 cm) vorzusehen.

- Ein Einhandseifenspender muss über dem Waschtisch im Greifbereich auch mit eingeschränkter Handfunktion benutzbar sein. Die Entnahmehöhe darf nicht unter 85 cm und nicht über 100 cm angeordnet sein.
- Der Handtrockner muss anfahrbar sein. Die Handtuchentnahme oder der Luftaustritt sind in 85 cm Höhe anzuordnen. Bewegungsfläche 1,5 * 1,5 m.
- Ein abgedichteter und geruchsverschlossener Abfallauffang mit selbstschließender Einwurfsöffnung in 85 cm Höhe muss anfahrbar und mit einer Hand bedienbar sein.
- Eine Notrufklingel ist vorzusehen.
- Zur Orientierung für Blinde und Sehbehinderte ist es wichtig, tastbare (erhabene) Buchstaben (D und H) an den WC-Türen anzubringen.

Im *Bundesrecht* wurde bereits bei der Reform des *Wohnungsbaurechts* dem Anliegen der Barrierefreiheit im Bereich der sozialen Wohnraumförderung durch die Aufnahme eines besonderen Fördergrundsatzes und die Möglichkeit der Gewährung von *Zusatzförderung für besondere behindertengerechte Ausstattung* Rechnung getragen.[14]

2. Nachbarrecht

Nachbarrechtliche Vorschriften existieren sowohl im Privatrecht als auch im öffentlichen Recht. Im Privatrecht wird das Eigentum an einem Grundstück durch das sogenannte nachbarrechtliche Gemeinschaftsverhältnis beschränkt. Im BGB gibt es Vorschriften, wie beispielsweise das Verbot der Zuführung unwägbarer Stoffe, § 906 BGB die Regelungen über die Grenzverhältnisse, §§ 1004 BGB, § 14 WEG (Pflichten des Wohnungseigentümers). Im öffentlichen Recht findet man Vorschriften, die das Interesse des Nachbarn betreffen, vor allem die Bauordnungen der Länder. Der aus Art. 3 Abs. 3 S. 2 GG resultierende Schutz Behinderter wirkt auch in das gesamte Nachbarrecht hinein. Als weitere hier zu beachtende Verfassungsgrundsätze sind das Sozialstaatsgebot des Art. 20 Abs. 1 GG und die Unantastbarkeit der Menschenwürde (Art. 1 Abs. 1 GG) zu nennen.

a)   Lärm durch geistig Behinderte

Eines der am heftigsten kritisierten Urteile der letzten Jahre zum Behindertenrecht erging 1998 am OLG Köln: Der Kläger war Nachbar des Hauses einer Wohngruppe von sieben geistig behinderten Menschen. Der Kläger trug vor, ihm werde die Benutzung seiner im Abstand von etwa drei Metern zum Grundstück der Wohngruppe gelegenen Terrasse bei schönem Wetter praktisch unmöglich gemacht, da die Behinderten im Garten ihres Hauses unerträglichen Lärm verursachten. Die Beeinträchtigungen bestünden im Schreien, Stöhnen, Kreischen und ande-

---

[14] BMin für Arbeit und Sozialordnung: BGG S. 24.

ren unartikulierten Lauten. Zudem sei es mehrfach zu geschlechtsbezogenen Handlungen gekommen. Der Kläger verlangte daher Unterlassung, hilfsweise eine Geldentschädigung.

Das OLG Köln[15] hat entschieden, dass die verantwortlichen Betreuer behinderter Heimbewohnern dafür zu sorgen haben, dass die Nachbarn innerhalb näher festgelegter Ruhezeiten (an Sonn- und Feiertagen ab 12:00 Uhr, mittwochs und samstags ab 12:30 Uhr und an den übrigen Werktagen ab 18:30 Uhr) nicht durch Lärmimmissionen in Form unartikulierter Laute gestört werden. Eine generelle oder zeitliche Nutzungsbeschränkung des betroffenen Hausgartens wurde damit jedoch nicht ausgesprochen.[16]

Wegen der Lärmentwicklung wurde ein Unterlassungsanspruch gemäß § 1004 *Abs. 1* S. 2 in Verbindung mit § 906 BGB bejaht. Nach dem Ergebnis der Beweisaufnahme wurde dem Vortrag des Beklagten, die Geräuschimmissionen seien nicht wesentlich widersprochen.

Das Gericht wies auf die neuere Rechtsprechung zu § 906 *Abs. 1* BGB hin, wonach das privatrechtliche Kriterium der Wesentlichkeit gleichzusetzen sei mit dem öffentlichrechtlichen Kriterium der Erheblichkeit im Sinne des § 3 *Abs. 1* BImSchG, um zu einer Vereinheitlichung zivilrechtlicher und öffentlichrechtlicher Beurteilungsmassstäbe zu kommen.[17]

Daher sei die zu § 3 *Abs. 1* BImSchG ergangene Rechtsprechung des Bundesverwaltungsgerichts zu berücksichtigen: Danach sei im Sinne einer „Sozialadäquanz" und „Akzeptanz" auch die allgemeine Einschätzung der Bevölkerung in die Abwägung einzubeziehen.[18] Darin könnten auch die spezifischen Belange der Behinderten berücksichtigt werden. Art. 3 Abs. 3 S. 2 GG lege nicht nur dem Staat und seinen Organen ein Diskriminierungsverbot auf, sondern dürfe kraft seiner „*Ausstrahlungswirkung*" in das Privatrecht auch bei der Auslegung und Anwendung privatrechtlicher Normen nicht unbeachtet bleiben. Im Lichte des Art. 3 Abs. 3 S. 2 müsse von dem „verständigen" Durchschnittsmenschen, auf dessen Empfinden es maßgeblich ankomme, im nachbarschaftlichen Zusammenleben mit behinderten Menschen eine erhöhte Toleranzbereitschaft eingefordert werden.

Ein Vorrang der Interessen der Behinderten im nachbarschaftlichen Zusammenleben schlechthin erwachse daraus aber nicht. Eine schrankenlose Duldungspflicht widerspräche auch dem nachbarlichen Gebot der Rücksichtnahme. Es müsse daher festgestellt werden, wann die Grenze der Duldungspflicht überschritten sei, wobei die Grenze der Duldungspflicht überschritten und damit die Wesentlichkeit im Sinne des § 906 *Abs. 1* BGB zu bejahen sei, wenn dem Nachbarn die Belästigung „billigerweise nicht mehr zuzumuten" sei.

Als Ergebnis der Beweisaufnahme führte der Senat aus, die vorgespielten Tonbänder hätten durchgehend stimmliche Laute nichtverbaler Art, in denen für das geübte Ohr weder Gedanken noch Gefühle zum Ausdruck gelangten, ergeben. Während der Kläger die Äußerungen als „unartikuliertes Schreien, Rufen, Gur-

---

[15] OLG Köln, Urt. v. 08.01.1998 in: NJW 1998, 763ff.
[16] *Horst* in: Rechtshandbuch Nachbarrecht Rn 925.
[17] OLG Köln, Urt. v. 08.01.1998, NJW 1998, 763, 764.
[18] BVerwGE 88, 143, 149.

geln, Stöhnen, Lachen" und „Lallen" beschrieb, interpretierte der Beklagte sie als „Artikulationsversuche". Zwar folgte der Senat letzterer Interpretation, bezeichnete die Laute aber als „Sprechversuche", „die von einem unvoreingenommenen Zuhörer als unharmonisch, fehlmoduliert und damit als unangenehm empfunden werden."[19]

Der Senat stellte in den Vordergrund der Beurteilung nunmehr die *Art der Geräusche,* denen der Kläger ausgesetzt war. Dies sei deshalb entscheidend, da von der Rechtsprechung seit jeher anerkannt sei, dass das letztlich entscheidende Kriterium für die Wesentlichkeit einer Geräuschimmission deren Lästigkeit sei, wobei es sich um einen Faktor handele, der nicht klar zu definieren und noch weniger zahlenmäßig zu erfassen sei. „Bei den Lauten, die die geistig schwerbehinderten Heimbewohner von sich geben, ist der „Lästigkeitsfaktor" besonders hoch."[20]

Nicht nur der vorurteilsbehaftete Zeitgenosse, sondern auch der „verständige" Bürger, dessen Haltung von Mitmenschlichkeit und Toleranz geprägt sei, empfinde solche Geräusche als unangenehm und störend. Die Empfindung beruhe auf einem weitgehend reflexartigen Verhalten, das auch für einen um Toleranz bemühten Menschen nur begrenzt beherrschbar sei. Der Anspruch auf Unterlassung der Lärmeinwirkungen sei aber nicht im vollen Umfang gegeben; der Beklagte habe sie nur zeitlich so zu beschränken, dass die in der Vergangenheit überschrittene Grenze zur Wesentlichkeit im Sinne des § 906 *Abs. 1* BGB in Zukunft eingehalten werde. Da das Gelände des Beklagten optisch abgeschirmt sei, stehe dem Kläger kein Unterlassungsanspruch hinsichtlich der behaupteten geschlechtsbezogenen Handlungen der Heimbewohner zu.

Teilweise wird argumentiert, es sei völlig unbeachtlich, ob der Emittent zu der Gruppe der Behinderten gehöre. Art. 3 Abs. 3 S. 2 GG könne hier nicht herangezogen werden, da diese Verfassungsbestimmung lediglich eine Benachteiligung der Behinderten verbiete. Ein Gebot der Begünstigung enthalte sie nicht. Eine solche läge aber vor, wenn Behinderten ein Eingriff in eine fremde Rechtssphäre gestattet würde, der Nichtbehinderten verboten sei. Wenn es auf Grund einer staatlichen Fürsorgepflicht, also im öffentlichen Interesse, geboten sei, geistig Behinderten, die ihre Umwelt in erheblichem Masse belästigen, in der Nähe von Nichtbehinderten unterzubringen, müsse im Wege des Enteignungsverfahrens vorgegangen werden. Die von den Immissionen betroffenen Grundstücke müssten dann mit Dienstbarkeiten belastet werden, durch die deren Eigentümer zur Duldung der an sich gesetzwidrigen Immissionen verpflichtet werden. Wenn von den Nachbarn eines Behindertenheimes verlangt werde, dass sie im öffentlichen Interesse Immissionen hinnehmen, die ihrer Art nach unzulässig seien, und wenn dadurch der Wohnwert ihres Hauses gemindert werde, dann werde ihnen damit ein Sonderopfer auferlegt, das sie nur gegen Entschädigung erbringen müssten.[21]

Der Entscheidung sei im Ergebnis zuzustimmen. Nach der herkömmlichen Lehre komme es bei der Frage der Wesentlichkeit jedoch allein darauf an, wie sich die Immissionen auf die Bewohner der umliegenden Hausgrundstücke auswirken;

---

[19] OLG Köln, Urt. v. 08.01.1998, NJW 1998, 763, 765.
[20] OLG Köln, Urt. v. 08.01.1998, NJW 1998, 763, 765.
[21] *Dehner* in: Nachbarrecht B § 16 Fn 63 d a.

auf die persönlichen Verhältnisse der Lärmverursacher komme es nicht an. Zudem beruhten die Lärmeinwirkungen hier nicht auf einer ortsüblichen Nutzung des e-mittierenden Grundstücks.[22]

Das Urteil des OLG Köln wurde in Öffentlichkeit und Fachkreisen heftig kritisiert. Auch die Zustimmung, die das Urteil im Ergebnis erlangte, bezog sich nur teilweise auf die Begründung des Gerichts. So wurde der Kammer zugegeben, dass über den Art. 3 Abs. 3 S. 2 GG nicht die gesamten Grundsätze des privatrechtlichen Nachbarrechts, das auf dem Eigentumsrecht und damit ebenfalls auf einer Grundrechtsnorm beruhe, ausgehebelt werden könnten und daher ein Interessenausgleich zu erfolgen habe.[23]

„Mehr als die Toleranzpflicht höher zu schrauben, kann man im Grunde nicht verlangen." Jedoch könne dem Gericht in der entscheidenden Frage des „Lästigkeitsfaktors" der Geräuscheinwirkung nicht gefolgt werden. Die Ermittlung der Wesentlichkeit der Einwirkung knüpfe dadurch nämlich an die Behinderteneigenschaft an. Wenn nicht an die Lautstärke der Äußerungen angeknüpft werde, sondern diese als „nicht normale Kommunikationsversuche" von Behinderten bezeichnet würden, mithin auf ihre Eigenart abgestellt würde, folge damit das Gericht der Rechtsprechung zum Reiserecht.[24]

Das OLG hätte mehr Anstrengung fordern müssen, sich an diese ungewohnten Formen der Laute zu gewöhnen.[25] Das Gericht habe vor der herrschenden Abwehrhaltung gegenüber den ungewohnten Lebensäußerungen zu unkritisch kapituliert und die veränderbare Empfindung absolut gesetzt; Art. 3 Abs. 3 S. 2 GG würde eine Obliegenheit auslösen, die ungewohnten Lebensäußerungen zu „verstehen". Die Frage sei damit, ob das OLG die Reichweite des Diskriminierungsverbotes richtig erfasst habe. In die Abwägungen seien auch nicht die Auswirkungen der zugesprochenen Einschränkungen auf die Lebensqualität der Behinderten eingestellt worden.

Harsche Kritik an dem Urteil wurde vor allem auch von nichtjuristischer Seite geäußert. Insbesondere die Qualifizierung der Lautäußerungen der Behinderten ist heftig kritisiert worden: Gleichrangige Lebensäußerungen seien verschieden gewertet wurden. Die Sprache der Nichtbehinderten, ihre Artikulation und Kommunikation und das, was „normal" ist diene dem Vergleich als .[26]

Wenn die „Normalität" Nicht-Behinderter Vergleichsmaßstab sei, führe dies zur Diskriminierung Behinderter. Die Zuordnung des OLG Köln sei in höchstem Maßstab diskriminierend und verunglimpfend. So werde den Behinderten attes-

---

[22] *Dehner* in: Nachbarrecht B § 16 Fn 59 b am Ende.

[23] *Enders* in: Gemeinsam leben – Zeitschrift für integrative Erziehung Nr. 2/98, http://bidok.uibk.ac.at/texte/gl2-98-koeln.html.

[24] zum Reiserecht: Kommentar von *Wassermann* in: NJW 1998, 730ff., LG Frankfurt am Main in: NJW 1980, 1169ff., AG Frankfurt am Main in: NJW 1980, 1965ff. mit Anmerkung von *Brox* in: NJW 1980, 1939ff. AG Flensburg NJW 1993, 272.

[25] ebenso: *Lachwitz* in: NJW 1998, 882.

[26] *Steiner* in: Gemeinsam leben – Zeitschrift für integrative Erziehung Nr. 2/98, http://bidok.uibk.ac.at/texte/gl2-98-schreien.html.

tiert, dass von ihnen „Schreien, Stöhnen, Kreischen und sonstige unartikulierte Laute" ausgehen, die nicht zum Spektrum menschlichen Lebens gehören.[27]

Andererseits wurde auch Kritik an den Kritikern geübt:[28] Das OLG Köln habe sich um Sensibilität für die Lage geistig Behinderter bemüht und sorgfältig zwischen den Interessen der Behinderten und dem Recht des Nachbarn, vor übermäßigen Geräuschimmissionen geschützt zu werden, abgewogen. Hierzu sei sowohl Art. § Abs. 3 S. 2 GG als auch die Rechtsprechung des Bundesverwaltungsgericht zu § 3 Abs. 1 BImSchG beachtet worden. Das Gebot der nachbarlichen Rücksichtnahme sei auch dann, wenn es um Behinderte gehe, keine Einbahnstraße, wie die Kritiker meinten; diese riefen in bedenklicher Weise zum Widerstand gegen das Urteil auf und schadeten damit der Grundlage des verfassungsmäßigen Zusammenlebens.

In einem weiteren Fall belästigte ein psychotisch gestörter Nachbar die Nachbarschaft dadurch, dass er Gegenstände herumwarf, Selbstgespräche führte, Klopfgeräusche verursachte und das Radio laut laufen ließ. Die Klage auf Unterlassung wurde abgewiesen: Zwar können grundsätzlich bei Beeinträchtigungen – etwa durch unzumutbare Lärmstörungen oder auch durch Verunreinigungen gegenüber dem Störer Unterlassungsansprüche aus den §§ 823 Abs. 1, 1004 BGB analog in Betracht kommen, bei der Beurteilung der Zumutbarkeit behindertentypischer Lautäußerungen oder sonstiger Verhaltensweisen als sehr belastend im Sinne des Gesetzes ist jedoch das Diskriminierungsverbot zu berücksichtigen. Ein Anspruch auf Unterlassung weiterer Wohnnutzung des Hauses des Störers käme nur als äußerstes und letztes Mittel in Betracht. Da die Geisteskrankheit des Beklagten behandelbar sei, könnten die Beeinträchtigungen durch mehrere Maßnahmen abgewehrt werden. Nach § 242 BGB (Treu und Glauben) ist aber das jeweils mildeste Mittel zu wählen.[29]

b)   Nachbarrechtliche Aspekte des Mietrechts

Auch in der Literatur zur Kündigung eines Mietvertrages wird diesem Gedanken gefolgt: Der Mietvertrag mit einem *Epileptiker* könne nur gekündigt werden, wenn fortlaufend ganz massive Ruhestörungen erfolgen und mildere Maßnahmen, wie die Betreuerbestellung, nicht fruchteten.[30]

Die fristlose Kündigung eines Mietverhältnisses wegen Störungen durch einen *altersbedingt verwirrten Mitbewohner* ist unwirksam, wenn die Störungen bei verfassungskonformer Auslegung als hinnehmbar angesehen werden müssen.[31]

---

[27] *Steiner* in: Gemeinsam leben – Zeitschrift für integrative Erziehung Nr. 2/98, http://bidok.uibk.ac.at/texte/gl2-98-schreien.html.

[28] so: *Wassermann:* „Nicht das Urteil ist der Skandal, sondern der Aufruf zum Widerstand – zum Kölner Behindertenurteil" in: NJW 1998, 730f.

[29] OLG Karlsruhe, Urt. v. 09.06.2000 in: DWW 2000, 199ff.

[30] *Neuner* in: NJW 2000, 1822, 1832.

[31] OLG Karlsruhe, Urt. v. 14.12.1999 in: MDR 2000, 578.

c)   Wohnungseigentumsrecht

Der Gebrauch der Eigentumswohnung nach den Regelungen des Wohnungseigentumsgesetzes (WEG) wird dem behinderten Menschen bisweilen in einer ihn besonders hart treffenden Weise beschränkt. So ist in manchen Hausordnungen von Wohnungseigentumsanlagen ein *grundsätzliches Verbot der Haustierhaltung* niedergelegt. Richtigerweise ist dies nicht Sache der Hausordnung, sondern es stellt eine Beschränkung des Sondereigentums dar, weshalb Einstimmigkeit erforderlich ist.[32]

Das Bayerische Oberste Landesgericht (BayObLG) hat in einem Beschluss[33] entschieden, dass das *Verbot der Haustierhaltung gegen einen Menschen* mit Behinderung nicht nur dann *nicht durchgesetzt* werden darf, wenn – wie etwa bei einem Blindenhund – die Haustierhaltung der *Kompensation der Behinderung* dient, sondern auch dann, wenn die *Tierhaltung zur Stabilisierung oder Besserung der* durch die Behinderung bedingten *seelischen Situation* des Betroffenen angezeigt ist.

Dies gelte jedoch nur insoweit, als sich die mit der Tierhaltung verbundene Störung im Rahmen einer „abstrakten" Belästigung halte. Als unzulässig ist danach beispielsweise die Haltung mehrerer großer Hunde in einer Wohnung anzusehen.[34]

In dem Beschluss wird davon ausgegangen, dass Art 3 Abs. 3 S. 2 GG nicht nur für Schwerbehinderte, sondern für alle Menschen mit Behinderungen verfassungsrechtlichen Schutz entfaltet: Dieser Schutz ergebe sich aber nicht unmittelbar durch eine Verpflichtung der Antragstellerin, einer Eigentümerin in der Wohnanlage, sondern durch die sog. „mittelbare Drittwirkung", die sich in einer „Ausstrahlungswirkung" der Grundrechte in das Zivilrecht über die Generalklauseln (§ 242 BGB, Treu und Glauben, § 138 BGB, Sittenwidrigkeit) zeigt.

Da es das Diskriminierungsverbot des Art 3 Abs. 3 S. 2 GG erfordere, „das Maß zivilrechtlich gebotener Toleranz grundsätzlich neu und anders zu bestimmen",[35] Verstoße das Hundehaltungsverbot gegenüber der Antragsgegnerin gegen den Grundsatz von Treu und Glauben (§ 242 BGB). Zwar bleibe das Haustierverbot generell bestehen; die Durchsetzung sei im konkreten Einzelfall jedoch unzulässig, da § 242 BGB entgegenstehe.

Zwar stelle der seelische Zustand, der Anlass für die Hundehaltung sei, nur eine Krankheit dar, sei also selbst keine Behinderung. Jedoch bestehe ein *Zusammenhang zwischen* der auf körperlichem Gebiet liegenden *Behinderung* (Phokomelie an Armen und Händen, die wahrscheinlich auf eine Conterganschädigung zurückzuführen ist) *und der seelischen Situation* der Antragsgegnerin (depressive Grundstimmung mit Tendenz zur Angstneurose).

---

[32] *Bärmann/Pick* WEG § 15 Rn 6.

[33] BayObLG, Beschl. v. 25.10.2001 Az.: 2 Z BR 81/01, besprochen bei: *Spranger* in: Sozialrecht + Praxis 2002, 396ff. (wiedergegeben auch bei www.sozialportal.de).

[34] so: *Spranger* in: Sozialrecht + Praxis 2002, 396, 398.

[35] S. 9 des Beschlusses mwN, zitiert nach: *Spranger* in: Sozialrecht + Praxis 2002, 396, 397.

Da somit eine *Gesamtbetrachtung* anzustellen sei, sei es über die grundgesetzliche Wertentscheidung geboten, gegenüber der Antragsgegnerin in größerem
Masse Rücksichtnahme und Toleranz zu verlangen.

d) Ästhetische Belästigungen

Der bloße Anblick, also die bloße Anwesenheit von behinderten Menschen in der
Nachbarschaft, darf nicht zur Annahme ästhetischer Immissionen führen. Eine gegenteilige Auffassung würde der Wertung des Art. 3 Abs. 3 S. 2 GG krass entgegenstehen.[36] Außerdem sind in den Nachbarschutzgesetzen der Länder keine Vorschriften über den Schutz vor ästhetischen Belästigungen enthalten.

e) Bedrohungen, Beleidigungen

Das verfassungsrechtliche Diskriminierungsverbot führt dazu, dass von den Nachbarn auch bezüglich solcher Belästigungen ein *erhöhtes Maß an Toleranz* zu fordern ist. Die Grenze dieser Duldungspflicht ist erst dann erreicht, wenn dem
Nachbarn die Belästigung billigerweise nicht mehr zuzumuten ist. Zumindest solange, wie die *Krankheit behandelbar* ist, kann von einem psychotisch gestörten
Nachbarn nicht gefordert werden, die Wohngegend zu verlassen.[37]

Da die Nachbarn in diesem Fall duldungspflichtig waren, bestand auch wegen
der als vorhanden festgestellten Beeinträchtigungen kein Ausgleichsanspruch in
Geld (§ 906 Abs. 2 S. 2 BGB).[38]

f) Abwehr psychiatrischer Kliniken

Nachbarn und Bürgerinitiativen versuchen oftmals mit einem öffentlich-
rechtlichen Abwehr- und Unterlassungsanspruch den Bau oder die Erweiterung
psychiatrischer Kliniken zu verhindern. Als Argumente werden regelmäßig vorge-
tragen:[39]

* Bauvorhaben dieser Art seien *planungsrechtlich unzulässig.*
* Sie führten zu einer *Gefährdung* der umliegenden Wohnnachbarschaft.
* Sie *minderten* die umliegenden *Wohngrundstücke* in ihrem *Wert.*

Als ähnlich problematisch wie die psychiatrischen Kliniken werden von der
Nachbarschaft geplante Justizvollzugsanstalten angesehen.[40]

---

[36] *Horst* in: DWW 2001, 54, 55.
[37] OLG Karlsruhe Urt. v. 09.06.2000 in: DWW 2000, 199ff.
[38] OLG Karlsruhe Urt. v. 09.06.2000 in: DWW 2000, 199, 200.
[39] *Horst* in: DWW 2001, 54, 55.
[40] dazu: OVG Münster, Beschl. v. 13.11.1984 in: NJW 1985, 2350.

Von einer *bauplanungsrechtlichen Unzulässigkeit* psychiatrischer Kliniken o-
der Heime in Wohngebieten kann nicht gesprochen werden. Allerdings sind auch
hier *nachbarschützende Belange* zu berücksichtigen. Es kommen insbesondere

• das Verbot schädlicher Umwelteinwirkungen sowie
• das Gebot der Rücksichtnahme in Betracht.[41]

Das *baurechtliche Gebot der Rücksichtnahme* soll einen angemessenen Ausgleich
zwischen den Belangen des Bauherrn und seiner Umgebung bewirken. Jeder Bauherr muss die Folgen seines Bauvorhabens für die Umgebung bedenken und unter
Umständen sogar ein nach den baurechtlichen Vorschriften zulässiges Vorhaben
unterlassen, wenn dadurch eine schwere Beeinträchtigung der Umgebung eintritt.
Das Gebot der Rücksichtnahme verlangt damit eine Abwägung der Belange aller
betroffenen Personen.[42]

Das Rücksichtnahmegebot ist *jedenfalls dann nicht verletzt*, wenn der Träger
des Bauvorhabens sich darauf berufen kann, dass das Gesetz durch die Zuerken-
nung einer *Privilegierung* seine Interessen grundsätzlich höher bewertet als die Interessen der Nachbarschaft.[43]

Eine *besondere Schutzbedürftigkeit* der in der Nachbarschaft des Projekts woh-
nenden Menschen, die über das hinausgeht, was jeder Anlieger einer derartigen
öffentlichen Einrichtung geltend machen könnte, wurde im Falle des Baus einer
Justizvollzugsanstalt des offenen Vollzuges verneint.

Die von den Anliegern geltend gemachten Bedrohungen, die von den Bewohnern einer Anlage ausgingen, seien bereits begrifflich nicht als Umwelteinwirkungen anzusehen.[44]

Gegen spätere Belästigungen oder Gefahren muss also mit den Mitteln des Po-
lizei- und Ordnungsrechts sowie mit den Ansprüchen des zivilrechtlichen Nachbarrechts vorgegangen werden; ein vorbeugender Anspruch auf Unterlassung des
Bauvorhabens besteht nicht.[45]

Da der *Wert eines Grundstücks* vor allem auch von dessen Lage abhängt, ist es
denkbar, dass die Grundstückswerte von der Nachbarschaft eines Heimes oder einer psychiatrischen Klinik beeinflusst werden. Der grundgesetzliche Eigentums-
schutz des *Art. 14 GG* schützt jedoch *nicht* davor, dass durch die Nachbarschaft
anderer Bauten der Wert des eigenen Grundstückes sinkt.[46]

Nur eine Wertminderung, die jedes zumutbare Maß überschreitet, kann einen
schweren und unerträglichen Eingriff in das Eigentum darstellen und zu einem
unmittelbar aus der Eigentumsgewährleistung folgenden öffentlich-rechtlichen
Abwehranspruch führen.[47]

---

[41] OVG Münster in: NJW 1985, 2350.
[42] *Dürr/Seiler-Dürr* Rn 282.
[43] *Horst* in: DWW 2001, 54, 55.
[44] OVG Münster in: NJW 1985, 2350.
[45] *Horst* in: DWW 2001, 54, 56.
[46] *Horst* in: DWW 2001, 54, 56.
[47] OVG Münster Beschl. v. 13.11.1984 in: NJW 1985, 2350ff.

3.   Schulrecht

a)   Der Bildungsanspruch behinderter Kinder

Ein schulpflichtiges Kind, das am Unterricht an einer anderen Schule nicht teil-nehmen bzw. nicht hinreichend gefördert werden kann, hat eine *seiner Behinderung entsprechende Sonderschule* zu besuchen.[48] Die Schulpflicht entfällt nur bei Kindern, die wegen schwerer körperlicher oder geistiger Gebrechen in keiner Weise bildungsfähig sind; diese haben auch keinen Anspruch auf schulische Bildung.[49]

Hinsichtlich der Dauer des Schulbesuchs ist folgendes zu beachten: Die Schulbehörde kann den Schulbesuch um bis zu drei Schuljahre für Schüler *verlängern,* die eine Sonderschule besuchen, § 49 Abs. 2 S. 1, 1. HS SchulG. Das Ministerium kann eine Verlängerung allgemein für bestimmte Gruppen behinderter Schüler festlegen. Eine Verlängerung des Schulbesuchs ist aber nur dann zulässig, wenn zu erwarten ist, dass die Schüler dadurch dem Ziel der Sonderschule nähergebracht werden, § 49 Abs. 2 S. 2 SchulG.

b)   Die Sonderschule

Es gibt verschiedene Sonderschultypen:

- Schulen für geistig Behinderte
- Schulen für Körperbehinderte
- Schulen für Erziehungshilfen.[50]

Hinsichtlich der *richtigen Schulwahl* haben sowohl die Eltern als auch die bisherige Schule ein Antragsrecht. Das Schulamt entscheidet über Art, Umfang und Dauer der sonderpädagogischen Förderung.

Die öffentlichen Sonderschulen sind in *Rheinland-Pfalz* wie die Grund- und Hauptschulen *christliche Gemeinschaftsschulen,* Art. 29 LVerf.

Der Sonderschulbereich wird im Rahmen des *Landesgesetzes zur Herstellung gleichwertiger Lebensbedingungen für Menschen mit Behinderungen* nicht berührt. Er soll einer gesonderten Novellierung vorbehalten bleiben. Hierbei soll der Begriff „Sonderschule" durch einen geeigneteren Begriff ersetzt werden.[51]

---

[48] *Niehues* Rn 381.
[49] *Niehues* Rn 381.
[50] *Niehues* Rn 382.
[51] So die Begründung zum Gesetzesentwurf S. 8.

c)   Integrative Beschulung[52]

Häufig wird um eine vom Schulamt verfügte Einweisung in eine Sonderschule gestritten. Eltern wünschen oft die Aufnahme ihres Kindes in eine allgemeine Grundschule oder in eine andere, besser geeignete oder wohnortnähere Sonderschule.

Bei der Entscheidung über die Wahl der richtigen Schulform ist zu beachten, dass eine optimale Förderung nicht nur in den erwähnten Sonderschulen, sondern auch in *Regelschulen* bei *sonderpädagogischer Förderung* möglich ist. Eine solche Förderung kann erfolgen durch:

• Bereitstellen einer zusätzlichen sonderpädagogischen Lehrkraft,
• Einrichtung einer Integrationsklasse.

In der *integrativen Schule* werden behinderte und lernbehinderte Schüler unter Ergänzung durch gezielten Förderunterricht gemeinsam unterrichtet, wobei der pädagogische Nutzen in Fachkreisen umstritten ist.

Seit dem 06.05.1994 gelten Empfehlungen der Kultusministerkonferenz zur Sonderpädagogischen Förderung in den Schulen. Damit stand erstmals allen Kindern unabhängig vom Umfang ihres sonderpädagogischen Förderbedarfs offiziell neben der Sonderschule auch die Beschulung in der allgemeinen Schule offen. Die Entscheidung über den Förderort sollte nun nicht mehr defizitorientiert erfolgen, sondern sich nach einem ganzheitlichen Ansatz richten.[53]

Die Kultusministerkonferenz hatte festgestellt, dass nunmehr eine personenbezogene, individualisierende und nicht mehr vorrangig institutionenbezogene Sichtweise sonderpädagogischer Förderung vorherrschend sei. „In diesem Prozess ist neben dem Begriff der *Sonderschulbedürftigkeit* in zunehmendem Masse der Begriff des *Sonderpädagogischen Förderungsbedarfs* getreten. Die Erfüllung sonderpädagogischen Förderungsbedarfs ist nicht an Sonderschulen gebunden; ihm kann auch in allgemeinen Schulen, zu denen auch berufliche Schulen zählen, vermehrt entsprochen werden."[54]

Der Förderbedarf soll aus den individuellen Bedürfnissen des Kindes abgeleitet werden und nicht mehr orientiert sein an Behinderungen oder üblichen Schultypenzuordnungen:

„Die Bildung behinderter junger Menschen ist verstärkt als gemeinsame Aufgabe für grundsätzlich alle Schulen anzustreben. Die Sonderpädagogik versteht sich dabei immer

---

[52] Siehe dazu die „Handreichung zur Durchführung von Integrierten FörderMaßnahmen" des Ministeriums für Bildung, Wissenschaft und Weiterbildung Rheinland-Pfalz vom September 2000.

[53] *Strotmann/Tietig* in: Zeitschrift für Heilpädagogik 2002, Heft 2 S. 69.

[54] Empfehlungen zur sonderpädagogischen Förderung in den Schulen der Bundesrepublik Deutschland, Beschluss der Kultusministerkonferenz vom 06.05.1994, abgedruckt in: Sammlung der Beschlüsse der Ständigen Konferenz der Kultusminister der Länder der Bundesrepublik Deutschland, (Ordnungszahl 301, Schulwesen) hier: I. Vorwort S. 2.

mehr als eine notwendige Ergänzung und Schwerpunktsetzung der allgemeinen Pädagogik."[55]

Zunächst werden Ziele und Aufgaben sonderpädagogischer Förderung umschrieben:

„Sonderpädagogische Förderung soll das Recht der behinderten und von Behinderung bedrohten Kinder und Jugendlichen auf eine ihren persönlichen Möglichkeiten entsprechende schulische Bildung und Erziehung verwirklichen."[56]

Ein sonderpädagogischer Förderbedarf ist folgendermaßen zu ermitteln:

„Bei der Ermittlung sonderpädagogischen Förderbedarfs sind die diagnostischen Fragestellungen auf ein qualitatives und ein quantitatives Profil der Fördermaßnahmen gerichtet, das Grundlage sein soll für die angestrebte Entscheidungsempfehlung. Es sind Art und Umfang, gegebenenfalls auch die Dauer des behinderungsbedingten und problembezogenen Förderungsbedarfs zu erheben; darüber hinaus sind die im konkreten Einzelfall gegebenen und organisierbaren Formen der Förderung in der Schule abzuklären, die das Kind bzw. der Jugendliche besucht oder besuchen soll."[57]

Zum Prozedere der Entscheidung über den *Bildungsgang* wird ausgeführt: „Auf der Grundlage der Empfehlung unter Beteiligung der Erziehungsberechtigten, sowie unter Beachtung der jeweils gegebenen bzw. bereitstellbaren Rahmenbedingungen entscheidet die Schulaufsicht, ob die Schülerin oder der Schüler in die allgemeine Schule aufgenommen wird, dort verbleibt, Unterricht und Förderung in einer Sonderschule oder in kooperativen Förderformen erhält. In diese Entscheidung kann auch die Inanspruchnahme von Einrichtungen mit ergänzenden Betreuungs- oder Ganztagsangeboten einbezogen werden." Dabei sind bei jeder einzelnen Entscheidung zu berücksichtigen:

• Art und Umfang des Förderbedarfs
• Stellungnahme der Erziehungsberechtigten, ggf. Beraten der Gremien
• Fördermöglichkeiten der allgemeinen Schule
• Verfügbarkeit des erforderlichen sonderpädagogischen Personals
• Verfügbarkeit technischer, apparativer Hilfsmittel sowie spezieller Lehr- und Lernmittel, ggf. baulich- räumliche Voraussetzungen.

Vor diesem Hintergrund ist dann derjenige *Lernort* zu wählen, der auf bestmögliche Weise den Förderbedürfnissen des Kindes bzw. Jugendlichen, seiner Selbstfindung und Persönlichkeitsentwicklung gerecht werden und auf die gesellschaftliche Eingliederung sowie auf berufliche Anforderungen vorbereiten kann. Die Entscheidung über den individuellen Förderbedarf erfordert in geeigneten Abständen eine Überprüfung.[58]

---

[55] I. Vorwort S. 2.
[56] II. Grundlegung sozialpädagogischer Förderung, 1. Ziele und Aufgaben, S. 3.
[57] II. 3.1, S. 6.
[58] II. 3.2, S. 7.

Die *Allgemeine Schule* hat damit laut Kultusministerkonferenzempfehlung *Priorität* vor der *Sonderschule,* die nur noch als *letzter Ausweg* in Frage kommen soll. Als Formen und Orte sonderpädagogischer Förderung sind zu nennen:

* Sonderpädagogische Förderung durch *vorbeugende Maßnahmen* (Prävention, III. 3. 1.)
* Sonderpädagogische Förderung im *gemeinsamen Unterricht*
* Kinder und Jugendliche mit sonderpädagogischem Förderungsbedarf können allgemeine Schulen besuchen, wenn dort die notwendige sonderpädagogische und auch sächliche Unterstützung sowie die räumlichen Voraussetzungen gewährleistet sind; die Förderung aller Schülerinnen und Schüler muss sichergestellt sein.
* Zu den notwendigen Voraussetzungen gehören neben den äußeren Rahmenbedingungen sonderpädagogisch qualifizierte Lehrkräfte, individualisierende Formen der Planung, Durchführung und Kontrolle der Unterrichtsprozesse und eine abgestimmte Zusammenarbeit der beteiligten Lehr- und Fachkräfte. Dabei ist eine inhaltliche, methodische und organisatorische Einbeziehung pädagogischer Maßnahmen, auch individueller Unterrichtsziele und -inhalte, in die Unterrichtsvorhaben für die gesamte Schulklasse vorzunehmen. Sonderpädagogische Förderung findet dabei im und, wenn notwendig, auch neben dem Klassenunterricht statt."
* Sonderpädagogische Förderung in *Sonderschulen* („Kinder und Jugendliche mit sonderpädagogischem Förderbedarf, deren Förderung *in einer allgemeinen Schule nicht ausreichend gewährleistet werden kann, werden in Sonderschulen,*[59] Sonderberufsschulen und Berufsschulen mit sonderpädagogischen Förderungsschwerpunkten sowie vergleichbaren Einrichtungen unterrichtet. ...")[60]
* Sonderpädagogische *Förderung in kooperativen Formen*[61]
* Sonderpädagogische Förderung im Rahmen von *Sonderpädagogischen Förderzentren*[62]
* Sonderpädagogische Förderung im *berufsbildenden Bereich und beim Übergang in die Arbeitswelt.*

Schüler mit Behinderungen, die in einem Berufsgrundschuljahr oder in einem Berufsgrundbildungsjahr nicht ausreichend gefördert werden können, Schüler, die den Hauptschulabschluss nicht erreicht haben, in einem Ausbildungs- oder Arbeitsverhältnis stehen und die erfolgreiche Teilnahme am Unterricht des Berufsgrundschuljahres nicht erwarten lassen, besuchen das *Sonderberufsgrundschuljahr.*[63]

---

[59] keine Hervorhebung im Originaltext.

[60] III. 3.3.

[61] III. 3.4.

[62] III. 3.6.

[63] *Grumbach,* SchulG-Kommentar § 8 Anm. 4.

(1)   *Grundsatzentscheidung des BVerfG 1997*

Das *BVerfG* hält in seinem Beschluss vom 08.10.1997[64] einen generellen Ausschluss der Möglichkeit der gemeinsamen Erziehung und Unterrichtung von behinderten Schülern mit nichtbehinderten verfassungsrechtlich für nicht gerechtfertigt.

In der Entscheidung des BVerfG wird nicht ein gegenwärtiger wissenschaftlicher oder pädagogischer Diskussions- und Erkenntnisstand verfassungsrechtlich festgeschrieben, vielmehr wird festgestellt, der benachteiligende Charakter einer Maßnahme könne nur unter Rückgriff auf den jeweiligen Erkenntnisstand festgestellt werden.[65]

Das BVerfG übernahm den Behindertenbegriff aus der damals gültigen Definition des *§ 3 Abs. 1* S. 1 SchwbG, wonach es sich bei einer Behinderung um eine „nicht nur vorübergehende Funktionsbeeinträchtigung" handele, die auf einem regelwidrigen körperlichen, geistigen oder seelischen Zustand beruhe.

Ausgehend von seiner Rechtsprechung zu Art. 3 Abs. 3 GG definiert das BVerfG den Begriff der *Benachteiligung* dahingehend, dass diese auch bei einem Ausschluss von Entfaltungs- und Betätigungsmöglichkeiten gegeben sein kann, sofern sie nicht durch eine auf die Behinderung zugeschnittene *spezifische Förderungsmaßnahme* hinlänglich kompensiert wird.[66]

In eine *Gesamtbetrachtung* ist also zugleich auch die *Möglichkeit der Kompensation* einzubeziehen. Eine generelle, weitergehende Bewertung wird nicht abgegeben. Statt dessen sei jeweils einzelfallbezogen zu entscheiden. Die Entscheidung würde „regelmäßig von Wertungen, wissenschaftlichen Erkenntnissen und prognostischen Einschätzungen" abhängen.[67] Daraus ergibt sich ein Dreischritt der Prüfung:

• Die zwangsweise Zuweisung zu einer Sonderschule stellt eine Benachteiligung dar.
• Die Zuweisung ist unter Einbeziehung von Kompensationsmöglichkeiten einzelfallbezogen zu bewerten.
• Es erfolgt eine Gesamtschau, in der eine verfassungsrechtliche Würdigung vorgenommen wird.

Damit stellt das BVerfG zwar nicht die Verfassungswidrigkeit der bestehenden Sonderschulen fest, zugleich sieht es aber in der integrativen Form der schulischen Betreuung das eindeutig zu bevorzugende Modell.[68]

---

[64] BVerfG RdJB 1997, 431ff. = BVerfGE 96, 288ff. = NJW 1998, 131ff = DVBl. 1997, 1432ff. FamRZ 1998, 21ff., dazu: *Füssel* in: RdJB 1998, 250ff.

[65] Hierzu merkt *Böhm* (in: RdJB 2000, 314, 323) an, das BVerfG habe im Gegensatz zu einer polemischen und oft von Lobbyismus geprägten öffentlichen Diskussion den erfolgreichen Versuch unternommen, alle Interessen und Rechtsgüter in einen auf den Einzelfall bezogenen Abwägungsprozess einzubeziehen.

[66] BVerfG RdJB 1997, 431, 436.

[67] BVerfG RdJB 1997, 431, 436.

[68] *Füssel* in: RdJB 1998, 250, 253.

Die schulische Betreuung in einer Sonderschule ist selbst in Anbetracht der festgestellten Benachteiligung nur dann nicht verfassungsrechtlich unzulässig, wenn und solange der mit der Einweisung in die Sonderschule verbundene Eingriff *verhältnismäßig* ist.

Diese Art der Förderung behinderter Kinder steht aber unter dem Vorbehalt des organisatorisch, personell und von den sachlichen Voraussetzungen her Möglichen. Das Benachteiligungsverbot des Art. 3 Abs. 3 S. 2 GG macht also die Einweisung in eine Schule für Lernbehinderte nur dann rechtswidrig, wenn diese erfolgt, obwohl eine integrative Unterrichtung in einer allgemeinen Schule mit sonderpädagogischer Förderung möglich ist. Zu dieser Konsequenz gibt es bereits eine umfangreiche Rechtsprechung.[69]

Letztendlich trifft die Schulbehörde eine abschließende Bewertung darüber, ob die Voraussetzungen für eine integrative Beschulung vorliegen. Die Entscheidung unterliegt aber der verwaltungsgerichtlichen Nachprüfung.[70]

An dieser „Letztverantwortlichkeit" der Schulbehörde wurde kritisiert, dass damit die Gleichordnung[71] von staatlichem Erziehungsauftrag und elterlichem Erziehungsrecht eher in Frage gestellt als bekräftigt werde.[72]

Weiter wurde an dem Beschluss des BVerfG kritisiert, dass er dem Landesgesetzgeber die Normierung so weitreichender Vorbehaltsmöglichkeiten zugesteht, dass die aus dem Benachteiligungsverbot abzuleitende verfassungsrechtliche Gewährleistung eines differenzierten Schulunterrichtsangebots in der Praxis ernstlich leerzulaufen drohe.[73]

Eine besonders vernichtende Kritik der Rechtsprechung konstatiert letztlich einen versteckten Haushaltsvorbehalt: „Es bleibt festzuhalten, dass auf der verwaltungsrechtlichen Ebene die äußerlichen Begrenzungen des neuen Grund- und Menschenrechts herausgestellt werden und versucht wird, die Reichweite dieses Rechts zu beugen unter die verfügbaren finanziellen Mittel und schulpolitischen Entscheidungen der Landesgesetzgeber."[74]

(2)   *Rechtsprechung zur integrativen Beschulung Behinderter*

Neben dem Urteil des BVerfG existieren weitere Entscheidungen, die betonen, dass weder ein verfassungsrechtlicher noch ein einfachgesetzlicher Anspruch behinderter Schüler und/oder ihrer Eltern auf sonderpädagogische Maßnahmen zur

---

[69] vgl. beispielsweise SPE 333, Nr. 3.

[70] für eine volle Überprüfbarkeit: BayVGH in: BayVBl. 1997, 561 = SPE 333 Nr. 3.

[71] Das BVerfG (E 34, 183) sprach im Jahre 1972 von einer Gleichordnung von elterlichem Erziehungsrecht und staatlichem Erziehungsauftrag: Es handele sich um eine *gemeinsame Erziehungsaufgabe*, die sich nicht in einzelne Kompetenzen zerlegen lasse, sondern nur in einem sinnvoll aufeinander bezogenen Zusammenwirken zu erfüllen sei.

[72] *Beyerlin* in: RdJB 1999, 157, 165.

[73] *Beyerlin* in: RdJB 1999, 157, 166.

[74] so: *Köpcke-Duttler* in: Montessori-Forum, 2000, Heft 12.

Ermöglichung eines gemeinsamen Unterrichts mit nichtbehinderten Schülern *an einer Grundschule* existiert.[75]

Kann ein Schüler auch mit sonderpädagogischen Fördermaßnahmen nicht mit hinreichender Aussicht auf Erfolg unterrichtet werden, so besteht kein Anspruch auf Aufnahme in diese Schule; ebenso existiert *kein Anspruch auf Schaffung einer Integrationsklasse* mit lerndifferenziertem Unterricht.[76]

Ein Schüler mit sonderpädagogischem Förderungsbedarf hat einen *Anspruch auf integrative Beschulung* an einer Gesamtschule im Rahmen des *Schulversuchs* „Gemeinsame Beschulung von behinderten und nichtbehinderten Kindern", wenn er für die Teilnahme an dem Schulversuch geeignet und die Kapazität der Gesamtschule nicht erschöpft ist.[77]

(3)   *Kritik an der Ausweitung integrativer Beschulung*

Teilweise werden die Vorteile integrativer Beschulung stark überbetont und Probleme und Risiken verharmlost. So meinen *Jürgens* und *Römer:*[78]

„Häufig bedarf es nur eines klein wenig guten Willens und etwas Phantasie, um bestehende Schwierigkeiten angemessen auszuräumen bzw. zu kompensieren. Jedenfalls kann das Ziel nur darin bestehen, alle behinderten Schülerinnen und Schüler in die allgemeine Schule zu integrieren."[79]

In jüngster Zeit mehren sich jedoch die Stimmen, die vor allzu großer Euphorie warnen und gleichzeitig betonen, dass eine vollständige Integration aller behinderten Schüler weder möglich noch wünschenswert wäre.

Die Ergebnisse des gemeinsamen Unterrichts werden kritisch bewertet.[80] In ihrem Beitrag „Gemeinsamer Unterricht zwischen Anspruch und Wirklichkeit" analysieren *Strotmann* und *Tietig* im Rahmen einer empirischen Untersuchung auf der Grundlage der qualitativen Sozialforschung im Jahre 2000 anhand von fünf Fallbeispielen aus dem gemeinsamen Unterricht an einer Schule für Körperbehinderte, weshalb der gemeinsame Unterricht bei diesen Schülern abgebrochen wurde. Dabei sollten die Faktoren identifiziert werden, die für die Umschulung verantwortlich gewesen sind und Gründe offengelegt werden, die die Realisierung des Integrationsgedankens haben scheitern lassen. Als Resümee der Untersuchung werden sechs Hypothesen in Hinblick auf die Umsetzung des Gedankenguts aufgestellt und abschließend festgehalten, dass es grundsätzlich nicht möglich sei, allgemeingültige Aussagen zur erfolgreichen Beschulung von Schülern mit Sonderförderbedarf im gemeinsamen Unterricht zu machen.

Jedoch werden die Grenzen aufgezeigt, an die die von einer Integrationsideologie getragenen Bemühungen stoßen müssen. Letzten Endes müsse man akzeptie-

---

[75] VGH Mannheim, Beschl. v. 03.09.1996 SPE 333 Nr. 1.

[76] BayVGH Urt. v. 11.12.1996 SPE 333 Nr. 2.

[77] OVG Münster, Beschl. v. 29.11.1993 SPE 333 Nr. 9.

[78] in: NVwZ 1999, 847.

[79] *Jürgens/Römer* in: NVwZ 1999, 847, 850.

[80] *Strotmann/Tietig* in: Zeitschrift für Heilpädagogik 2002, Heft 2, 69.

ren, dass gemeinsamer Unterricht für ein Kind auch ein Risiko darstellen könne, das erkannt und kritisch hinterfragt werden müsse.[81]

Art. 3 Abs. 3 S. 2 GG hat neue Perspektiven in Hinblick auf eine schulische Förderung des behinderten Kindes eröffnet.[82] Weitere in diesem Zusammenhang relevante Grundrechte sind das Recht des Schülers auf möglichst ungehinderte Entwicklung seiner Persönlichkeit (Art. 2 Abs. 1 GG) und das elterliche Erziehungsrecht (Art. 6 Abs. 2 S. 1 GG). Hierbei ist zu beachten, dass aus Art. 3 Abs. 3 S. 2 GG *keine konkreten Ansprüche* des behinderten Kindes auf den Besuch einer *bestimmten* Sonderschule hergeleitet werden können.

In Anlehnung an das sogenannte numerus-clausus-Urteil des Jahres 1972[83] führt das BVerfG aus, dass derartige *Ansprüche „unter dem Vorbehalt des Möglichen"* im Sinne dessen ständen, was der einzelne vernünftigerweise von der Gesellschaft beanspruchen kann. Grundsätzlich überlässt das BVerfG damit die Entscheidung über die schulische Betreuung behinderter Kinder der Politik, wobei allerdings das Gericht eine deutliche Präferenz zugunsten einer verstärkten Integration in die allgemeine Schule erkennen lässt.[84]

Weder aus dem Benachteiligungsverbot noch aus anderen Grundrechtsbestimmungen kann also ein absoluter Anspruch jedes behinderten Kindes gegenüber dem Land abgeleitet werden, auf Wunsch in einer Integrationsklasse unterrichtet zu werden.[85]

Insoweit stehen schulische Integrationsmaßnahmen also unter einem *„Machbarkeitsvorbehalt".*[86] Dies ist verfassungsrechtlich auch nicht zu beanstanden. Der Einwand, dass das Grundrecht des Art. 3 Abs. 3 S. 2 GG durch den Hinweis auf leere Kassen jederzeit eingeschränkt werden könne, trifft aber nicht zu, da das BVerfG bereits einen aus diesem Grundrecht herzuleitenden Anspruch verneint hat.[87]

Gerade im Zusammenhang mit Art. 3 Abs. 3 S. 2 GG ist zu betonen, dass diesem Benachteiligungsverbot zunächst Abwehrfunktion gegenüber dem Staat zukommt. In dieser klassischen Abwehrfunktion kann sich das Grundrecht aber nicht erschöpfen. Es hat insoweit auch eine Teilhabedimension, als die Aufhebung einer Benachteiligung oftmals nur unter Einsatz öffentlicher Mittel möglich ist. Gerade

---

[81] *Strotmann/Tietig* in: Zeitschrift für Heilpädagogik 2002, Heft 2, 69, 74.

[82] *Niehues* Rn 384.

[83] BVerfGE 33, 303.

[84] *Füssel* in: RdJB 1998, 250, 254.

[85] *Beyerlin* in: RdJB 1999, 157, 165.

[86] Einen Vorbehalt sieht das OVG Lüneburg, Urt. v. 21.07.1999, SPE 333 Nr. 7 auf der E-bene des einfachen Rechts, wenn es ausführt, § 4 des Niedersächsischen Schulgesetzes bestimme lediglich, dass eine gemeinsame Erziehung von behinderten mit nichtbehinderten Schülern erfolgen *soll, wenn* auf diese Weise ihrem individuellen Förderbedarf entsprochen werden kann, und *soweit* es die organisatorischen, personalen und sächlichen Gegebenheiten erlauben. Ein *vorrangiger Anspruch* auf eine *gemeinsame Beschulung* sei jedoch *nicht* anzunehmen.

[87] so: *Füssel* in: RdJB 1998, 250, 254.

das Benachteiligungsverbot ist mehr als alle anderen Grundrechte an der Nahtstelle zwischen Abwehr- und Teilhabefunktion anzusiedeln.[88]

Weiter wurde vorgebracht, das Bundesverfassungsgericht habe zu sehr auf die Teilhabefunktion des Grundrechts und hierbei wiederum zu sehr auf die Finanzierbarkeit abgestellt, wodurch diese in Bezug auf die Teilhabefunktion des Grundrechts durchaus zulässige Erwägung zum Machbaren auf das ganze Grundrecht ausgeweitet worden sei. Wenn damit ein Benachteiligungsverbot nur im Rahmen des Machbaren bestehen würde, hätte es aber eines neuen Grundrechts nicht bedurft.[89]

Zudem wurde kritisiert, dass das Urteil hinsichtlich des Schulbesuchs der Beschwerdeführerin nur Erwägungen zur Teilhabe und zur Finanzierung beinhalte; sachlich und logisch vorrangig habe man sich aber zunächst mit der Beseitigung einer Zugangsschranke beschäftigen müssen, da die Beschwerdeführerin Zugang zu einer öffentlichen Schule begehre, die jedem Kind offen stehe.[90]

An der Verwirklichung ihres Lebensplanes und ihrer Berufswahl, die durch Art. 2 Abs. 1 und Art. 12 Abs. 1 GG geschützt seien, werde sie nur durch ein Zusammenwirken von Behinderung und Schulorganisation gehindert. Selbst wenn man in der nun notwendig gewordenen Änderung der Schulorganisation einen Teilhabeanspruch erkenne, so dürfe doch die mitenthaltene klassische Grundrechtsfunktion der Wahrnehmung von Freiheitsrechten nicht übersehen werden.

Hiergegen ist aber einzuwenden, dass die grundrechtlich geschützte Schulwahlfreiheit nicht dazu führt, dass von ihr auch die Schaffung neuer Einrichtungen, wie z.B. die Errichtung neuer, wohnortnäherer Schulen oder die Einrichtung eines besonderen Kurssystems, umfasst werden. Insoweit kann das Freiheitsrecht des behinderten Kindes auf freie Schulwahl auch nicht zu der Einrichtung von Integrationsmaßnahmen an Regelschulen führen.

Auch wurden bestimmte Formulierungen des Urteils als problematisch angesehen: So nennt das Bundesverfassungsgericht als Abwägungsgesichtspunkt auch, dass „denkbare Belastungen für Mitschüler und Lehrpersonal (...) in die Gesamtbetrachtung einzubeziehen" sind.[91]

Zwar endeten die Grundrechte des einen immer an denen des anderen; in einem Urteil zum Benachteiligungsverbot auf die Rechte derjenigen, die nicht behindert seien, besonders hinzuweisen, sei aber problematisch. Hier klinge die Rechtsprechung zum Reisemangel an, in der die Begegnung mit behinderten Mitreisenden als Reisemangel gewertet wurde. Denkbar sei nun, dass Eltern nichtbehinderter Kinder unter Berufung auf diese Passage des Urteils gegen eine integrative Beschulung argumentierten und dabei auf die Belastungen für ihre Kinder hinweisen würden.[92]

---

[88] *Mrozynski* in: Gemeinsam leben – Zeitschrift für integrative Erziehung Nr. 1/98, http://bidok.uibk.ac.at/texte/gl1-98-benachteiligung.html.

[89] *Mrozynski* aaO.

[90] *Mrozynski* aaO.

[91] Seite 29 der schriftlichen Urteilsgründe.

[92] *Mrozynski* in: Gemeinsam leben – Zeitschrift für integrative Erziehung Nr. 1/98, http://bidok.uibk.ac.at/texte/gl1-98-benachteiligung.html.

Eine solche Gefahr besteht indes nicht: Im Interesse aller Beteiligten dürfen Gefahren, die aus einer gemeinsamen Beschulung unter noch als experimentell zu bezeichnenden Bedingungen resultieren, nicht außer acht gelassen werden. Das Bundesverfassungsgericht hat ausdrücklich darauf hingewiesen, dass der benachteiligende Charakter einer Beschulungsmaßnahme nur unter Rückgriff auf den jeweiligen pädagogischen Erkenntnisstand festgestellt werden kann. Die Bedürfnisse der Mitschüler und die Belastbarkeit des Lehrers könnten nur dann grundsätzlich hinter das Recht des behinderten Kindes auf Integration zurücktreten, wenn man in jedem Einzelfall den Erfolg eines integrativen Unterrichts als gegeben ansehen würde. Damit hätte man indirekt das Konzept einer integrativen Beschulung zum Dogma erhoben.

(4)   *Prozedere der Entscheidung der Schulbehörde*

Die *Schulbehörde entscheidet* über die Einschulung in eine Sonderschule (§ 47 Abs. 4 S. 2 SchulG). Diese besucht, wer wegen seiner Behinderung in den anderen Schulen nicht oder nicht ausreichend gefördert werden kann (§ 47 Abs. 4 S. 1 SchulG).

Dort soll ihm eine *auf die jeweilige Behinderung abgestimmte Bildung* vermittelt werden; die Einzelheiten regeln die GSchO, § 7 SchulG und die SSchO. § 23 SSchO bestimmt, dass Schüler, die wegen offensichtlicher oder vermuteter Behinderung in ihrer Schule nicht ausreichend gefördert werden können, in eine Sonderschule überwiesen werden.[93]

Die *Aufnahme* in die Sonderschule erfolgt auf der Grundlage eines *sonderpädagogischen Gutachtens* zur Ermittlung des sonderpädagogischen Förderbedarfs, § 11 SoSchG.[94]

Bei der Entscheidung über Integration oder Separation eines behinderten Schülers müssen die verfassungsrechtlichen Maßgaben des Gerichtes beachtet werden.

(5)   *Substantiierung der Entscheidung*

Die verfassungsgerichtlichen Vorgaben hinsichtlich der *Substantiierung der Begründung* der schulbehördlichen Entscheidung können folgendermaßen[95] zusammengefasst werden:

- Die Entscheidung der Verwaltung muss bei einem an einer integrativen Beschulung interessierten behinderten Kind erkennen lassen, auf welchen Erwägungen der Schulbehörde die *Überweisung an die Sonderschule im einzelnen beruht.* Anzugeben sind:

- Art und Schwere der Behinderung,

---

[93] *Grumbach,* SchulG-Kommentar § 7 Anm. 10.
[94] *Grumbach,* SchulG-Kommentar § 9 Anm. 3.
[95] *Beraus* in: ASbH-Brief 1/98, 44, 45.

- die Gründe, die die Behörde ggf. zu der Entscheidung gelangen lassen, dass die Erziehung und Unterrichtung des Behinderten am besten in einer Sonderschule gewährleistet erscheint,
- ggf. die organisatorischen, personellen oder sachlichen Schwierigkeiten,
- die Gründe, warum diese Schwierigkeiten im konkreten Fall nicht überwunden werden können.

- Auf entgegengesetzte Erziehungswünsche des Behinderten und seiner Erziehungsberechtigten ist einzugehen.
- Die entgegenstehenden Erziehungswünsche der Eltern und des Behinderten sind in Beziehung zu setzen zu den Erwägungen der Schulbehörde.
- Es erfolgt eine Abwägung. Die staatliche Maßnahme muss dadurch nachvollziehbar und damit auch gerichtlich überprüfbar werden.
- Über den Elternwunsch darf sich die Verwaltungsbehörde nicht einfach mit der nicht näher fundierten Begründung hinwegsetzen, die Überweisung an die Sonderschule sei in Wahrheit besser geeignet, dem wohlverstandenen Interesse des Kindes zu dienen.
- Umstritten ist, ob auch die mit der Integration einhergehenden *Belastungen für den behinderten Schüler* selbst wie auch für die *Mitschüler* und das *Lehrpersonal* in die Abwägung einzubeziehen sind.[96] Weiter wird vertreten, der mit der integrativen Beschulung verbundene Aufwand dürfe nicht zu Lasten solcher Kinder gehen, deren Teilnahme am allgemeinen Unterricht aufgrund der Art und Schwere ihrer Behinderung ausgeschlossen oder pädagogisch nicht wünschenswert sei. Diese Ansicht geht von der Voraussetzung aus, dass nicht bei jedem Kind eine Integration möglich und daher der Versuch auch nicht in jedem Falle wünschenswert ist.[97]

In seiner Entscheidung zum *Niedersächsischen* Schulgesetz führt das BVerfG allerdings aus: „Die Schulbehörde ist an Inhalt und Ergebnis des über den einzelnen Schüler erstatteten Berichts und des Beratungsgutachtens ebenso wenig gebunden wie an die Empfehlungen der Förderkommission. Sie ist auch dann, wenn diese Entscheidungshilfe sich im Einzelfall (...) für eine Beschulung in integrativer Form ausspricht, verfahrensrechtlich nicht gehindert, die Überweisung an eine Sonderschule anzuordnen."[98]

---

[96] dafür: *Avenarius/Heckel* 25.4, S. 465f. und Fussnote 85, dagegen: *Frowein*: Die Überwindung von Diskriminierung als Staatsauftrag in Art. 3 Abs. 3 GG, in: *Franz Ruland/Hans-Jürgen Papier/Bernd Baron von Maydell* (Hg.): Verfassung, Theorie und Praxis des Sozialstaates, FS für *Hans F. Zacher* zum 70. Geburtstag, Heidelberg 1998, S. 157, 165.

[97] *Avenarius/Heckel* 25.4, S. 466.

[98] BVerfGE 96, 310.

(6)   *PISA*[99]

Aus den Ergebnissen der PISA-Studie wird teilweise für die Frage des integrativen Unterrichts hergeleitet, dass dieser jedenfalls nicht zu Lasten des Gesamtleistungsniveaus gehe: Man erkenne dies an der Spitzenstellung Finnlands, wo integrierter Unterricht für behinderte Kinder und Jugendliche üblich sei, während dieser in Deutschland unterschiedlich gehandhabt und in Bayern sogar abgelehnt werde.[100]

Fraglich ist jedoch bereits, inwieweit man das Bildungssystem Finnlands auf Deutschland übertragen kann, ohne zuvor die gesellschaftliche Ausgangslagen miteinander verglichen zu haben. Weiter würde das gute Abschneiden Bayerns im innerdeutschen Vergleich sogar gegen eine integrative Beschulung sprechen.

Das Ergebnis der PISA-Studien kann nur zu einer verstärkten Zurückhaltung im Hinblick auf Integrationsmaßnahmen ermahnen: Integration ist nur dort möglich, wo man einen Klassenverband vorfindet, der einen geordneten Unterricht zulässt. Ansonsten muss bedacht werden, ob man dem behinderten Kind durch eine Beschulung in einer Regelschule nicht mehr schadet als nützt.

(7)   *Verfahren*

Die *Nichtdiskriminierungsklausel* ist aber auch in *verfahrensrechtlicher Hinsicht* von Bedeutung; sie dient der Effektuierung. Im Entscheidungsverfahren wird daher eine substantiierte Begründung der Entscheidung für notwendig erachtet.[101] In einer „gesteigerten Begründungspflicht" muss die Schulbehörde je nach Lage des Falles Art und Schwere der Behinderung und die Gründe angeben, die sie gegebenenfalls zu der Einschätzung gelangen lassen, dass Erziehung und Unterrichtung des Behinderten am besten in einer Sonderschule gewährleistet erscheinen.[102]

Dabei sind gegebenenfalls auch organisatorische, personelle oder sächliche Schwierigkeiten sowie die Gründe darzulegen, warum diese Schwierigkeiten im konkreten Fall nicht überwunden werden können. Es muss daher verstärktes Augenmerk darauf gelegt werden, ob diesen Anforderungen genügt wurde.

Es hat eine eingehende Prüfung des Elternwunsches und einer Auseinandersetzung mit dem in ihm zum Ausdruck gebrachten elterlichen Erziehungsplan zu erfolgen.[103]

---

[99] OECD PISA Deutschland: Program for International Student Assessment 2001; zu den nationalen Ergebnissen: http://www.wdr.de/online/politik/schul-streik/kritik.phtml.

[100] *Moritz* in: ZFSH/SGB 2002 (Heft 4), 204, 212: hier wird die Schaffung eines Behindertenbeauftragten auf Länderebene angeregt.

[101] BVerfG RdJB 1997, 431, 439 so auch OVG Schleswig, Beschl. v. 19.09.96 SPE 333 Nr. 2: Das OVG Schleswig betont, dass wegen des gesetzlich vorgesehenen Regelfalls integrativer Beschulung eine Abweichung substantiiert zu begründen ist.

[102] BVerfG RdJB 1997, 431, 439.

[103] BVerfG RdJB 1997, 431, 438.

(8)   *Rheinland-Pfalz*

In Rheinland-Pfalz gibt es unterschiedliche Lernorte für Kinder mit sonderpädagogischem Lernbedarf:[104]

- Sonderschulen mit den Förderungsschwerpunkten

  - Lernen
  - ganzheitliche Entwicklung (alle Entwicklungsbereiche umfassender Förderungsbedarf, Ganztagsschulen)[105]
  - sozial-emotionale Entwicklung (Ganztagsschule mit Heim)
  - Sprache (schwerwiegende Sprachbeeinträchtigungen)
  - motorische Entwicklung (Ganztagsschule)

- weitere Sonderschularten:
  - Schule für Blinde (Ganztagsschule mit Internatsplätzen)
  - Schule für Sehbehinderte (Ganztagsschule mit Internatsplätzen)
  - Schule für Gehörlose (Ganztagsschule mit Internatsplätzen)
  - Schule für Schwerhörige (Ganztagsschule mit Heimplätzen)
  - Förderzentren.

Im Rahmen des Schulversuchs „Erprobung einer Förderschule im Verbund mit integrierten Fördermaßnahmen in allgemeinen Schulen", wurden Schulen mit den Förderschwerpunkten Lernen, Sprache und ganzheitliche Entwicklung organisatorisch zusammengefasst. Die Förderzentren sind nicht nach Bildungsgängen gegliedert.

- Sonderschulkindergärten (Sonderkindergärten) Zunächst vom Schulbesuch zurückgestellte Kinder werden durch gezielte Förderung auf die Anforderungen der jeweiligen Sonderschulform vorbereitet. Nach Möglichkeit sollten die so geförderten Kinder dann zusammen mit nichtbehinderten Kindern eine Schule besuchen. Dabei sind sie durch besondere therapeutische und pädagogische Hilfen zu unterstützen. Sprachschwierigkeiten werden in Sprachheilambulatorien des vorschulischen und schulischen Bereichs behandelt. Der Sonderschulkindergarten ist stets mit einer Sonderschule verbunden.[106]

Von den Sonderkindergärten in Rheinland-Pfalz haben sich mittlerweile 35 für eine *gemeinsame Betreuung* behinderter und nicht behinderter Kinder entschieden. Gleichzeitig besuchen viele behinderte Kinder den Regelkindergarten am Wohnort.

---

[104] nach: Min. für Bildung, Frauen und Jugend: Bildungswege in Rheinland-Pfalz Ausgabe 2001/02 S. 11 – 17.

[105] Wegen des weiteren Zeitrahmens ist es in *Ganztagsschulen* möglich, den Unterricht mit *ausserunterrichtlicher Betreuung* zu verbinden und dadurch eine Gesamtheit von Maßnahmen im Rahmen eines *ganzheitlichen pädagogischen Programms* zur Verfügung zu stellen; so: *Grumbach,* SchulG-Kommentar § 9 Anm. 2.

[106] *Grumbach,* SchulG-Kommentar § 7 Anm. 10.

Integrative Gruppen können sowohl an Sonderkindergärten als auch an Regelkindergärten gebildet werden. Daneben besteht die Möglichkeit der Einzelintegra-
tion behinderter Kinder in Regelkindergärten, wobei geprüft werden muss, ob das
behinderte Kind dort in ausreichendem Masse gefördert werden kann und ob die
notwendigen Therapien durchgeführt werden können.[107]

- Integrierte Fördermaßnahmen Schüler anderer Schularten, die einer vorübergehenden sonderpädagogischen Förderung bedürfen, können integrierte Fördermaßnahmen durch Sonderschullehrer erhalten.

Die umrissenen Ziele und Aufgaben der Sonderschule stellen den *individuellen
Förderbedarf* der Schüler in den Vordergrund und damit zugleich eine auf die jeweilige Beeinträchtigung oder Behinderung orientierte Sichtweise.[108]

Im Rahmen eines *Schulversuches* „Gemeinsamer Unterricht von Kindern mit
und ohne Beeinträchtigungen" wurden an 13 Grundschulen Integrationsklassen
eingerichtet. Nachdem der Versuch zwischenzeitlich im Primarbereich ausgelau-
fen ist, wird nunmehr seit dem Schuljahr 1995/96 der gemeinsame Unterricht in
der Sekundarstufe 1 erprobt.[109]

In dem Schulversuch sollen Kinder mit und ohne Beeinträchtigungen lernen,
miteinander zu leben, gemeinsam zu lernen und Menschen in ihrer jeweiligen An-
dersartigkeit und Persönlichkeit zu akzeptieren und zu respektieren.[110]

(9)   *Gesetzliche Regelung der integrativen Beschulung in Rheinland-Pfalz*

Gemäß § 7 Abs. 10 des rheinland-pfälzischen Schulgesetzes (SchulG) werden nur
diejenigen Schüler an eine Sonderschule überwiesen, die in der Regelschule auch
durch besondere Hilfen nicht oder nicht hinreichend gefördert werden können.

(10)   *Integration in Hamburg*

Nach § 1 des Hamburgischen Schulgesetzes in der geänderten Fassung vom
27.06.2003 hat jeder junge Mensch das Recht auf seinen Fähigkeiten und Neigungen entsprechende Bildung und Erziehung, ungeachtet (u.a.) seiner Behinderung.
Die organisatorischen Rahmenbedingungen für die Integration von Schülerinnen
und Schülern mit sonderpädagogischem Förderungesbedarf werden geschaffen
durch (§ 12):

- individuelle Integrationsmaßnahmen
- Einrichtungen zur Beratung und Unterstützung von Eltern und Lehrkräften und
  zur Unterstützung und ergänzenden Förderung von Schülern mit Förderbedarf
- Integrationsklassen

---

[107] Landesplan C. 2.4, S.77.
[108] *Grumbach,* SchulG-Kommentar § 9 Anm. 1.
[109] *Grumbach,* SchulG-Kommentar § 9 Anm. 5.
[110] *Grumbach,* SchulG-Kommentar § 14 Anm. 3.

- Sonderschulen.

Ausdrücklich wird ein Vorrang integrativer Förderung normiert (Abs. 1 S. 3): Kinder und Jugendliche mit sonderpädagogischem Förderbedarf sollen nur in Sonderschulen aufgenommen werden, wenn sich sonst eine Förderung nicht realisieren lässt.

(11) *Integration in Brandenburg*

Auch im Schulgesetz Brandenburgs wurde ein grundsätzlicher Anspruch behinderter Schülerinnen und Schüler auf sonderpädagogische Förderung (§ 29 Abs. 1) normiert (GVBl. Teil 1, Nr. 8, 2002), die durch gemeinsame Beschulung in Grundschulen, weiterführenden allgemein bildenden Schulen und Oberstufenzentren erfüllt werden soll (Abs. 2). Der Unterricht wird in enger Zusammenarbeit mit einer Förderschule oder Beratungsstelle organisiert (Abs. 3).

(12) *Vorschulische Integration in Sachsen*

Die Sächsische Integrationsverordnung (SächsIntegrVO v. 13.12.2002, GVBl. 2002 Nr. 14) regelt die Bedingungen für die Aufnahme und Integration von behinderten und von Behinderung bedrohten Kinder und die Anforderungen an die entsprechenden Kindertageseinrichtungen, §§ 1, 2 Abs. 1. Mit der Aufnahme wird der Anspruch auf Eingliederungshilfe gemäß § 39 Abs. 1 und 2 des Bundessozialhilfegesetzes (BSHG) umgesetzt.

d) Prüfungen, Leistungskontrollen

Der Grundsatz der *Chancengleichheit* gebietet es, dass körperliche Behinderungen der Schüler durch Gewährung besonderer Arbeitserleichterungen auszugleichen sind, beispielsweise durch Verlängerung der Bearbeitungszeit. Ein Unterbleiben solcher Kompensationsmaßnahmen stellt einen Verstoß gegen das Verbot der Benachteiligung Behinderter dar, Art. 3 Abs. 3 S. 2 GG.[111] Hingegen unterliegen Schüler mit Legasthenie bei einem Deutschdiktat grundsätzlich den für alle Schüler geltenden Maßstäben der Leistungsbewertung.[112]

e) Einstweiliger Rechtsschutz

Von großer praktischer Relevanz im Schulrecht ist der Rechtsbehelf des *vorläufigen Rechtsschutzes*.

---

[111] *Avenarius/Heckel* 27.322.
[112] so: BayVGH in: BayVBl. 1997, 431, 432ff.

Beispielsweise muss, um schulische Defizite eines Schüler zu vermeiden, die *Eingliederungshilfe* gemäß *§§ 39, 40 BSHG* für die Übernahme der Kosten für eine Begleitperson zum Schulbesuch sofort gewährt werden.

Nach diesen Bestimmungen (§§ 80, 80 a, 123 VwGO) können Zwischenregelungen getroffen werden, die es vermeiden, dass während der Dauer des Rechtsstreits zur Hauptsache vollendete Tatsachen geschaffen werden oder aufrechterhalten bleiben.[113]

Bei der hier einschlägigen Bestimmung des § 123 VwGO müssen glaubhaft gemacht werden:

- ein Anordnungsanspruch,
- ein Anordnungsgrund.

Ein Anordnungsanspruch kann dann als glaubhaft gemacht gelten, wenn ein Anspruch auf Gewährung der geltend gemachten Eingliederungshilfe und damit das Obsiegen des Antragstellers im Hauptsacheverfahren überwiegend wahrscheinlich ist.[114]

Regelmäßig geht es um die Vermeidung schwererer oder gar irreparabler Schäden an bedeutenden Rechtsgütern des Antragstellers: Eine Eingliederungshilfe muss möglichst schnell einsetzen, um zu vermeiden, dass durch einen verzögerten Hilfebeginn Defizite in der schulischen Integration des Hilfebedürftigen eintreten.[115]

Bei der Entscheidung muss der Schaden, der dem Schüler durch den eventuell nur zwischenzeitlichen Besuch einer Sonderschule und dem verspäteten Besuch der Regelschule droht, mit dem finanziellen Schaden für den Schul- bzw. Sozialhilfeträger abgewogen werden.

Dabei neigt das OVG Sachsen-Anhalt im Rahmen der Abwägung dazu anzunehmen, dass der *Sonderschulbesuch erst dann notwendig* werde, wenn an der allgemeinen Schule notwendige besondere pädagogische Förderungen bislang nicht stattfinden und die Voraussetzungen dafür *auch nicht geschaffen werden* können.[116]

Zumindest im vorläufigen Rechtsschutz scheint es nach dieser Rechtsprechung also einen Anspruch auf die Schaffung einer Integrationsfördermaßnahme zumindest für den Zeitraum des Hauptsacheverfahrens zu geben.

Das Gericht schließt im Rahmen der Abwägung für die Entscheidung im einstweiligen Verfahren aber besonders kostenintensive Maßnahmen von der gegenwärtigen Förderung aus.[117]

---

[113] *Redeker/von Oertzen* VwGO § 123 Rn 1.
[114] VG Leipzig Urt. v. 21.11.2000 in: Rechtsdienst der Lebenshilfe 2001, 116.
[115] VG Leipzig Urt. v. 21.11.2000 in: Rechtsdienst der Lebenshilfe 2001, 116.
[116] OVG Sachsen-Anhalt Entsch. v. 26.08.1997 SPE 333 Nr. 6.
[117] OVG Sachsen-Anhalt Entsch. v. 26.08.1997 SPE 333 Nr. 6.

f) Eingliederungshilfe, Kostentragung

Die aus der Behinderung eines Schülers resultierenden besonderen finanziellen Lasten führen zu Ansprüchen auf Eingliederungshilfe, §§ 39ff. BSHG. Nach § 40 *Abs. 1 Nr.* 3 BSHG hat ein behinderter Schüler Anspruch auf Hilfe zu einer angemessenen Schulbildung. Dies gilt im Rahmen der allgemeinen Schulpflicht, aber auch für den Besuch weiterführender Schulen einschließlich der Vorbereitung hierzu.[118]

Die Eingliederungshilfe für Behinderte nach den §§ 39, 40 BSHG scheitert nicht an den Kosten einer bestimmten Maßnahme. Dies hat das Bundesverwaltungsgericht jüngst ausdrücklich betont. Es hat aber – jenseits der Kostenfrage – eine Mittel-Zweck-Relation zugelassen.[119]

Als Hilfe der Eingliederung kommt auch *Hausunterricht* in Betracht. Ferner hat der Träger der Sozialhilfe die Kosten für eine Begleitperson zu übernehmen.[120]

Die zuständige Schulbehörde trifft die Entscheidung über den Bildungsweg des behinderten Schülers. Der Träger der Sozialhilfe kann hiergegen nicht mit Erfolg geltend machen, dass die Eingliederungshilfe vermieden werden könne, wenn der Schüler eine Sonderschule besuchen würde.[121]

---

[118] *Niehues* Rn 387.

[119] BVerwG in: FEVS 43, S. 181.

[120] Die Begleitung beim Schulweg zählt nicht zum Pflegebedarf, da es sich um keine rehabilitierende Hilfe im Sinne des § 14 Abs. 4 Nr. 3 SGB XI („Mobilität ausserhalb der häuslichen Umgebung"), sondern um eine Eingliederungshilfe für Behinderte handelt, für die der Sozialhilfeträger zuständig ist, BSG in: Rechtsdienst der Lebenshilfe 1/00.

[121] SPE 808
Nr. 19: VGH Mannheim, Urt. v. 17.09.1997: Eingliederungshilfe, Besuch der Regelschule
Nr. 20: OVG Lüneburg: Sozialhilfeträger kann nicht auf die Vermeidung einer Eingliederungshilfe bei Besuch einer Sonderschule verweisen
Nr. 21: BVerwG, Urteil vom 18.4.85: ebenso
Nr. 23: OVG Münster Urt. v. 14.4.99 (BR 4/200) Eingliederungshilfe bei Legasthenie umfasst auch Sekundärfolgen wie Schulunlust, Gehemmtheit und Versagensängste; ausserschulische Maßnahmen dürfen aber nur gewährt werden, wenn schulische Förderung nicht ausreicht, ebenso: SPE 808 Nr. 31: VGH Kassel, Beschl. v. 13.03.01.
Grenze: Nr. 24: VGH Kassel, Beschl. v. 09.06.99: körperbehinderter Schüler kann darauf verwiesen werden, im Wege der Selbsthilfe eine entsprechende Sonderschule zu besuchen, wo keine Kosten für einen Zivildienstleistenden als persönlichen Helfer entstehen. Dagegen OVG Münster in: BR 2000, Heft 6: Das Sozialamt hat die Kosten zu übernehmen, wenn ein behindertes Kind nur mit Unterstützung eines Zivildienstleistenden am Unterricht teilnehmen kann. Die Kosten fallen unter die Leistungen der Eingliederungshilfe und können nicht auf den Schulträger abgewälzt werden.
Nr. 29 VGH Mannheim, Beschl. v. 03.07.97: Eingliederungshilfe: qualifiziertes Personal wird nicht vom Sozialhilfeträger gestellt bzw. bezahlt.
Nr. 28 VG Bremen, Besch. v. 10.12.1998: Betreuungsbedarf Behinderter während des Schulbesuchs wird in der Regel von der Schule gedeckt, kein Bedarf für eine zusätzliche Assistenz.

Unterentwickelt ist noch die *Abstimmung von Schulrecht und Sozialrecht:* Eine Verknüpfung der Ansprüche nach dem Sozialrecht (z.B.: Bundessozialhilfegesetz, Kinder- und Jugendhilfegesetz, Vorschriften zur Pflege-, Kranken- oder Unfallversicherung) mit dem Schulrecht fehlt bisher. Es muss zukünftig darum gehen, beide Rechtsgebiete enger aufeinander zu beziehen und die Ansprüche aus beiden Rechtsgebieten zu bündeln.[122]

Immer wieder führt die Frage, wer die Kosten für einen Integrationshelfer (Schul- und Unterrichtsbegleiter) zu übernehmen hat, zu Rechtsstreiten:

Nach einem Urteil des VG Münster muss das zuständige Sozialamt die Kosten von *Integrationshelfern* für die Betreuung behinderter Kinder in integrativen Schulklassen zahlen. Der Kreis hatte die Kostenübernahme mit Verweis auf die Zuständigkeit der Stadt als Schulträger abgelehnt. Nach Ansicht des Gerichts stellte jedoch die Betreuung der Kinder eine Hilfe zu einer angemessenen Schulbildung im Sinne des Bundessozialhilfegesetzes dar. Dafür hat der Sozialhilfeträger aufzukommen.[123]

Das OVG Koblenz hat entschieden, dass nach rheinland-pfälzischem Landesrecht behinderte Kinder keinen Anspruch gegen die Schulverwaltung auf die Gestellung eines Integrationshelfers bzw. auf Übernahme der dadurch anfallenden Kosten haben.[124] Zwar bestimme § 28 Abs. 1 der Schulordnung für öffentliche Grundschulen (GSchO), dass Kinder mit Lernschwierigkeiten und Lernstörungen entsprechend ihren individuellen Voraussetzungen besonders gefördert werden. Dies gelte jedoch nur „im Rahmen der vorhandenen Möglichkeiten". Die in Rede stehende Förderung erfolge aufgrund einer Verwaltungsvorschrift des Ministeriums für Bildung und Kultur vom 30.08.1993,[125] die dortigen „Grundsätze der Förderung" enthalten jedoch nur eine Förderung innerhalb des Klassenverbandes durch den/die Klassenlehrer/-in, eventuell unter Hinzuziehung einer weiteren Lehrkraft.

Da in dem entschiedenen Fall jedoch unstreitig eine (seelische) Behinderung im Sinne des § 2 Abs. 1 S. 1 SGB IX vorlag, war gemäß § 39 Abs. 1 BSHG Eingliederungshilfe zu gewähren. Die entsprechenden Maßnahmen dieser Hilfe sind in § 40 Abs. 1 Nr. 4 BSHG geregelt.

In Fällen, in denen ausschließlich oder schwerpunktmäßig eine seelische Behinderung vorliegt, gewährt § 35 a Abs. 1 SGB VIII einen gleichartigen Anspruch auf Eingliederungshilfe gegen den Träger der Jugendhilfe, der gemäß § 10 Abs. 2 S. 1 SGB VIII Ansprüchen aus dem Bundessozialhilfegesetz vorausgeht.

Um zu verhindern, dass wegen nicht geklärter Kostenübernahme notwendige Integrationsmaßnahmen unterbleiben, existiert gemäß § 44 Abs. 1 BSHG eine Pflicht des Sozialhilfeträgers auf vorläufige Hilfeleistung. Demnach hat, wenn nicht spätestens vier Wochen nach Bekanntwerden des Bedarfs, der Träger der

---

Nr. 10: VG Bremen 28.06.1990: *Integrationshelfer* für den Grundschulbesuch als Eingliederungshilfe.

[122] *Füssel* in: *Antor/Bleidick,* Handbuch der Behindertenpädagogik 311, 312.

[123] Az: 6 K 4044/97, Quelle: www.sozialportal.de.

[124] OVG Koblenz, ZFSH/SGB 2002 (Heft 12), 733ff.

[125] Gem. Amtsbl. 1993, S. 502f.

Sozialhilfe die notwendigen Maßnahmen unverzüglich durchzuführen, wenn zu befürchten ist, dass sie sonst unterbleiben oder nicht rechtzeitig vorgenommen werden.

g)   Schulen in freier Trägerschaft, kirchliche Schulen

Die rechtlichen Anforderungen zur Integration behinderter Schüler gelten grundsätzlich auch für die private Ersatzschule, die auch insofern nicht gegenüber der öffentlichen Schule zurückstehen darf.[126]

Im Einzelfall wurde jedoch der Anspruch auf Eingliederungshilfe für den Besuch einer Privatschule (Waldorfschule) verneint, falls ein behindertes Kind die am Wohnort befindliche Grundschule erreichen kann und von Seiten der Schule die Voraussetzungen einer angemessenen Förderung des Kindes geschaffen werden.[127]

Die schulrechtlichen Bestimmungen über die Schulpflicht gelten im Hinblick auf die Akzessorietät des privaten Schulwesens gemäß Art. 7 Abs. 4 S. 3 GG auch für private Schulen, die in ihren Bildungs- und Erziehungszielen einer öffentlichen Schule entsprechen. Auch diese Schulen dürfen *nur solche Schüler* aufnehmen, die für die jeweilige *Schulart geeignet* sind und dort hinsichtlich des Erreichens der von dieser vermittelten Qualifikation gefördert werden können.[128] Die Aufnahme eines behinderten Schülers in eine private Regel-Volksschule setzt daher voraus, dass eine *positive Prognose* besteht, der Schüler könne den *Hauptschulabschluss erreichen*.

h)   Schülerbeförderung

Zwar existiert regelmäßig gegen den Landkreis ein öffentlich-rechtlicher Anspruch auf

* Durchführung der Beförderung zur Schule unter zumutbaren Bedingungen oder
* auf volle Erstattung der notwendigen Auslagen.

Allerdings besteht *kein Anspruch* auf Gestellung einer *zusätzlichen Begleitperson*.[129]

---

[126] BayVGH BayVBl. 1998, 180 = SPE 333 Nr. 5.

[127] OVG Lüneburg in: FEVS 1993, 291.

[128] BayVGH Urt. v. 09.07.1997 SPE 333 Nr. 5.

[129] so: VG Stade, Urt. v. 29.01.2001 in: Rechtsdienst der Lebenshilfe 4/01: Aus dem unbestimmten Rechtsbegriff in § 114 Abs. 1 NSchG – Beförderung „unter zumutbaren Bedingungen" – lasse sich ein solcher Anspruch nicht herleiten.

4.   Der Landesplan für behinderte Menschen in Rheinland-Pfalz 1998

Um eine koordinierte Entwicklung der Rehabilitation behinderter Menschen und ihre Integration in Gesellschaft, Arbeitswelt und Beruf sicherzustellen, hat die rheinland-pfälzische Landesregierung 1998 einen Landesplan[130] erstellt, der einen Gesamtüberblick über das System der bestehenden Hilfe in Rheinland-Pfalz bietet. Da die gesellschaftliche wie berufliche Gleichstellung behinderter Menschen nicht nur die Aufgabe eines Fachressorts ist, soll der Landesplan Grundlage der Überlegungen der Landesregierung darstellen, wie den künftigen Anforderungen einer angemessenen Hilfe für behinderte Menschen entsprochen werden kann.

Ausgangspunkt für die Weiterentwicklung der Hilfe für behinderte Menschen ist der *Grundsatz der Normalisierung*. Danach sollen behinderte Menschen ein Recht darauf haben, die gleichen Chancen zur Gestaltung ihres Lebens zu erhalten wie Menschen ohne Behinderung.[131] Menschen mit Behinderung sollen demnach selbst darüber bestimmen können, wo und wie sie leben wollen, welche Ausbildungsstellen sie besuchen und wo sie arbeiten möchten.

5.   Straßenverkehrsrecht

a)   Besondere Rücksichtnahme gegenüber behinderten Menschen

Fahrzeugführer müssen sich gegenüber Hilfsbedürftigen, worunter auch behinderte Verkehrsteilnehmer fallen, besonders rücksichtsvoll verhalten, namentlich durch eine Verminderung der Fahrgeschwindigkeit und durch Bremsbereitschaft, § 3 Abs. 2 a StVO.

b)   Teilnahme behinderter Menschen am Straßenverkehr

Andererseits sind behinderte Menschen nur dann ohne Einschränkung und allein zur Teilnahme am öffentlichen Verkehr zugelassen, wenn sie dazu sicher in der Lage sind.[132] Gemäß § 2 Abs. 1 FeV (Fahrerlaubnis-Verordnung, bis zum 01.01.1999 inhaltsgleich in § 2 StVZO geregelt) dürfen Menschen, die sich infolge körperlicher Mängel nicht sicher im Verkehr bewegen können, am Verkehr – auch als Fußgänger! – nur dann teilnehmen, wenn in geeigneter Weise Vorsorge dafür getroffen ist, dass sie andere nicht gefährden. Geistige Mängel sind den körperlichen Män-

---

[130] Der 213 Seiten starke Landesplan kann beim Ministeriem für Arbeit, Soziales und Gesundheit bestellt werden.

[131] Landesplan A 1.2, S.11.

[132] *Berzin* in: Deutsches Rechtslexikon Bd 1 Beitrag „Behinderte als Verkehrsteilnehmer", S. 601.

geln gleichgestellt: Auch hier muss eine Gefährdung anderer Verkehrsteilnehmer ausgeschlossen sein, z.B. bei Epilepsie.

Als Hilfsmittel zur Ermöglichung einer sicheren Teilnahme am Straßenverkehr werden in Abs. 2 folgende Vorsorgemaßnahmen genannt:

- Begleitung durch eine geeignete Person
- Führen eines Blindenhundes in weißem Führgeschirr
- Tragen von gelben Armbinden oder Buttons mit drei schwarzen Punkten
- Benutzung eines weißen Stocks

Weiter kommen in Betracht:

- Benutzung künstlicher Glieder für fehlende Gliedmaßen
- Zusatzeinrichtungen an KFZ.[133]

Bei der Anwendung der genannten Vorschriften muss eine verfassungskonforme Auslegung angemahnt werden, die das Benachteiligungsverbot des Art. 3 Abs. 3 S. 2 GG, das Sozialstaatsprinzip, das allgemeine Persönlichkeitsrecht und die Menschenwürde (Art. 1 Abs. 1 GG) berücksichtigt: Niemandem soll aus Erwägungen maximaler Sicherheit des Straßenverkehrs die Möglichkeit der Teilnahme am Verkehr genommen werden.[134] Allerdings ist auch die Sicherheit des Straßenverkehrs ein hohes Gut, das nicht durch den verständlichen Wunsch eines einzelnen, ein Kraftfahrzeug zu führen, gefährdet werden sollte. Daher ist auch hier eine Einzelfallabwägung vorzunehmen.

c) Erleichterte Parkmöglichkeiten

Die Straßenverkehrsordnung (StVO) gewährt in § 45 Abs. 1 b Nr. 2, 46 Abs. 1 Nr. 4 a und b, 11 unter anderem Personen mit außergewöhnlicher Gehbehinderung (Merkzeichen: aG) und Blinden (Bl) Parkerleichterungen. Voraussetzungen und Verfahren der Parkerleichterungen sind in der Allgemeinen Verwaltungsvorschrift zur StVO[135] geregelt.

Auf Antrag bei der zuständigen Verkehrsbehörde erhält der Berechtigte einen Sonderparkausweis, der gut sichtbar hinter der Frontscheibe platziert werden muss. In Verbindung mit der schriftlich ergangenen Genehmigung ermöglicht er folgende Erleichterungen:

- Parken im eingeschränkten Halteverbot bis zu drei Stunden (die Ankunftszeit muss auf einer Parkscheibe angezeigt werden)
- Parken im Zonenhalteverbot über die zugelassene Parkdauer hinaus
- Parken an Parkuhren und Parkscheinautomaten gebührenfrei und zeitlich unbegrenzt

---

[133] *Berzin* in: Deutsches Rechtslexikon Bd 2 Beitrag „Körperl. Mängel und Verkehrsteilnahme", S. 2516.

[134] *Castendiek/Hoffmann* Rn 454.

[135] VwV zu § 46, abgedruckt in: *Janiszewski/Jagow/Burmann:* StVO, Kommentar zu § 46

- Parken auf Anwohnerparkplätzen bis zu drei Stunden
- Parken in Fußgängerzonen während der Ladezeiten.

Das Land *Rheinland-Pfalz* erteilt inzwischen auch Ausnahmegenehmigungen für diese Erleichterungen an Personen, die die Voraussetzungen für das Merkzeichen aG nur knapp verfehlen. Dabei ist die Gültigkeit auf den Bereich des Landes beschränkt, in dem sie erteilt wurden.

Die Benutzung der Sonderparkplätze für Behinderte ist in allen Fällen nur den Ausweisinhabern mit dem Merkzeichen aG bzw. Bl gestattet.

Kleinwüchsige Menschen mit einer Körpergröße von 1,39 m und darunter erhalten auf Antrag eine bundesweit gültige Ausnahmegenehmigung, um an Parkuhren und Parkscheinautomaten gebührenfrei zu parken. Das gleiche gilt für Ohnhänder (Ohnarmer), die darüber hinaus auf Parkplätzen mit zeitlicher Begrenzung ohne Benutzung der Parkscheibe parken dürfen.

Voraussetzung für die Inanspruchnahme der Parkerleichterungen ist immer, dass in zumutbarer Entfernung keine anderen Parkmöglichkeiten bestehen.

Ausweisinhaber mit Merkzeichen aG bzw. Bl können bei der örtlich zuständigen Verkehrsbehörde die Einrichtung eines speziell gekennzeichneten, individuellen Parkplatzes (beispielsweise in Wohnungs- oder Arbeitsstättennähe) beantragen. Ob dem Antrag stattgegeben werden kann, hängt wesentlich von den örtlichen Gegebenheiten ab, ein Rechtsanspruch besteht nicht.

Seit dem 01.01.2001 gibt es den EU-einheitlichen Parkausweis für Behinderte. Dieser berechtigt zur Inanspruchnahme der im jeweiligen Mitgliedstaat gewährten Parkerleichterungen.[136]

d)   Unberechtigtes Parken auf Behindertenparkplätzen

Unzulässigerweise auf Behindertenparkplätzen abgestellte Fahrzeuge können auch dann abgeschleppt werden, wenn kein Berechtigter konkret am Parken gehindert wird.[137]

Das Abschleppen eines unberechtigt auf einem Behindertenparkplatz geparkten Autos ist *nur dann nicht gerechtfertigt,* wenn der Autofahrer ohne Verzögerung ermittelt werden kann und dieser bereit ist, sein Auto sofort wegzufahren. Grundsätzlich muss nicht ermittelt werden, wo sich der Fahrer aufhält. Es ist in der Regel nämlich schwierig, den betreffenden Fahrer ausfindig zu machen, wodurch sich die Räumung des besetzten Behindertenparkplatzes weiter verzögert.[138]

Das Parkverbot auf einem Behindertenparkplatz besteht sogar bei einer Autopanne. Die Abschleppkosten für seinen Wagen muss ein Autofahrer auch dann bezahlen, wenn er sein Fahrzeug wegen einer Panne auf einem Behindertenparkplatz

---

[136] Merkblatt „P wie Parkerleichterungen" in: www.behindertenbeauftragter.de.
[137] BayVGH, NJW 1989, 245; 1996, 1979.
[138] BVerwG (Az: 3 B 67/02) Quelle: www.sozialportal.de.

abstellt. Ein Behindertenparkplatz kann nämlich seine eigentliche Funktion nur dann erfüllen, wenn das Fahrzeug unverzüglich entfernt wird.[139]

6. Wehrrecht

Gemäß § 9 Wehrpflichtgesetz (WPflG) wird zum Wehrdienst nicht herangezogen, wer nicht wehrdienstfähig ist (Tauglichkeitsgard „nicht mehrdienstfähig" gem. § 8 a WPflG). Bei Wehrdienstunfähigkeit ergeht ein Ausmusterungsbescheid als ein begünstigender feststellender Verwaltungsakt. Schwerbehinderte Menschen im Sinne des § 2 Abs. 2 SGB IX sind vom Wehrdienst befreit (§ 11 Abs. 1 Nr. 4 WPflG). Voraussetzung der Befreiung ist eine entsprechende Entscheidung der Versorgungsbehörde; die Befreiung durch das Kreiswehrersatzamt bleibt auch dann gültig, wenn nachträglich ein Bescheid mit niedrigerer MdE ausgestellt wird.[140]

Außerdem kann der Wehrpflichtige bereits von der Pflicht befreit werden, sich zur Musterung vorzustellen, wenn er einen Bescheid der Musterungsbehörde vorgelegt hat, § 2 Abs. 1 Wehrpflichtverordnung. Dies hat sowohl den Vorteil, dass der Ärztliche Dienst des Kreiswehrersatzamtes nicht eingeschaltet werden muss als auch dient es dem Persönlichkeitsschutz des Wehrpflichtigen.[141]

---

[139] so: OVG Münster Urt. v. 21.03.2000 (Az: 5 A 2339/99), Quelle: www.sozialportal.de.
[140] *Scherer/Walz* § 11 Rn 39.
[141] *Scherer/Walz* § 11 Rn 40.

§ 9 Strafrecht

1. Schutz der sexuellen Selbstbestimmung

Dem Schutz der sexuellen Selbstbestimmung behinderter Menschen dienen folgende Straftatbestände:[1]

- sexueller Missbrauch von Schutzbefohlenen, § 174 StGB
- sexueller Missbrauch von Gefangenen, behördlich Verwahrten oder Kranken und Hilfsbedürftigen in Einrichtungen, § 174 a StGB
- sexueller Missbrauch unter Ausnutzung eines Beratungs-, Behandlungs- oder Betreuungsverhältnisses, 174 c StGB
- sexueller Missbrauch von Kindern, § 176, 176 a StGB
- sexueller Missbrauch von widerstandsunfähigen Personen 179 StGB
- sexueller Missbrauch von Jugendlichen, § 182 StGB
- Förderung sexueller Handlungen Minderjähriger, § 180 StGB
- sexuelle Nötigung, Vergewaltigung, § 177 StGB
- sexuelle Nötigung, § 178 StGB.

Der Deutsche Bundestag hat am 03.07.2003 das Gesetz zur Änderung des Sexualstrafrecht veramschiedet, das von den Koalitionsfraktionen eingebracht worden war (BT-Drs. 15/350). Unter anderem wurden Forderungen der Union nach einer Erhöhung der Strafandrohungen für den schweren sexuellen Mißbrauch von Kindern und Widerstandsunfähigen (§§ 176 a Abs. 1, 179 Abs. 4 StGB) aufgenommen.[2]

2. Schutz der Ehre

Ein geistig, psychisch oder körperlich behinderter Mensch genießt den gleichen Anspruch auf Achtung seines Persönlichkeitsrechts und damit auch seiner Ehre wie ein Nichtbehinderter; die Menschenwürde beginnt nicht erst mit dem Erreichen eines bestimmten physischen, psychischen oder geistigen Standards, sondern kommt jedem Menschen zu, mag er auch noch so schwer geschädigt sein.[3]

---

[1] nach dem Überblick bei *Kienzle* S. 190ff.
[2] *Detjen* in: ZRP 2003, Heft 8, 301.
[3] *Schramm* in: FS für *Lenckner* 539, 549 mit Hinweis auf BVerfGE 39, 1, 41.

Bei der zur Annahme des *Beleidigungstatbestandes nach § 185 StGB* notwendigen Kundgabe der Missachtung hat eine Auslegung des objektiven Sinngehaltes der Äußerung zu erfolgen: Hierbei macht es einen Unterschied, ob die Ausdrücke „Idiot, Debiler, Schwachsinniger, Krüppel" gegenüber behinderten Menschen nach ihrem Kontext im Sinne einer negativen Bewertung als Schimpfworte gebraucht werden, oder ob damit nur der physische bzw. psychische Zustand eines Menschen gekennzeichnet werden soll.[4]

Heute werden – zumindest im Alltagssprachgebrauch – diese Ausdrücke durchgehend als Schimpfwörter verwendet. In der juristischen Fachterminologie kommen gegenwärtig nur noch die Begriffe „krankhafte seelische Störung", „tiefgreifende Bewusstseinsstörung", „Schwachsinn", „schwere andere seelische Abartigkeit" vor (§ 20 StGB).[5]

Werden beispielsweise Eltern eines geistig behinderten Mannes von Nachbarn darauf hingewiesen, dass sie sich durch „den Anblick und das Verhalten ihres Idioten" gestört fühlen, so stellt eine solche Äußerung eine Beleidigung des behinderten Mannes dar, da sie nicht in erster Linie dazu dient, die intellektuell-seelischen Beeinträchtigungen des Mannes zu charakterisieren, sondern dazu, diese Eigenschaften negativ zu beurteilen, ihn zu einem defizitären Wesen herabzuwürdigen.[6]

Umstritten ist, ob der Adressat der herabsetzenden Äußerung diese verstanden haben muss, um eine vollendete Beleidigung annehmen zu können. Teilweise wird vertreten, geistig kranke Menschen müssten die Herabsetzung als solche erfahren können, um von den §§ 185ff. StGB in gleicher Weise geschützt zu werden wie geistig Gesunde.[7] Ein anderer müsse von der Beleidigung Kenntnis erlangt haben und deren ehrenrührigen Sinn geistig erfasst haben.[8]

Problematisch ist an dieser Ansicht aber, dass vielfach eine Beleidigung gegenüber Kindern und Geisteskranken unmöglich wäre.[9] Aus dogmatischer Sicht wird eingewendet, § 185 StGB pönalisiere die Kundgabe eigener Missachtung; die Tatbestände der §§ 186 und 187 bestraften dagegen die Ermöglichung fremder Missachtung durch das Behaupten oder Verbreiten ehrenrühriger Tatsachen; somit hänge die Vollendung bei § 185 StGB aber nicht davon ab, ob andere den beleidigenden Sinn der Äußerung verstehen.[10]

Auch unter dem Gesichtspunkt des Opferschutzes sei es irrelevant, ob der geistig behinderte Mensch die Äußerung verstanden habe.[11]

Da es sich bei behinderten Menschen um „einen Teil der Bevölkerung" im Sinne des § 130 Abs. 1, 2 StGB handelt, kommt zudem bei Schmierereien oder Parolen der Tatbestand der Volksverhetzung in Betracht.[12]

---

[4] *Lenckner* in: Sch/Schr § 185 Rn 8.
[5] *Schramm* S. 551f.
[6] *Schramm* S. 553.
[7] *Zaczyk* in: Nomoskomm. StGB vor § 185 Rn 11.
[8] RGSt 65, 21.
[9] *Lenckner* in: Sch/Schr § 185 Rn 16.
[10] *Schramm* S. 561.
[11] *Schramm* S. 562.

3.   Strafbarkeit Behinderter

Die §§ 19 bis 21 StGB behandeln die Verschuldensfrage in Bezug auf solche Menschen, die nicht über die normale *Einsichtsfähigkeit* verfügen.[13]

Wer bei Begehung einer Straftat „wegen einer krankhaften seelischen Störung, wegen einer tiefgreifenden Bewusstseinsstörung oder wegen Schwachsinns oder einer schweren anderen seelischen Abartigkeit unfähig ist, das Unrecht einer Tat einzusehen oder nach dieser Einsicht zu handeln" ist schuldunfähig, § 20 StGB (Schuldunfähigkeit wegen seelischer Störungen). Er kann deshalb nicht bestraft werden. § 20 StGB unterteilt sich also in vier psychische Merkmale:[14]

- *krankhafte seelische Störungen*, dazu zählen beispielsweise: Demenz nach Gehirnarteriosklerose, Psychosen, die äußere und innere Ursachen haben können. Äußere (exogene) Ursachen sind Hirnverletzungen, Entzündungen, Tumore, Infektionen (z.B. eine progressive Paralyse nach Syphilis), Stoffwechselanomalien, aber auch Vergiftungen bei pathologischen Rauschzuständen oder nach dem Genuss von Drogen oder Medikamenten.[15] Zu den inneren (endogenen) Ursachen werden Störungen gerechnet, deren Herkunft oft nicht zuverlässig zu bestimmen ist, wie etwa im Fall der Schizophrenie oder des sogenannten manisch-depressiven Irreseins.
- *tiefgreifende Bewusstseinsstörungen*: Dies sind solche psychischen Störungen, die nicht unmittelbar mit Krankheit in Verbindung gebracht werden können,[16] z.B. totale Erschöpfung, hochgradige Affekte, auch Rauschzustände.
- *Schwachsinn*, also schwere Intelligenzausfälle,
- *andere seelische Abartigkeiten*, z.B. Triebstörungen.

Wegen verminderter Schuldfähigkeit kann die Strafe gemäß § 21 StGB gemildert werden. Hier ist der Täter trotz seiner intellektuellen Minderbegabung im Prinzip *nicht* unfähig, sich ordnungsgemäß zu verhalten; seine Normtreue ist aufgrund der Störung aber beeinträchtigt.[17]

Um zu einer zuverlässigen Einschätzung der Einsichtsfähigkeit und damit der Schuldfähigkeit zu kommen, ist ein Sachverständigengutachten meist unverzichtbar; die Entscheidung darüber, ob der Täter trotz seiner Minderbegabung noch fähig war, das Unrecht der Tat einzusehen bzw. nach dieser Erkenntnis zu handeln, obliegt allerdings dem Richter.[18]

---

[12] *Schramm* S. 558.
[13] *Quambusch* Rn 18.
[14] Beispiele nach: *Thust/Trenk-Hinterberger* S. 83.
[15] *Quambusch* Rn 19.
[16] *Quambusch* Rn 20.
[17] *Quambusch* Rn 23.
[18] *Quambusch* Rn 24.

§ 10 Die Unterbringung[1]

Man unterscheidet drei Formen der Zwangsunterbringung:

* Unterbringung im Rahmen des Betreuungsrechtes,[2]
* Unterbringung nach den Landesunterbringungsgesetzen,
* strafrechtliche Zwangsunterbringung.

1. Bürgerlich-rechtliche Unterbringung

Die bürgerlich-rechtliche Unterbringung im Rahmen des Betreuungsrechtes setzt voraus, dass ein Betreuer bestellt wurde und die freiheitsentziehende Unterbringung zum Wohl des Betreuten erforderlich ist und die Gefahr besteht, dass dieser sich aufgrund einer psychischen Krankheit oder geistigen oder seelischen Behinderung selbst tötet oder erheblichen gesundheitlichen Schaden zufügt; ebenso ist die Unterbringung zulässig zur Untersuchung des Gesundheitszustandes und zur Durchführung einer Heilbehandlung.[3] Die Unterbringung muss zum Wohl des Betreuten notwendig sein; das Gesetz sieht hierfür nur zwei Fälle vor (§ 1906 Abs. 1 Nr. 1 und Nr. 2 BGB):

* Selbstgefährdung, Nr. 1:
* Die Unterbringung ist zulässig bei Selbstmordgefahr oder bei Gefahr einer erheblichen Gefährdung der eigenen Gesundheit.[4]

---

[1] *Ralf Alperstedt* führt in seinem Beitrag „Die Unterbringungsvoraussetzungen und ihre Anwendung in der Praxis" in: BtPrax 2000, 95ff., 145ff. Beispiele psychischer Erkrankungen bzw. geistiger oder psychischer Behinderungen an und erläutert deren Relevanz nach § 1906 BGB und § 8 Abs. 1 PsychKG Berlin, so depressives Syndrom, Wiederausbruch einer Schizophrenie, manisches Syndrom, Alkoholismus, psychogene Störungen, Grenzpsychosen (Borderline Syndrom), psychogene Psychosen.

[2] Zum Betreuungsrecht gibt die Arbeitsgemeinschaft der Caritasverbände Rheinland-Pfalz eine Informationsbroschüre mit dem Titel „Wie kann ich Vorsorge für den Fall treffen, dass ich meine Angelegenheiten nicht mehr selbst regeln kann? Eine Darstellung vor dem Hintergrund des Betreuungsrechts" Lambertus-Verlag Freiburg ISBN 3-7841-1167-x 1999.

[3] *Krüger* in: BtPrax 1992, 92, 93.

[4] *Diederichsen* in: *Palandt* § 1906 Rn 9.

- notwendige Untersuchung des Gesundheitszustands, Heilbehandlung oder ärztlicher Eingriff, Nr. 2: Zum Wohl des Betreuten gehören die Erhaltung seiner Gesundheit und die Verringerung oder Beseitigung von Krankheit oder Behinderung: Eine Behandlung ohne Freiheitsentziehung ist vielfach nicht möglich, wenn der Betroffene die Krankheit nicht wahrhaben will, wie dies häufig etwa bei Alkoholismus der Fall ist. Der Betreute versagt nun aufgrund einer psychischen Krankheit oder geistigen oder seelischen Behinderung die Einwilligung. Die Vorschrift wird wegen Art. 104 Abs. 2 S. 1 GG als bedenklich eingeschätzt.[5]

In Anbetracht des vom Bundesverfassungsgericht anerkannten Grundsatzes der „Freiheit zur Krankheit"[6] ist zu beachten, dass psychisch Kranke nur unter strikter Beachtung ihrer sich aus Art. 2 Abs. 2 S. 2 GG ergebenden Freiheitsrechte und des Verhältnismäßigkeitsgrundsatzes untergebracht werden dürfen, und zwar nur dann, „wenn sich dies als unumgänglich erweist, um eine drohende gewichtige Schädigung seiner Gesundheit von dem Kranken abzuwenden."[7]

Bei weniger gewichtigen Fällen muss aus zwingenden verfassungsrechtlichen Gründen eine derart einschneidende Maßnahme unterbleiben.[8]

2.   Öffentlich-rechtliche Unterbringung

Bei der öffentlich-rechtlichen Unterbringung nach dem Landesunterbringungsgesetz handelt es sich um eine Schutzmaßnahme für Personen, die an

- einer Psychose
- einer Suchtkrankheit
- einer anderen seelischen oder geistigen Störung
- einer seelischen oder geistigen Behinderung leiden bzw. die Anzeichen hierfür aufweisen.[9]

§§ 70ff. FGG regeln das Verfahren sowohl für die zivilrechtliche als auch für die öffentlich-rechtliche Unterbringung. Dort sind wichtige Verfahrensgarantien geregelt:[10]

- Verfahrensfähigkeit des Unterzubringenden, § 70 a FGG
- Verfahrenspfleger, § 70 b FGG (bei der öffentlich-rechtlichen Unterbringung ist dieser in der Regel erforderlich)

---

[5] *Diederichsen* in: *Palandt* § 1906 Rn 10.
[6] BVerfGE 58, 208, 226.
[7] *Schumacher* in: FamRZ 1991, 280 mit Hinweis auf die Formulierung des BVerfG (E 58, 208, 225f.).
[8] *Schumacher* in: FamRZ 1991, 280.
[9] *Krüger* in: BtPrax 1992, 92, 93.
[10] *Diederichsen* in: *Palandt* § 1906 Rn 2.

- persönliche Anhörung des Unterzubringenden, auf die dieser nicht verzichten kann.[11]
- Sachverständigengutachten bzw. ärztliche Zeugen, § 70 e FGG.

Besondere Bedeutung hat die Anhörung bei der möglichen *einstweiligen Anordnung,* mit der vorläufige Maßnahmen bei Gefahr in Verzug ergriffen werden können: Das als gesetzliche Grundlage der Freiheitsentziehung angeordnete Gebot, den Geisteskranken grundsätzlich vor Erlass einer einstweiligen Anordnung mündlich anzuhören, gehört zu den bedeutsamen Verfahrensgarantien, deren Beachtung Art. 104 Abs. 1 GG fordert und mit grundrechtlichem Schutz versieht. Vorrangiger Zweck der Anhörung im Unterbringungsverfahren ist es, dem Richter einen persönlichen Eindruck von dem Betroffenen und der Art seiner Erkrankung zu verschaffen, damit er in den Stand gesetzt wird, ein klares und umfassendes Bild von der Persönlichkeit des Unterzubringenden zu gewinnen und seiner Pflicht zu genügen, den ärztlichen Gutachten richterliche Kontrolle entgegenzusetzen.[12]

3.   Strafrechtliche Zwangsunterbringung

Die strafrechtliche Zwangsunterbringung: Eine Straftat ist dem Täter dann nicht vorwerfbar, wenn er bei der Verwirklichung des Tatbestandes nicht schuldhaft gehandelt hat.[13]

Hat der Täter eine rechtswidrige Tat im Zustand der Schuldunfähigkeit (§ 20 StGB) oder der verminderten Schuldfähigkeit (§ 21 StGB) begangen (dazu siehe oben) und ergibt die Gesamtwürdigung des Täters und seiner Tat, dass von ihm infolge seines Zustands erhebliche rechtswidrige Taten zu erwarten sind, und er deshalb für die Allgemeinheit gefährlich ist, so wird die *Unterbringung* in einem psychiatrischen Krankenhaus vom Strafgericht *als freiheitsentziehende Maßregel* angeordnet (§§ 63 Abs. 1 StGB; 8, 105 JGG).[14]

Die Unterbringung ist sowohl neben einer Strafe als auch anstelle einer Strafe möglich. Auch bei Jugendlichen kann die Unterbringung neben der Sanktion angeordnet werden. Bei ihnen und bei den ihnen gleichgestellten Heranwachsenden soll dann von der Verhängung von Sanktionen abgesehen werden, wenn die Unterbringung in einem psychiatrischen Krankenhaus die Ahndung durch den Richter entbehrlich macht. (§§ 5 Abs. 3, 105 Abs. 1 JGG)[15]

Die Unterbringung kann ausnahmsweise zur Bewährung ausgesetzt werden, falls besondere Umstände die Erwartung rechtfertigen, dass der Zweck der Maßregel auch dadurch erreicht werden kann (§ 67 b Abs. 1 StGB).

Obwohl die Unterbringung in einem psychiatrischen Krankenhaus keine Strafe darstellt, so trifft sie doch den Betroffenen hart: Sie ist zeitlich unbeschränkt. Da

---

[11] BayObLG in: FamRZ 1995, 695.
[12] BVerfG Beschluss vom 07.10.1981 in: *Klie,* Heimrecht S. 1.
[13] *Krüger* in: BtPrax 1992, 92, 94.
[14] *Thust/Trenk-Hinterberger* S. 83.
[15] *Thust/Trenk-Hinterberger* S. 83f.

es sich hierbei um das „einzige wirklich Lebenslängliche" des Strafrechts handelt, sollten sich alle Beteiligten bei einer Unterbringung ihrer besonderen Verantwortung bewusst sein.

Daneben kommt auch noch die Unterbringung in einer *Entziehungsanstalt* in Betracht. (§ 64 StGB) Für den Vollzug der freiheitsentziehenden Maßregeln enthält das Strafvollzugsgesetz (StVollzG) nur wenige Vorschriften.

§ 136 StVollzG: Danach richtet sich die Behandlung des Untergebrachten in einem psychiatrischen Krankenhaus nach *ärztlichen Gesichtspunkten.* Der Untergebrachte soll, soweit möglich, geheilt oder sein Zustand soweit gebessert werden, dass er nicht mehr gefährlich ist. Im wird die nötige Aufsicht, Betreuung und Pflege zuteil. Die Soll-Fassung des S. 2 trägt der Erfahrung Rechnung, dass dieses Ziel nicht in allen Fällen erreicht werden kann. Ist die erstrebte Heilung oder Besserung nicht möglich, beschränkt sich die Verpflichtung darauf, die erforderliche Aufsicht, Betreuung und Pflege zu gewährleisten. (S. 3) Nach S. 1 darf die Unterbringung keinen Verwahrungscharakter haben; ärztlich-psychiatrische Gesichtspunkte müssen Vorrang genießen.[16]

§ 137 StVollzG: Ziel der Behandlung des Untergebrachten in einer Entziehungsanstalt ist es, ihn von seinem Hang zu heilen und die zugrundeliegende Fehlhaltung zu beheben. Der Vollzug der Maßregel hat somit eindeutig therapeutische Funktion zu erfüllen.[17]

4.   Unterbringung und Freiheitsberaubung[18]

Bei Unterbringung oder unterbringungsähnlichen Maßnahmen in Heimen für Behinderte kommt es immer wieder zu freiheitsbeschränkenden Maßnahmen, deren Notwendigkeit und Rechtmäßigkeit oftmals fraglich sind. Die persönliche Freiheit des Menschen ist in Art. 2 Abs. 2 S. 2, Art. 104 GG verfassungsrechtlich und in *§ 239 StGB (Freiheitsberaubung)* strafrechtlich geschützt. Gemäß § 239 StGB wird bestraft, wer einen Menschen einsperrt oder auf andere Weise der Freiheit beraubt. In dieser Vorschrift wird die *potentielle Fortbewegungsfreiheit geschützt,* was durch das 6. Strafrechtsreformgesetz mittels Streichung der Worte „des Gebrauchs" der Freiheit als entbehrlich bestätigt wurde.

Es spielt somit keine Rolle, ob der Rechtsinhaber auch tatsächlich von seinem Recht Gebrauch machen will, oder von der Freiheitsbeschränkung wusste.

---

[16] *Calließ/Müller-Dietz,* Strafvollzugsgesetz § 136 Rn 1.
[17] *Calließ/Müller-Dietz,* Strafvollzugsgesetz, Kommentar zu § 137.
[18] zur besonderen strafrechtlichen Problematik bei freiheitsentziehenden Maßnahmen im Heimbereich vgl. *Gastiger:* Freiheitsschutz und Haftungsrecht in der stationären und ambulanten Altenhilfe 1993.

a)   Tathandlung des § 239 StGB

Kann ein Mensch seinen Aufenthaltsort nur mit Hilfe anderer verlassen, oder bedarf er hierzu technischer Hilfsmittel (z.B. Rollstuhl, Rampe, Lift, Brille usw.), so kann er seiner Freiheit durch Entfernen oder Außerbetriebnahme dieser Hilfsmittel beraubt werden.[19]

Eine Freiheitsberaubung kann sowohl durch Einsperren als auch durch jedes andere taugliche Mittel begangen werden, das dazu geeignet ist, einem anderen seiner Fortbewegungsfreiheit zu berauben. In Betracht kommt hierbei etwa das Festbinden im Bett oder auf einem Stuhl oder die Verabreichung von Medikamenten, die eine Fortbewegung verhindern.[20]

Die Freiheitsberaubung ist aber bereits tatbestandlich ausgeschlossen, wenn die Beschränkung der Bewegungsfreiheit mit Einwilligung des Betroffenen geschieht. Der Einwilligende muss dabei imstande sein, Wesen, Bedeutung und Tragweite der Freiheitsbeschränkung voll zu erfassen. Dies ist generell zu verneinen bei geistig oder psychisch behinderten Menschen, die in Fragen der Selbstbestimmung über ihren Aufenthalt eines Betreuers im Sinne des Betreuungsgesetzes (BTG) bedürfen; ansonsten bestünde der Widerspruch, dass der Betreute nicht mehr die Fähigkeit besitzt, seinen Aufenthaltsort an sich zu bestimmen, aber weiterhin über die Einschränkung seines Rechtes verfügen könnte.[21]

b)   Tatobjekt der Freiheitsberaubung

Tatobjekt kann jeder Mensch sein; auch gegenüber einem Zurechnungsunfähigen ist eine Freiheitsberaubung möglich.[22] Erforderlich ist nur, dass der Betroffene im natürlichen Sinne die Fähigkeit hat, willkürlich seinen Aufenthalt zu verändern.

In einigen Bundesländern ist der Vollzug freiheitsentziehender Maßregeln der Unterbringung in psychiatrischen Krankenhäusern und Entziehungsanstalten durch Landesgesetze näher geregelt.

Die Strafbarkeit einer Freiheitsberaubung entfällt auch dann, wenn sie gerechtfertigt war. Als Rechtfertigungsgründe kommen zunächst in Betracht

- Notwehr (§ 32 StGB)
- Nothilfe (§ 32 StGB)
- Notstand (§ 34 StGB).

Daneben steht im Bereich der Heimaufsicht § 1906 BGB eine Rolle. Nach § 1906 Abs. 2 BGB ist die Unterbringung nur mit Genehmigung des Vormundschaftsgerichts zulässig. Eine Ausnahme besteht dann, wenn mit dem Aufschub Gefahr verbunden ist. Die Genehmigung ist dann aber unverzüglich nachzuholen. § 1906

---

[19] *Eser* in: *Schönke/Schröder* § 239 Rn 3.
[20] *Eser* in: *Schönke/Schröder* § 239 Rn 1.
[21] *Arians* in: BR 1994, 145, 146 mit Hinweis auf *Schwab* in: Münchener Kommentar zum BGB 3. Aufl. 1992 § 1906 Rn 17.
[22] *Eser* in: *Schönke/Schröder* § 239 Rn 3.

Abs. 1 BGB setzt voraus, dass ein Betreuter durch einen Betreuer untergebracht wird und die Unterbringung mit einer Freiheitsentziehung verbunden ist.

Eine freiheitsentziehende Unterbringung ist gegeben, wenn der Betroffene gegen seinen Willen oder bei Willenlosigkeit in einem räumlich abgegrenzten Bereich eines geschlossenen Krankenhauses bzw. einer anderen geschlossenen Einrichtung oder eines Teils einer solchen Einrichtung für eine gewisse Dauer festgehalten und sein Aufenthalt ständig überwacht und die Kontaktaufnahme mit anderen Personen außerhalb des Bereichs eingeschränkt wird.[23]

Die Vorschriften des § 1906 Abs. 1 bis 3 BGB gelten entsprechend bei unterbringungsähnlichen Maßnahmen (Abs. 4).

Eine unterbringungsähnliche Maßnahme ist der Freiheitsentzug durch mechanische Vorrichtungen, Medikamente oder auf andere Weise, wozu unter anderem gehören:[24]

- Leibgurt im Bett oder am Stuhl
- Fixierung der Arme und Beine
- Schutzdecke
- Bettgitter
- Stecktisch am Stuhl
- Abschließen des Zimmers, der Station, des Hauses, ohne dass der Betroffene einen Schlüssel erhält.
- Trickschlösser u.ä. an Türen und Aufzügen
- schwergängige Türen
- psychischer Druck (z.B. durch Drohung) oder psychischer Zwang
- Täuschung (Tür sei angeblich verschlossen)
- sedierende Medikamente, die primär zur Ruhigstellung verabreicht werden,
- Wegstellen von notwendigen Hilfsmitteln für die Fortbewegung.

Weiter setzt die unterbringungsähnliche Maßnahme voraus, dass die Freiheitsentziehung regelmäßig oder über einen längeren Zeitraum erfolgen soll und dass der Betreute nicht in einer Einrichtung lebt, ohne untergebracht zu sein.

Die Unterbringung bzw. die unterbringungsähnliche Maßnahme wird *durch den Betreuer veranlasst.*[25]

Seine Befugnis zur Aufenthaltsbestimmung schließt die Rechtsmacht mit ein, anstelle dem Betroffenen die Einwilligung in die Freiheitsentziehung zu erklären. Erst mit der Genehmigung durch das Vormundschaftsgericht liegt allerdings eine rechtsverbindliche Einwilligung in die Freiheitsentziehung vor, die als Rechtfertigungsgrund gilt.[26]

Zu beachten ist, dass die Genehmigung der Unterbringung nicht bereits eine Genehmigung aller unterbringungsähnlicher Maßnahmen oder auch nur einiger Maßnahmen mit umfasst. Werden Maßnahmen bei einem bereits nach Abs. 1 und

---

[23] BGH in: FamRZ 2001, 149.
[24] Beispiele nach *Arians* in: BR 1994, 145, 146.
[25] *Schwab* in: Münchener Kommentar zum BGB § 1906 Rn 4.
[26] *Arians* in: BR 1994, 145, 146.

Abs. 2 untergebrachten Betroffenen notwendig, so ist für diese Maßnahme eine gesonderte gerichtliche Genehmigung notwendig, wenn die Genehmigung dieser Maßnahme nicht bereits konkret erlaubt oder sie als typischerweise damit verbundene Maßnahme mit umfasst.[27]

Ist kein Betreuer bestellt oder ist dieser an der Erfüllung seiner Pflichten verhindert, so kommt die Anordnung der erforderlichen Maßregeln durch das Vormundschaftsgericht gemäß §§ 1846, 1908 i Abs. 1 S. 1 BGB in Betracht.[28]

Die Unterbringung bzw. die unterbringungsähnlichen Maßnahmen sind sofort zu beenden, wenn deren Voraussetzungen wegfallen.[29]

Wegen der drohenden strafrechtlichen und zivilrechtlichen Konsequenzen ist eine möglichst lückenlose Dokumentation über jede freiheitsentziehende Maßnahme durch die Einrichtung anzuraten. Aus der Dokumentation sollen hervorgehen:[30]

- Person des Betroffenen,
- Datum,
- Grund (die Begründung soll eine nachträgliche Beurteilung der Rechtmäßigkeit und die Beachtung des Verhältnismäßigkeitsgrundsatzes ermöglichen),
- Art und
- Dauer der Maßnahme.

Ein *Gestaltungsmuster* einer Dokumentation ist in der Arbeitshilfe freiheitsbeschränkende und -entziehende Maßnahmen, herausgegeben vom *Baden-Württembergischen* Ministerium für Arbeit, Gesundheit, Familie und Frauen vom September 1991 auf S. 81ff. abgedruckt.

5.   Heimrecht

Das Heimrecht, ist vor allem im Heimgesetz (HeimG) geregelt, das durch das 3. Heimrechtsänderungsgesetz vom 05.11.2001 (BGBl. I Nr. 57, S. 2960) geändert wurde und in der neuen Fassung am 01.01.2003 in Kraft getreten ist.[31]

Das Gesetz dient vor allem dem Schutze der Heimbewohner und der Erhaltung ihrer Selbständigkeit, Selbstbestimmung und Selbstverantwortung (§ 2 Abs. 1

---

[27] *Schwab* in: Münchener Kommentar zum BGB § 1906 Rn 29, 7ff.

[28] *Schwab* in: Münchener Kommentar zum BGB § 1906 Rn 76.

[29] *Arians* in: BR 1994, 145, 147.

[30] nach *Arians* in: BR 1994, 145, 147.

[31] Das neue Heimgesetz ist im Inernet verfügbar unter:
http://www.betreuungsrecht.org/pafiledb3/pafiledb.php?action=file&id=10.
Literatur zum neuen Heimgesetz: *Richter, Roland:* Das neue Heimrecht, Leitfaden, Nomos-Verlag BadenBaden, ISBN3-7890-7834-4 und *Crössmann/Iffland/Mangels:* Heimgesetz Taschenkommentar,Vincentz Verlag ISBN 3-87870-653-7.

Nr. 1 und 2 HeimG). Besonderen Schutz soll dabei die Würde des Menschen erfahren.[32]

Die Heime werden von der zuständigen Behörde überwacht, § 15 HeimG. Dies kann durch jederzeite unangemeldete, wiederkehrende oder anlassbezogene Prüfungen erfolgen, § 15 Abs. 1 HeimG.

Aus der Kirchenfreiheit (Art. 140 GG i.V.m. Art. 137 Abs. 3 S. 1 WRV) ist kein Verbot staatlicher Heimaufsicht über *Heime in kirchlicher Trägerschaft* herzuleiten.[33]

Im Rahmen der Heimüberwachung sind der Träger, die Leitung und die Pflegedienstleitung verpflichtet, auf Verlangen Auskünfte zu erteilen und die notwendigen (§ 13 HeimG) Dokumentationen zur Prüfung vorzuhalten, § 15 Abs. 1 S. 5 HeimG.

Werden die Unterlagen nicht oder unvollständig vorgelegt oder bestehen Zweifel an der Richtigkeit der Angaben, so sind heimaufsichtliche Schritte zu veranlassen.[34]

Bereits im zweiten Gesetz zur Änderung des Heimgesetzes vom 03.02.1997 wurde auf die bisher zum Betrieb eines Heimes erforderliche *Erlaubnis verzichtet.* Mit dem Wegfall der Erlaubnis fand ein Übergang zum sogenannten „informellen Verfahren" statt; das ordnungsrechtliche Instrumentarium bleibt aber als ultima ratio vorhanden:[35]

Verstöße der Träger und Leiter des Heims gegen Betreiberpflichten stellen gemäß § 21 HeimG *Ordnungswidrigkeiten* dar, die mit Geldbussen geahndet werden können. Im Falle einer widerrechtlichen Freiheitsentziehung sollte neben diesen heimaufsichtlichen Maßnahmen Strafanzeige erstattet werden. In dem Ordnungswidrigkeitenkatalog des § 21 HeimG ist u.a. auch das Verbot enthalten, sich von oder zugunsten von Bewohnern Geld oder geldwerte Leistungen versprechen zu lassen (§ 21 Abs. 1 Nr. 3 in Verbindung mit § 14 Abs. 1), was zu einer Begrenzung der Möglichkeit, letztwillige Verfügungen zu tätigen, führt.

Werden festgestellte Mängel nicht abgestellt, so können gegenüber den Trägern von Heimen Anordnungen erlassen werden, die zur Beseitigung einer eingetretenen oder Abwendung einer drohenden Beeinträchtigung oder Gefährdung des Wohls der Bewohner erforderlich sind (§ 17 Abs. 1 S. 1 HeimG). Weiter kann gegen den Träger eines Heimes ein Beschäftigungsverbot verhängt werden, wodurch verhindert werden soll, dass in Heimen ungeeignetes Personal beschäftigt wird (§ 18 HeimG).[36]

Liegen die Voraussetzungen für den Betrieb eines Heimes nicht vor (§ 11 HeimG), so ist der Betrieb des Heimes zu untersagen (§ 19 Abs. 1 HeimG); die Heimaufsichtsbehörde hat hierbei keinen Ermessensspielraum.[37]

---

[32] so *Kienzle* S. 237 schon zum alten HeimG.
[33] so OVG Koblenz Urt. v. 06.12.1988 Az.: 7 A 14/88.OVG.
[34] *Arians* in: BR 1994, 145, 147 zum alten HeimG.
[35] *Kunz-Ruf-Wiedemann,* HeimG Einführung S. XXff.
[36] *Kunz-Ruf-Wiedemann,* HeimG § 13 Rn 1 (zum alten Heimgesetz).
[37] *Kunz-Ruf-Wiedemann,* HeimG § 16 Rn 1 (zum alten Heimgesetz).

In der *Heimmindestbauverordnung* ist unter anderem festgelegt, wieviel Raum einem Bewohner mindestens zur Verfügung stehen muss (§ 12 Heimmindestbauverordnung):[38]

- Einbettzimmer mindestens 12 m²,
- Zweibettzimmer mindestens 18 m²,
- Dreibettzimmer mindestens 24 m².

Der Mindeststandard hinsichtlich des Personals ist in der *Heimpersonalverordnung* festgelegt. Nach § 5 Abs. 1 dürfen betreuende Tätigkeiten nur durch Fachkräfte oder unter angemessener Beteiligung von Fachkräften wahrgenommen werden. Auch bei Nachtwachen muss in Heimen mit pflegebedürftigen Bewohnern mindestens eine Fachkraft ständig anwesend sein. Fachkräfte in diesem Sinne sind examinierte Krankenpfleger bzw. -schwestern und Altenpfleger/-innen sowie Heilerziehungspfleger/-innen.

Die Bezeichnung einer Einrichtung als „offen" oder „halboffen" besagt als solche nichts; es kommt auf die konkrete Ausgestaltung bezüglich der Bewegungsfreiheit an, ob Abs. 1 oder Abs. 4 vorliegt.[39]

Geschlossene Einrichtungen werden auch als „schützende Einrichtungen" bezeichnet. Auch die unterbringungsähnliche Maßnahme ist nur für die in § 1906 Abs. 1 Nr. 1 und Nr. 2 BGB genannten Zwecke zulässig.

---

[38] *Kienzle* S. 238 mit weiteren Ausführungen zu den Anforderungen an Flure, Treppen, Aufzüge, Nachtbeleuchtung, Fussböden und Fernsprechern.

[39] *Dodegge* in: NJW 1998, 2716.

§ 11 Sozialrecht

1. Sozialhilfe, Hilfe in besonderen Lebenslagen

a) Eingliederungshilfe

Nach §§ 39ff. BSHG haben behinderte und von Behinderung bedrohte Menschen einen *Rechtsanspruch auf Eingliederungshilfe.* Aufgabe der Eingliederungshilfe ist

- die Verhütung einer drohenden Behinderung oder
- die Beseitigung einer vorhandenen Behinderung oder Milderung deren Folgen und
- die Eingliederung des Behinderten in die Gesellschaft.

Dem Behinderten soll die Teilnahme am Leben in der Gemeinschaft ermöglicht bzw. erleichtert werden. Weiter soll der Behinderte einen angemessenen Beruf oder eine sonstige angemessene Tätigkeit ausüben können und soweit wie möglich unabhängig von Pflege sein.[1]

Leistungen der Eingliederungshilfe sind (§ 40 BSHG in Verbindung mit der Verordnung nach § 47 BSHG in der Fassung vom 01.02.1975, BGBl. I S. 434):

- Leistungen zur medizinischen Rehabilitation
- Versorgung mit Körperersatzstücken
- Leistungen zur Teilhabe am Arbeitsleben
- Hilfen zu einer angemessenen Schulbildung
- Hilfe zur schulischen Ausbildung für einen angemessenen Beruf einschließlich des Besuchs einer Hochschule
- Hilfe zu einer sonstigen angemessenen Tätigkeit
- Leistungen in anerkannten Werkstätten für behinderte Menschen
- Leistungen zur Teilhabe am Leben in der Gemeinschaft
- nachgeordnete Hilfen zur Sicherung der Wirksamkeit der ärztlichen und ärztlich verordneten Maßnahmen zur Sicherung der Teilhabe behinderter Menschen am Arbeitsleben.

---

[1] *Müller* in: Beitrag Sozialhilfe in: Kommunalbrevier Rheinland-Pfalz 1999, C 15.1, S. 529, 532.

b)   Blindenhilfe[2]

Die Vorschrift der Blindenhilfe gemäß § 67 BSHG ist fast vollständig überlagert durch das Landesblindengeldgesetz vom 28.03.1995 (GVBl. S. 55).[3]

Gemäß §§ 1 Abs. 1; 6 LBlindenGG *(Rheinland-Pfalz)* erhalten Blinde, die ihren Wohnsitz oder gewöhnlichen Aufenthalt in Rheinland-Pfalz haben, auf Antrag Blindenhilfe. Die Blindenhilfe beträgt pro Monat: 529,50 € (unter 18 Jahren: 50% davon) (§ 2 LBlindenGG).[4]

Das Landesblindengeld wird ohne Rücksicht auf Einkommen und Vermögen gewährt.[5] Allerdings sind Leistungen, die Blinde für den gleichen Zweck nach anderen Rechtsvorschriften erhalten, anzurechnen, so z.B. Leistungen bei häuslicher Pflege nach den §§ 36 bis 38 SGB XI.[6]

Als Blinde werden definiert Personen, die völlig ohne Sehvermögen sind (§ 1 Abs. 1, 2 LBlindenGG).[7]

Personen mit schwerwiegenden Sehstörungen sind den Blinden gleichgestellt (§ 1 Abs. 3 LBlindenGG).

Anträge auf Blindenhilfe – wenn möglich mit augenfachärztlichem Attest – sind in Rheinland-Pfalz bei der Kreisverwaltung oder Verwaltung der kreisfreien Stadt zu stellen.[8]

c)   Landespflegegeld

Das Landespflegegeldgesetz Rheinland-Pfalz vom 31.10.1974[9] soll denjenigen Schwerbehinderten eine Leistung sichern, die keine oder keine entsprechend hohe Leistung von der sozialen Pflegeversicherung erhalten. Dies kann z.B. dann der Fall sein, wenn Schwerbehinderte aufgrund umfassender Rehabilitation weniger auf die Pflege als auf eine soziale Betreuung im täglichen Leben angewiesen sind.

---

[2] Eine Liste der Landesgesetze und Links zu Antragsformularen bietet: www.sehbehinderung.de/blindengeld.

[3] *Bayerisches* Blindengeldgesetz v. 07.04.1995 i.d.F. v. 13.04.1995 (GVBl. S. 150), *Hessisches* Landesblindengeldgesetz v. 25.10.1977, GVBl. I S. 414, *Mecklenburg-Vorpommern:* Landesblindengeldgesetz i.d.F. v. 28.08.1995, GVOBl. M.-V. S. 426, *Thüringen:* Landesblindengeldgesetz v. 24.06.2003, GVBl. v. 10.07.2003, Nr. 10.

[4] Art. 2 Abs. 1 BayBlindG: 1.066 DM, in *Thüringen* für Menschen über 18 Jahre: 486 €, unter 18 Jahre: 243 €.

[5] *Müller* in: Beitrag Sozialhilfe in: Kommunalbrevier RLP 1999, C 15.1, S. 529, 532.

[6] Landesplan B. 4.2.1, S. 57.

[7] Gemäß Art. 1 Abs. 2 BayBlindG ist sowohl blind, wem das Augenlicht völlig fehlt, als auch Personen, deren Sehschärfe auf dem besseren Auge nicht mehr als 1/50 beträgt und Personen, bei denen sonstige gleich schwere Störungen des Sehvermögens bestehen.

[8] In *Bayern* bei den Ämtern für Versorgung und Familienförderung, in *Nordrhein-Westfalen* an den Landschaftsverband Rheinland, ein Antrag kann aber auch bei den Gemeinden- oder Kreisverwaltungen gestellt werden.

[9] *Brandenburg,* LPflGG i.d.F. v. 11.10.1995 (GVBl. I, S. 259), zuletzt geändert durch Art. 4 HaushaltsstrukturG v. 22.04.2003, GVBl. I 2003, S. 119, 120.

Auch auf das Landespflegegeld werden Leistungen, die Schwerbehinderte nach anderen Vorschriften für den gleichen Zweck erhalten, wie z.B. Leistungen bei häuslicher Pflege nach §§ 36 bis 38 SGB XI, angerechnet.[10]

2. Die Grundsicherung

Am 01.01.2003 ist im Rahmen der Rentenreform 2001 das Grundsicherungsgesetz (BGBl. I 2001, S. 1310, 1335, geändert BGBl. I 2002, S. 1462) in Kraft getreten[11] (siehe Art. 35 BGBl. I 2001, 1342), welches einen Anspruch auf Grundsicherung Menschen nach Vollendung des 65. Lebensjahres gewährt oder nach Vollendung des 18. Lebensjahr, die unabhängig von Arbeitsmarktlage voll erwerbsgemindert i.S.d. § 43 Abs. 2 SGB VI sind, und bei denen es unwahrscheinlich ist, dass die volle Erwerbsminderung behoben werden kann.

Ziel des Gesetzes ist es, für alte und dauernd voll erwerbsgeminderte Menschen eine eigenständige soziale Leistung vorzusehen, die den grundlegenden Bedarf für den Lebensunterhalt sicherstellt. „Verschämte Altersarmut" soll verhindert werden.[12]

Die Leistung ist bedarfsorientiert: Ein Anspruch auf Grundsicherung besteht nur, soweit die erwerbsgeminderten Menschen ihren Lebensunterhalt nicht selbst bestreiten können, wobei Pflegegelder nicht anzurechnen sind.[13]

Menschen über 65. Jahre sind ebenfalls anspruchsberechtigt, soweit ihnen kein ausreichendes Einkommen oder Vermögen zur Verfügung steht.

3. Renten für Behinderte

Bei Behinderung mit Grad der Behinderung 0 – 40 ergeben sich bzgl. der Altersrente keine Unterschiede zu Nichtbehinderten. Mit der Rentenreform 1999 wurde das Rentenrecht grundlegend reformiert. Es muss unterschieden werden zwischen Rente neben der Berufstätigkeit (Erwerbsminderungsrente wegen teilweiser Erwerbsminderung § 42 Abs. 1 (bis 1999: Berufsunfähigkeitsrente)), statt der Berufstätigkeit (Erwerbsminderungsrente wegen voller Erwerbsminderung § 42 Abs. 2 (bis 1999: Erwerbsunfähigkeitsrente)) und Altersrente.

---

[10] Landesplan B. 4.2.1, S. 58.
[11] Art. 12 des Gesetzes zur Reform der gesetzlichen Rentenversicherung und zur Förderung eines kapitalgedeckten Altersvorsorgevermögens (Altersvermögensgesetz) vom 26.06.2001 BGBl. I S. 1310, 1335.
[12] *Zeitler* in: NDV 2002, 381.
[13] *Schimansik* in: GK-SGB IX Bd. 1 Einl. Rn 145.

4.   Renten für Schwerbehinderte

Die Altersgrenze für Schwerbehinderte wurde in § 37 SGB VI angehoben, und zwar maßvoll nur um 3 Jahre auf 63 Jahre gegenüber der Altersgrenze für nicht Schwerbehinderte von 65 Jahren (§ 35 SGB VI). Versicherte, die das 63. Lebensjahr vollendet haben, haben nunmehr Anspruch auf Altersrente, wenn sie bei Beginn der Altersrente als schwerbehinderte Menschen anerkannt sind und eine Wartezeit von 35 Jahren erfüllt haben. Die Wartezeit gilt sowohl für Nichtbehinderte, die ab dem 65. Lebensjahr Altersrente beanspruchen können als auch für behinderte Menschen ab Vollendung des 63. Lebensjahres.

Nachdem die Rente für Schwerbehinderte, speziell für berufsunfähige und erwerbsunfähige Menschen lange Zeit ungeklärt war, sind nunmehr die Altersrente für Schwerbehinderte in § 37 SGB VI und die Rente wegen verminderter Erwerbsfähigkeit in § 240 SGB IX geregelt. Hierbei ist zu beachten, dass die Anerkennung als Schwerbehinderter nicht zwingend bedeutet, dass auch eine teilweise bzw. volle Erwerbsminderung oder Berufsunfähigkeit vorliegt.

a)   Altersrente

In der gesetzlichen Rentenversicherung haben Versicherte gem. § 37 SGB VI Anspruch auf Altersrente, wenn sie

- das 63. Lebensjahr vollendet haben
- bei Beginn der Altersrente als Schwerbehinderte anerkannt sind und
- die Wartezeit von 35 Jahren erfüllt haben.

Die genannten Voraussetzungen müssen bei Rentenbeginn vorliegen, ein Verlust der Schwerbehinderung danach führt nicht zum Rentenwegfall. Hingegen kann eine rückwirkende Aufhebung des Bescheides der Schwerbehinderteneigenschaft gemäß § 45 SGB X zu einer rückwirkenden Aufhebung des Altersrentenbescheides führen, wenn die Schwerbehinderung vor Rentenbeginn weggefallen ist.[14]

Vorzeitige Inanspruchnahme der Rente ist möglich bei Rentenminderung bis zu 10,8% bei schwerbehinderten Menschen gegenüber bis zu 18% bei nicht schwerbehinderten Menschen[15].

Eine besondere Regelung wurde in § 236 a SGB VI bezüglich der Altersgrenze für Schwerbehinderte getroffen, die vor dem 01.01.1951 geboren sind. Hier beträgt das Eintrittsalter in die Rente allgemein 60 Jahre. Es wird nur bei Schwerbehinderten, die zwischen 1941 und 1951 geboren sind, nach der Anlage 22 zu § 226 a SGB IV von 60 bis 63 Jahre angeglichen, so dass es hier keine Sprünge gibt.

---

[14] *Eicher/Haase/Rauschenbach:* Kommentar zum SGB VI, § 37 Anmerkung 3.
[15] *Braasch* in: BR 2001, 187.

Die Altersrente für schwerbehinderte Menschen kann gem. § 42 SGB VI als Vollrente oder als Teilrente in Höhe von 1/3, 1/2 oder 2/3 in Anspruch genommen werden.

Eine Altersrente für schwerbehinderte Menschen wird gem. § 236 a vorzeitig an *mindestens 60-jährige Menschen* ausgezahlt, die

- vor 01.01.1951 geboren sind
- bei Beginn der Altersrente als Schwerbehinderte (§ 1 Schwerbehindertengesetz/§ 2 Abs. 2 SGB IX), berufsunfähig oder erwerbsunfähig nach dem am 31.12.2000 geltenden Recht sind und
- die Wartezeit von 35 Jahren erfüllt haben.

b)   Altersteilzeitrente (§ 237 Abs. 1, Ziff. 3b SGB VI)

Vorraussetzung ist, dass die Bezieher

- 24 Kalendermonate Altersteilzeitarbeit im Sinne des Altersteilzeitgesetzes (ATG) zurückgelegt haben
- in den letzten 10 Jahren für 8 Jahre (96 Monate) Pflichtbeiträge gezahlt und
- die Wartezeit von 15 Jahren (180 Monate) erfüllt haben (§ 237 SGB VI).

Unter den genannten Voraussetzungen wird Altersrente wegen Arbeitslosigkeit gezahlt, wenn der Versicherte bei Beginn der Rente arbeitslos ist und nach Vollendung des Lebensalters von 58 Jahren und 6 Monaten insgesamt 52 Wochen arbeitslos war oder Anpassungsgeld für Bergleute bekommen hat.

c)   Altersrente wegen Arbeitslosigkeit oder nach Altersteilzeitarbeit

Sofern die Berufstätigkeit nicht völlig aufgegeben ist, müssen bestimmte Hinzuverdienstgrenzen eingehalten werden.[16] Die Altersteilzeitrente ist nicht zu verwechseln mit der Teilrente wegen Alters, die gemäß § 42 SGB VI wahlweise zur Altersrente beansprucht werden kann.

d)   Erwerbsminderungsrente

Gem. § 43 SGB VI wird seit 01.01.2001 entweder Rente wegen voller Erwerbsminderung (Abs. 2) oder Rente wegen teilweiser Erwerbsminderung (Abs. 1) gewährt.

Erwerbsunfähig ist der Rentenversicherte, der wegen Krankheit oder Behinderung auf nicht absehbare Zeit außerstande ist, eine Erwerbstätigkeit in gewisser Regelmäßigkeit auszuüben oder Arbeitsentgelt oder Arbeitseinkommen zu erzie-

---

[16] BIH (Hg.): ABC Behinderung und Beruf S. 23.

len, das monatlich 325,- € übersteigt. Hierzu gehören auch behinderte Menschen, die in besonderen Einrichtungen für behinderte Menschen versicherungspflichtig beschäftigt sind, wenn sie wegen ihrer Behinderung nicht auf dem allgemeinen Arbeitsmarkt tätig sein können.[17]

e)   Die ehemalige Berufs- bzw. Erwerbsunfähigkeitsrente

Berufsunfähigkeitsrente bzw. Erwerbsunfähigkeitsrente wurde bis 31.12.2001 Menschen der Jahrgänge 1951 bis 02.01.1961 gewährt. Sofern dieser Rentenanspruch schon am 31.12.2000 zuerkannt war und die Voraussetzungen vorliegen, die für die Bewilligung der BU/EU-Rente maßgebend waren, besteht der Anspruch bis zum 65. Lebensjahr weiter (§ 302 b SGB VI). Die ehemalige „Berufsunfähigkeitsrente" beträgt 2/3 der „Erwerbsunfähigkeitsrente". Aus Anlass der Rechtsänderung durch das Rentenreformgesetz entsteht kein Anspruch auf Rente wegen voller Erwerbsminderung (§ 302 b, Abs. 1, S. 3 SGB VI).

Ab 01.01.2001 wird (auch für vor 1961 Geborene) nur noch volle oder halbe Erwerbsminderungsrente (neu) gewährt (§ 43 Abs. 1 bzw. Abs. 2 SGB VI).

Die Rentenverwaltung bei der Bundesversicherungsanstalt für Angestellte hat offenbar Mühe bei der richtigen Unterscheidung der vielfältigen Unterschiede.

---

[17] BfA: Tipps zur Rentenversicherung für schwerbehinderte Menschen S. 26.

§ 12 Ausblick

Der Rat der Europäischen Union hat das Jahr 2003 zum *„Europäischen Jahr der Menschen mit Behinderungen (EJMB)"*[1] erklärt. Das Projekt umfasst eine europaweite Informationskampagne, die die Gleichberechtigung von behinderten Menschen in der Gesellschaft fördern und dem Schutz vor Diskriminierung dienen soll. Besonders im Mittelpunkt soll die schulische Gleichberechtigung von Kindern und Jugendlichen stehen. Hierfür werden 12 Millionen € bereitgestellt.[2]

Beim Bundesministerium für Arbeit und Sozialordnung (BMA) wurde eine Koordininierungsstelle eingerichtet, die die Aufgabe hat, in enger Zusammenarbeit mit den Behindertenorganisationen, Rehabilitationsträgern, Ländern und Kommunen das Jahr zu gestalten.

„Nicht mehr ausgrenzende Fürsorge, sondern uneingeschränkte Teilhabe; nicht mehr abwertendes Mitleid, sondern völlige Gleichstellung; nicht mehr wohlmeinende Bevormundung, sondern das Recht auf Selbstbestimmung sind die Botschaften, die das Europäische Jahr der Menschen mit Behinderungen begleiten und inhaltlich prägen werden."[3]

Ob mit dem *SGB IX* der „große Wurf" gelungen ist, kann zu Recht bezweifelt werden. So wird kritisiert, daß die Zuständigkeit eines einzigen Rehaträgers bisher noch nicht erreicht wurde. In Frage gestellt wird weiter die Notwendigkeit zusätzlicher Servicestellen, die das SGB IX vorgegeben hat und die Effizienz der Integrationsfachdienste.[4] Es wird daher vorgeschlagen, die Zersplitterung der Zuständigkeit und Träger durch Errichtung einer „Integrationsagentur für behinderte Menschen" zu beseitigen, die die Aufgabenfelder der Diagnose, des Beratungsdienstes, der Finanzdienste und des Integrationsdienstes umfassen soll.[5] Dies soll sowohl der Straffung des Rehaverfahrens zum Wohle des Behinderten als auch zur Einsparung von Kosten dienen.

---

[1] Informationen dazu unter www.EJMB2003.de und www.eypd2003.org.
[2] aus: Gemeinsam leben 2002, 135.
[3] jubelt das Bundesarbeitsblatt 2002 (Heft 6), 11.
[4] *Holscher* in: arbeit und beruf 2003 (Heft 7), S. 195ff.
[5] *Holscher* in: arbeit und beruf 2003 (Heft 7), S. 195, 196ff.

Anhang: Muster einer Integrationsvereinbarung

Das nachstehend abgedruckte Muster einer Integrationsvereinbarung aus dem kirchlichen Bereich kann als Verhandlungsgrundlage für alle Stellen dienen, in denen solche Integrationsvereinbarungen abgeschlossen werden.

Integrationsvereinbarung

zwischen

N.N., – nachfolgend Dienstgeber genannt –

und

seinem Betriebsrat/seinem Personalrat/seiner Mitarbeitervertretung

sowie

der Schwerbehindertenvertretung

wird folgende Dienstvereinbarung, gemäß § 83 Sozialgesetzbuch – Neuntes Buch – (SGB IX) zur Eingliederung schwerbehinderter Beschäftigter in den Dienststellen und Einrichtungen des Dienstgebers geschlossen:

1.   Präambel

Menschen mit Behinderungen sind in besonderem Maße auf den Schutz und die Solidarität der Gesellschaft angewiesen. Ihre Eingliederung in Arbeit und Ausbildung ist wesentlicher Ausdruck und gleichzeitig Voraussetzung für eine gleichberechtigte Teilhabe am gesellschaftlichen Leben.

Nach Art. 3 Abs. 3 S. 2 des Grundgesetzes darf niemand wegen seiner Behinderung benachteiligt werden. Danach unterstehen Menschen mit Behinderungen dem besonderen Schutz des Staates. Insoweit wirkt er auf die gleichberechtigte Beteiligung Behinderter am Leben in der Gemeinschaft und auf die Beseitigung bestehender Nachteile hin.

Durch das Behindertengleichstellungsgesetz (BGG, in Kraft seit 01.05.2002) wird das SGB IX zu öffentlichem Recht transponiert und Gleichheit zwischen den Geschlechtern, allgemeine Barrierefreiheit, Gebärdensprache und andere Kommunikationshilfen sowie weitere Berücksichtigung von Behinderung hergestellt.

Die dauerhafte berufliche Integration behinderter Menschen ist nur durch eine partnerschaftliche Zusammenarbeit aller Beteiligten möglich. Auswirkungen von Behinderungen auf die Arbeitsplatzsituation werden im offenen Dialog zwischen allen Beteiligten einer sachlichen und fachgerechten Lösung zugeführt. Unverzichtbare Voraussetzungen sind größtmögliche Transparenz und Berücksichtigung der betrieblichen Besonderheiten. Grundlage für die Umsetzung sind gemeinsame Anstrengungen, Konsens und Kooperation. Die Verwaltung fördert einen unvoreingenommenen Zugang zu Menschen mit Behinderungen, sie sucht die Zusammenarbeit mit den Vereinbarungspartnern und nutzt das Dienstangebot des Integrationsamtes und der Arbeitsverwaltung.

2.   Grundsätze

Wer körperlich, geistig oder seelisch behindert ist oder wem eine solche Behinderung droht, hat ein Recht auf Hilfe, um die Behinderung abzuwenden, zu beseitigen, zu mildern und ihre Verschlimmerung zu verhüten. Neben der Gewährung von Nachteilsausgleichen gehören dazu auch die Hilfen, die den schwerbehinderten Menschen einen ihren Neigungen und Fähigkeiten entsprechenden Platz im Arbeitsleben sichern. Diese Hilfen müssen dem individuellen Hilfebedarf der schwerbehinderten Menschen Rechnung tragen.

Für die Realisierung der Maßnahmen zu Gunsten schwerbehinderter Menschen sind in erster Linie die Dezernentin oder die Dezernenten sowie die Mitarbeiterinnen und Mitarbeiter, die über die Einstellung und Verwendung von Beschäftigten entscheiden, zuständig. Alle Beteiligten haben in Fragen, die Schwerbehinderte Menschen betreffen, mit der Schwerbehindertenvertretung und dem/der Beauftragten des Dienstebers vertrauensvoll zusammenzuarbeiten. Es ist ihre Pflicht, den schwerbehinderten Menschen im Rahmen der gesetzlichen und verwaltungsmäßigen Möglichkeiten entgegenzukommen.

3.   Pflichten des Dienstgebers/Dienstherrn

3.1 Die Verwaltung hat durch geeignete Maßnahmen sicherzustellen, dass die vorgeschriebene Zahl schwerbehinderter Menschen eine möglichst dauerhafte behinderungsgerechte Beschäftigung finden kann. Die Personalverwaltung hat mit der jährlichen Meldung der schwerbehinderte Menschen den verschiedenen Betriebs-/Personalräten/Mitarbeitervertretungen Zahl und Quoten der zum jeweiligen Zuständigkeitsbereich gehörenden schwerbehinderten Menschen darzustellen. Bei Unterschreitung der Pflichtquote sind gemeinsam mit der Schwerbehindertenvertretungen, den Betriebs-/Personalräten/Mitarbeitervertretungen, und dem/der Beauftragten des Dienstgebers Wege zur Erfüllung der Beschäftigungspflicht zu vereinbaren. Unterschreitungen sind entsprechend zu begründen.

3.2 Die Schwerbehindertenvertretung, ist, unabhängig von den Beteiligungsrechten des Betriebsrats/desPersonalrats/der MAV in grundsätzlichen Angelegenheiten, die schwerbehinderte Menschen Mitarbeiterinnen und Mitarbeiter als einzelne oder als Gruppe berühren, rechtzeitig und umfassend zu unterrichten und vor einer Entscheidung zu hören; die getroffene Entscheidung ist ihr dann unverzüglich mitzuteilen. Die Durchführung einer ohne entsprechende Beteiligung getroffenen Entscheidung ist auszusetzen.

3.3 Verpflichtungen zur bevorzugten Einstellung und Beschäftigung bestimmter Personenkreise nach anderen Gesetzen entbinden den Dienstgeber nicht von der Verpflichtung zur Beschäftigung von schwerbehinderten Menschen nach dem SGB IX. Unter den beschäftigten schwerbehinderten Menschen sollen sich nach § 72 SGB IX in angemessenem Umfang Schwerbehinderte Menschen, die nach Art und Schwere ihrer Behinderung im Arbeits- und Berufsleben besonders betroffen sind und schwerbehinderte Menschen, die das 50. Lebensjahr vollendet haben, befinden.

3.4 Um der Schwerbehindertenvertretung einen laufenden Überblick über die Entwicklung der zu betreuenden Personen zu geben, sind ihr Zu- und Abgänge von schwerbehinderten Menschen regelmäßig mitzuteilen. Einmal jährlich wird der Schwerbehindertenvertretung eine Übersicht zur Verfügung gestellt, aus der die Gesamtzahl der Beschäftigten untergliedert nach Vollzeit/Teilzeit, männlich/weiblich und die Zahl der schwerbehinderten Menschen untergliedert nach den gleichen Kriterien, hervorgeht.

3.5 Es entspricht der Zielsetzung des SGB IX, dass die Dezernentin oder der Dezernent, die oder der Beauftragte des Dienstgebers und die Betriebs-

/Personalräte/Mitarbeitervertretungen und Schwerbehindertenvertretungen auf allen Ebenen eng zusammenarbeiten. In schwierigen Fällen empfiehlt sich die Hinzuziehung von Sachverständigen (Ärzten, Psychologen) oder von Vertretern des Integrationsamtes oder der Arbeitsverwaltung.

4.   Einstellung von schwerbehinderten Menschen

4.1 Wegen der sozialpolitischen Bedeutung des gesetzlichen Auftrages kommt den öffentlichen und insbesondere den kirchlichen Dienstgebern eine besondere Vorbildfunktion zu.

4.2 Die Verwaltung geht davon aus, dass bei Erfüllung der persönlichen Voraussetzungen grundsätzlich jede Stelle mit einem schwerbehinderten Menschen besetzt werden kann. Ausnahmen sind mit der Schwerbehindertenvertretung zu erörtern. Diese Verpflichtung besteht unabhängig davon, ob die Pflichtquote erfüllt ist. Die besonderen Belange behinderter Frauen sind zu berücksichtigen (§ 2 BGG).

4.3 Eine besondere Verpflichtung besteht auch darin, die Ausbildung schwerbehinderte Menschen Jugendlicher zu fördern.

4.4 Wird eine Stelle ausgeschrieben, ist die Schwerbehindertenvertretung durch Übermittlung des Ausschreibungstextes vor der Veröffentlichung zu beteiligen.

4.5 Bewerbungen von schwerbehinderten Menschen sind mit der Schwerbehindertenvertretung zu erörtern und mit einer Stellungnahme des zuständigen Betriebsrats/Personalrats/der zuständigen MAV zuzuleiten. Schwerbehinderten Menschen ist bei gleicher Eignung, der Vorzug vor anderen Bewerbern zu geben. In Stellenausschreibungen ist grundsätzlich darauf hinzuweisen, dass schwerbehinderte Menschen bei gleicher fachlicher und persönlicher Eignung bevorzugt eingestellt werden.

Bei Bewerbungen von schwerbehinderten Menschen sind diese grundsätzlich zu Vorstellungsgesprächen einzuladen, es sei denn, dass sie offensichtlich fachlich und/oder persönlich ungeeignet sind. Der Schwerbehindertenvertretung ist eine Teilnahme an den Vorstellungsgesprächen einzuräumen, wenn schwerbehinderte Bewerberinnen und Bewerber zu diesen Gesprächen eingeladen sind. Der Dienstgeber hat dabei der Schwerbehindertenvertretung auch die Kriterien mitzuteilen, die für ihn bei der Auswahl der Bewerberinnen und Bewerber von Bedeutung sind.

4.6 Bei der Auswahl von Nachwuchskräften ist darauf zu achten, dass auch geeignete schwerbehinderte Menschen eingestellt werden. Der Dienstgeber hat frühzeitig Verbindung mit dem Arbeitsamt aufzunehmen. Über die Vermittlungsvorschläge des Arbeitsamtes und vorliegende Bewerbungen von schwerbehinderte Menschen hat der Dienstgeber die Schwerbehindertenvertretung, zu unterrichten.

Die Möglichkeit eines Orientierungsjahres wird im Einzelfall angeboten. Es wird geprüft, ob im Bereich des Bischöflichen Ordinariats gemeinsame Praktika zur Arbeitserprobung durchgeführt werden können. Nach Beendigung eines Praktikums ist die Möglichkeit einer Übernahme in ein dauerhaftes Arbeitsverhältnis zu prüfen.

4.7 Soweit für die Einstellung Eignungstests oder andere Leistungsnachweise vorgesehen sind, müssen Schwerbehinderte Menschen rechtzeitig darauf hingewiesen werden, dass ihnen auf Antrag entsprechend der Art und dem Umfang der Behinderung Erleichterungen eingeräumt werden können. Die Erleichterungen sind unter Beteiligung der Schwerbehindertenvertretung im Einzelfall oder für eine Mehrzahl von Fällen zu regeln.

5.   Beteiligung Dritter bei der Integration

5.1 Die Personalverwaltung hat in regelmäßigen Abständen, mindestens aber zu den einzelnen Einstellungsmaßnahmen, bei den zuständigen Arbeitsämtern anzufragen, ob für den aktuellen und absehbaren Personalbedarf geeignete Schwerbehinderte Menschen gemeldet sind.

5.2 Bei der Integration von schwerbehinderten Menschen sind, soweit erforderlich, im Rahmen der jeweils geltenden rechtlichen Bestimmungen

1. die Arbeitsämter,
2. die Zentrale Arbeitsvermittlungsstelle,
3. das Integrationsamt,
4. die Integrationsfachdienste,
5. die Rehabilitationsträger
6. Ausbildungseinrichtungen von Behindertenverbänden und -werkstätten,
7. Behindertenbeirat,
8. Landesbehindertenbeauftragter,
9. Arbeitskreis Gesundheitsdienst,
10. Vertrauensärztin/Vertrauensarzt und Betriebsärztin/Betriebsarzt

einzubeziehen.

6.   Ausbildung und Weiterbildung

6.1 Auf die berufliche Fortbildung, schwerbehinderter Menschen ist besonderer Wert zu legen. Schwerbehinderte Menschen sollen Gelegenheit haben, ihre Kenntnisse und Fähigkeiten zu erweitern. Zu geeigneten Fortbildungslehrgängen sind sie bevorzugt zuzulassen. Mögliche Erleichterungen sollen dabei bewilligt und die Kosten nach Möglichkeit übernommen werden.

6.2 Das BO bietet im Rahmen seiner internen Aus- und Fortbildung spezielle Seminare für Schwerbehinderte Menschen an, die dem Bedarf jährlich angepasst werden.

6.3 Schwerbehinderte Menschen sollen bevorzugt bei innerbetrieblichen Maßnahmen der beruflichen Bildung zur Förderung ihres beruflichen Fortkommens berücksichtigt werden.

7. Beschäftigung und Art der Tätigkeit

7.1 Für schwerbehinderte Menschen müssen die jeweils bestmöglichen Arbeitsbedingungen, die der Behinderung Rechnung tragen, geschaffen werden. Insoweit besteht die Notwendigkeit.

1. zu einer persönlichkeitsgerechten Eingliederung Schwerbehinderte Menschen in das Arbeitsleben,
2. zur Anpassung des Arbeitsplatzes an die Behinderung im Einzelfall, soweit dies möglich ist,
3. zur Beachtung und Berücksichtigung der Fähigkeiten und Kenntnisse der schwerbehinderten Menschen.

7.2 In Einzelfällen muss in Kauf genommen werden, dass Schwerbehinderte Menschen für eine Arbeit mehr Zeit benötigen als Nichtbehinderte.

7.3 Schwerbehinderten Menschen ist auf einem neuen Arbeitsplatz, falls notwendig eine längere Einarbeitungszeit zu gewähren.

7.4 Besondere Arbeitszeitmodelle und Sonderregelungen für schwerbehinderte Menschen werden im Einzelfall im Rahmen der betrieblichen Arbeitsmöglichkeiten flexibel getroffen.

7.5 Der unmittelbare Vorgesetzte soll sich über die Gesamtsituation der Behinderung des schwerbehinderten Menschen, die Auswirkungen auf das Leistungsbild und die Verwendungsfähigkeit laufend unterrichten.

7.6 Schwerbehinderte Menschen sollen, wenn möglich,

1. Erleichterungen in zumutbarem Umfang zur Teilnahme an außerbetrieblichen Maßnahmen der beruflichen Bildung gewährt werden,
2. einen Arbeitsplatz erhalten, der mit den erforderlichen technischen Arbeitshilfen ausgestattet ist.

Dies gilt nicht, soweit die Erfüllung für den Dienstgeber nicht zumutbar oder mit unverhältnismäßigen Aufwendungen verbunden wäre oder soweit die staatli-

chen oder berufsgenossenschaftlichen Arbeitsschutzvorschriften oder beamtenrechtlichen Vorschriften entgegenstehen.

8.   Unterstützende und berufsbegleitende Hilfen

8.1 Bei der Besetzung freier Stellen sind solche schwerbehinderte Menschen bevorzugt zu berücksichtigen, die bereits auf geringer bewerteten Stellen in der
Verwaltung tätig sind, wenn sie in gleicher Weise fachlich und persönlich geeignet sind wie andere Bewerber.

8.2 Bei der Prüfung von Arbeitsplätzen, auf denen schwerbehinderte Menschen
tätig sind, wird das Ziel einer umfassenden Information in der Regel durch die
unmittelbare Teilnahme der Schwerbehindertenvertretung zu erreichen sein. Daher ist die Schwerbehindertenvertretung hinzuzuziehen, es sei denn, dass der
schwerbehinderte Mensch nicht damit einverstanden ist.

8.3 In besonderen Härtefällen können im Rahmen vorhandener Stellen auch besonders nach Art und Umfang des Leistungsvermögens angepasste Arbeitsplätze
für schwerbehinderte Menschen geschaffen werden.

8.4 Für Schwerbehinderte Menschen ist es je nach Art und Schwere der Behinderung schwieriger als für andere Beschäftigte, sich auf die Anforderungen eines
anderen Arbeitsplatzes umzustellen. Sie dürfen daher gegen ihren Willen nur aus
dringenden dienstlichen Gründen umgesetzt werden, wenn ihnen hierbei mindestens gleichwertige Arbeitsbedingungen oder berufliche Entwicklungsmöglichkei-
ten angeboten werden können und durch einen Wechsel keine negativen Auswirkungen hinsichtlich der Verschlimmerung der Schwerbehinderung zu erwarten
ist. Wenn sie ihre Umsetzung beantragen, soll dem, soweit sachlich möglich und
gerechtfertigt, entsprochen werden.

8.5 Arbeitszeit und Pausen können, wenn es die betrieblichen Abläufe zulassen,
im Einzelfall für schwerbehinderte Menschen entsprechend ihrer Leistungsfähigkeit und ihrer Bedürfnisse abweichend von den allgemeinen Arbeitsvorschriften
geregelt werden, wobei jedoch die regelmäßige wöchentliche Arbeitszeit grundsätzlich nicht unterschritten werden darf.

8.6 Dienstbefreiung im angemessenen Umfang kann schwerbehinderten Menschen erteilt werden, die auf Grund ihrer Behinderung besonders von extremen
Wetterlagen und sonstigen äußeren Einflüssen betroffen sind. Ob die erforderlichen Voraussetzungen vorliegen, entscheidet der Personalausschuss auf Antrag
und im Benehmen mit der Schwerbehindertenvertretung.

Bei der Gewährung von Dienstbefreiung und Sonderurlaub aus Anlässen, die
die Interessen von schwerbehinderten Menschen berühren, soll im Rahmen der
geltenden Vorschriften großzügig verfahren werden.

8.7 Schwerbehinderte Menschen, die wegen ihrer Behinderung auf die Benutzung eines Kraftfahrzeuges angewiesen sind (z. B. Schwerbehinderte Menschen mit dem Ausweismerkzeichen „G" bzw. Schwerbehinderte Menschen mit einem Grad der Behinderung von wenigstens 80 oder mit erheblicher Gehbehinderung, die zum Erreichen ihrer Arbeitsstelle auf die Benutzung eines privaten Personenkraftwagens angewiesen sind, weil ihnen nicht zugemutet werden kann, öffentliche Verkehrsmittel zu benutzen oder den Weg zu Fuß oder auf eine andere Art und Weise zurückzulegen), sind im Rahmen der gegebenen Möglichkeiten bei ihrer Arbeitsstelle oder in angemessener Entfernung Parkplätze zur Verfügung zu stellen. Stehen eigene oder angemietete Liegenschaften als Parkflächen nicht zur Verfügung, können geeignete Flächen angemietet werden, soweit die Anmietung wirtschaftlich vertretbar ist. Schwerbehinderte Menschen im vorstehenden Sinne genießen insoweit den Vorrang gegenüber allen anderen Beschäftigten.

Schwerbehinderte Menschen mit dem Ausweismerkmal aG ist auf Antrag ein kostenfreier Parkplatz in der Nähe des Arbeitsplatzes zur Verfügung zu stellen.

8.8 Schwerbehinderte Menschen im Sinne von § 72 SGB IX können auf Antrag von Krankheits- und Urlaubsvertretungen oder Ehrenämtern freigestellt werden, jedoch nur soweit diese zu unverhältnismäßig hohen Mehrbelastungen, insbesondere durch Über- oder Mehrarbeitsstunden führen würde und eine Entscheidung darüber in die Verantwortlichkeit der Verwaltung fällt. Vor Ablehnung eines solchen Antrages hat die Verwaltung die Schwerbehindertenvertretung anzuhören.

8.9 Schwerbehinderten Menschen soll ein Einzelzimmer zugewiesen werden, wenn die Art der Behinderung dies notwendig erscheinen lässt, entsprechende Räumlichkeiten zur Verfügung stehen und der/die Schwerbehinderte Mensche dies wünscht.

8.10 Schwerbehinderte Menschen, die eine Dienstreise nur mit fremder Hilfe ausführen können, und sich deshalb einer Begleitperson bedienen müssen, die nicht im Dienst des Bistums steht, sind die insoweit notwendigen Auslagen im Rahmen der Ordnung der Reisekostenvergütung für Beamte, Angestellte und Arbeiter im Bistum Mainz zu erstatten.

8.11 Schwerbehinderte Menschen erhalten zur Teilnahme an einschlägigen Veranstaltungen von Selbsthilfegruppen, soweit dienstliche Gründe nicht entgegensprechen, Arbeitsbefreiungen ab 15:00 Uhr, wenn die Treffen unter ärztlicher Aufsicht oder Leitung der Schwerbehindertenvertretung, stattfinden. Gedacht ist dabei an Gruppen mit Herzkreislauferkrankungen, Diabetes, Allergien oder Krebserkrankungen. Die Verwaltung stellt geeignete Räume zur Verfügung.

8.12 Die Verwaltung wirkt darauf hin, dass die Einstellung und Beschäftigung schwerbehinderter Menschen nicht an baulichen oder technischen Hindernissen scheitert. Bei der Planung von Neu- und Umbauten ist unter Einbeziehung der Schwerbehindertenvertretung in jedem Fall sicherzustellen, dass sowohl die Gebäude oder Gebäudeteile als auch die Inneneinrichtung behindertengerecht gestaltet werden. Die entsprechenden DIN-Normen sind einzuhalten. Insbesondere ist sicherzustellen, dass Eingänge, Fahrstühle, Sitzungs- und Sozialräume und ein Teil der Toiletten für Rollstuhlfahrer zugänglich und dass die Gebäude, Gebäudeteile, Arbeitsstätten und ihre Außenanlagen mit Orientierungshilfen für Menschen mit sensorischen Behinderungen ausgestattet sind. Die Schwerbehindertenvertretung des Nutzers der baulichen Maßnahme ist sowohl bei der Projektvorbereitung als auch bei der Baudurchführung zu beteiligen.

8.13 Der Behindertensport ist geeignet, zusätzliche Gesundheitsschäden zu verhüten und Arbeitskraft und Lebenswille zu stärken. Er dient nicht nur den persönlichen Belangen der schwerbehinderten Menschen, sondern auch zur Erhaltung der Dienstfähigkeit. Aus diesem Grund ist die Teilnahme am Behindertensport zu fördern. Schwerbehinderte Menschen erhalten zur Teilnahme am Behindertensport Sonderurlaub unter Fortzahlung der Bezüge, wenn der Behindertensport unter ärztlicher Betreuung und fachkundiger Leitung durchgeführt wird.

9.   Dienstliche Beurteilung und Personalaktenführung

9.1 Auf Wunsch des/der schwerbehinderten Menschen nimmt die Schwerbehindertenvertretung an Beurteilungsgesprächen teil.

9.2 Vor jeder Beurteilung einer/eines Schwerbehinderte Menschen ist der/die Mitarbeiter/Mitarbeiterin auf diese Möglichkeit hinzuweisen. Das Verfahren richtet sich im Einzelnen – soweit vorhanden – nach den Beurteilungsrichtlinien.

9.3 Eine Beförderungseignung wird dem schwerbehinderten Menschen in der Regel nur dann nicht zuzuerkennen sein, wenn er bei wohlwollender Prüfung die Mindestanforderungen nicht erfüllt. In diesen Fällen sind die Gründe mit der Schwerbehindertenvertretung zu erörtern: sie sind dem schwerbehinderten Menschen rücksichtsvoll, aber offen darzulegen, und zwar im Beisein der Schwerbehindertenvertretung, es sei denn, dass dieser deren Anwesenheit nicht wünscht. Bei Angestellten und Arbeitern gelten diese Grundsätze sinngemäß.

9.4 Der schwerbehinderte Mensch hat das Recht, bei Einsicht in die über ihn geführte Personalakte die Schwerbehindertenvertretung hinzuzuziehen.

9.5 Schwerbehinderte Menschen brauchen bei Anträgen (Bewerbungen, Beihilfe- und Dienstreiseanträgen usw.) die Art ihrer Behinderung nicht anzugeben, soweit sie für die Entscheidung irrelevant ist. Ein Hinweis auf die Personalakte genügt.

9.6 Die Personaldaten (Akten oder PC-Erfassung) von Schwerbehinderte Menschen sind mit Hinweis auf den Schwerbehindertenstatus besonders zu kennzeichnen.

10. Gleichwertiger Arbeitsplatz und Integrationsprojekte

10.1 Ist der weitere Einsatz schwerbehinderter Menschen in der bisherigen Dienststelle/Einrichtung nicht möglich (z. B. wegen Auflösung, Zusammenlegung von Dienststellen oder Einrichtungen), ist dem schwerbehinderten Menschen im Rahmen der kirchlichen bzw. beamtenrechtlichen Regelungen und sonstiger Vereinbarungen ein anderer angemessener und gleichwertiger Arbeitsplatz zu vermitteln.

10.2 Ist ein weiterer Einsatz von schwerbehinderten Menschen nach Prüfung der unter Abs. 1 genannten Voraussetzungen oder ist eine Weiterbeschäftigung auf Grund von Art und Schwere der Behinderung oder wegen sonstiger Umstände trotz Ausschöpfens aller Fördermöglichkeiten nicht möglich, sind Prüfungen vorzunehmen, die eine Weiterbeschäftigung oder in Form von Integrationsprojekten (Integrationsbetriebe oder Integrationsabteilungen) dezernatsübergreifend sicherstellen.

Leistungen der Ausgleichsabgabe können sowohl für den Aufbau, die Erweiterung, Modernisierung und Ausstattung, als auch für die betriebswirtschaftliche Beratung im Rahmen einer unterstützenden Beschäftigung beansprucht werden.

11. Arbeitsassistenz

Wenn ein behinderter Beschäftigter seine Arbeitsleistung nur mit Unterstützung durch eine (notwendige) Arbeitsassistenz erbringen kann, wird ihm die Möglichkeit eingeräumt, eine selbst beschaffte Arbeitsassistenz i.S.d. § 102 Abs. 4 SGB IX zu Hilfe zu nehmen. Voraussetzung ist, dass der/die ArbeitsassistentIn nicht die Grundordnung des kirchlichen Dienstes im Rahmen kirchlicher Arbeitsverhältnisse (kirchliches Amtsblatt für die Diözese Mainz 1994, Nr.6, Seite 45) verletzt und dass das bischöfliche Ordinariat seine Zustimmung erteil hat. Die Finanzierung der Arbeitsassistenz trägt der/die assistierte ArbeitnehmerIn.

12. Inkrafttreten

Diese Vereinbarung tritt mit Wirkung vom 01.12.200x in Kraft. Sie kann mit einer Frist von einem Jahr gekündigt werden. Eine Nachwirkung ist ausgeschlossen. Sollten Bestimmungen dieser Vereinbarung ganz oder teilweise nicht rechtswirksam oder nicht durchführbar sein bzw. ihre Rechtswirksamkeit oder Durchführbarkeit später verlieren, so soll hierdurch die Gültigkeit der übrigen Bestimmungen der Vereinbarung nicht berührt werden.

Das Gleiche gilt, soweit sich herausstellen sollte, dass die Vereinbarung eine Regelungslücke enthält.

Anstelle der unwirksamen oder undurchführbaren Bestimmungen oder zur Ausfällung der Lücke soll die gesetzliche Regelung gelten bzw. eine gesetzliche Regelung, die dem Gewollten nach Sinn und Zweck entspricht.

(Unterschriften)

Literaturverzeichnis

Adam, Roman F.: Verstöße letztwilliger Verfügungen gegen Verbotsgesetze und § 138 BGB in: AnwBl. Heft 6, 2003, 336ff.

Amort, Marion/Bogner-Unterhofer, Regina/Pilgram, Monika/Plasil, Gabi/Ralser, Michaela/Stütler, Sephanie/Strobl, Lisl: Humanwissenschaften als Säulen der „Vernichtung unwerten Lebens", Biopolitik und Faschismus am Beispiel des Rassehygieneinstituts in Innsbruck, in: Erziehung heute e.h. Heft 1, 1999; http://bidok.uibk.ac.at/texte/ralser-unwert.html.

Antor, Georg/Bleidick, Ulrich (Hg.): Handbuch der Behindertenpädagogik, 1. Aufl. 2001

Arians, Karl-Heinz: Unterbringung behinderter Erwachsener in Heimen in: BR 1994, 145ff.

Avenarius, Hermann/Heckel, Hans: Schulrechtskunde, 7. Aufl. 2000.

Bärmann, Johannes/Pick, Eckhart: Wohnungseigentumsgesetz, Kommentar, 13. Aufl. 1994.

Bassenge, Peter u.a.: Palandt, Bürgerliches Gesetzbuch, Kommentar, 61. Aufl. 2002 (zitiert: Bearbeiter in: Palandt §, Rn).

Beaucamp, Guy: Verfassungsrechtlicher Behindertenschutz in Europa in: ZFSH/SGB 2002 (Heft 4), 201ff.

Bechhofer, Jack: Urteilsanmerkung zu: LG Frankfurt am Main in: RRa 1999, 187ff.

Berlit, Uwe: Rechtspolitik zur Gleichstellung behinderter Menschen in: RdJB 1996, Heft 2, 145ff.

Betzenhöfer, Udo: Zur juristischen Debatte um die „Euthanasie" in der NS-Zeit in: Recht und Psychiatrie 2000, 112ff.

Beyerlin, Ulrich: Schulische Integration und der Handlungsauftrag des Staates aus Art. 3 Abs. 3 S. 2 GG in: RdJB 1999, 157, 165ff.

BfA: Tipps zur Rentenversicherung für schwerbehinderte Menschen.

BIH – Bundesarbeitsgemeinschaft der Integrationsämter und Hauptfürsorge-stellen (Hg.): ABC Behinderung & Beruf. Handbuch für die betriebliche Praxis, Ausgabe 2002 (enthalten ist ein nützliches, über 200 Seiten starkes Fachlexikon zum Schwerbehinderten- und Arbeitsrecht als *.pdf Datei herunterzuladen unter: http://www.integrationsaemter.de/uploads/Downloads/ABC2002_Inhalt.pdf).

Böhm, Thomas: Überblick über Schwerpunkte der Rechtsprechung zum Schulrecht der letzten Jahre in: RdJB 2000, Heft 3, 314ff.

Braasch, Dietrich: Das nochmals reformierte Schwerbehindertenrecht in: BR 2001, 177ff.

Braun, Stefan: Die Neuregelung des Behindertenrechts durch das SGB IX in: RiA 2001, 217ff.

Brox, Hans: Erbrecht, 19. Aufl. 2001.

ders.: Störungen durch geistig Behinderte als Reisemangel? in: NJW 1980, 1939f.

Bungart, Jörg: Integrationsfachdienste und Sozialgesetzbuch IX in: Gemeinsam leben 2002, 112ff.

Bundesministerium für Arbeit und Sozialordnung: Das Gesetz zur Gleichstellung behinderter Menschen (Informationsbroschüre) Stand: September 2002.

Bundesversicherungsanstalt für Angestellte: Tipps zur Rentenversicherung für schwerbehinderte Menschen, Reihe Ratgeber, 2. Aufl. 2002, download unter www.bfa.de.

Calliess, Rolf-Peter/Müller-Dietz, Heinz: Strafvollzugsgesetz, Kommentar, 6. Aufl. 1994.

v. Campenhausen, Axel Freiherr (u.a. Hg.): Lexikon des Kirchen- und Staatskirchenrechts der Bundesrepublik Deutschland, Bd 1, 2000 (LKStKR).

Castendiek, Jan/Hoffmann, Günther: Das Recht der behinderten Menschen, Ein Handbuch. 1. Aufl. 2002.

Cramer, Horst H.: Gesetz zur Bekämpfung der Arbeitslosigkeit Schwerbehinderter – ein Wegweiser durch die Neuerungen in: DB 2000, 2217ff.

ders.: Schwerbehindertengesetz, Kommentar, 4. Aufl. 1992.

Crößmann, Gunter/Iffland, Sascha/Mangels, Rainer: Heimgesetz, Taschenkommentar. 5. Aufl. 2002.

Däubler, Wolfgang: BGB kompakt, Die systematische Darstellung des Zivilrechts, 1. Aufl. 2002.

Dehner, Walter: Nachbarrecht, Gesamtdarstellung des privaten und öffentlichen Nachbarrechts des Bundes und der Länder (mit Ausnahme des Landes Bayern), 7. Aufl. Loseblattsammlung, Stand: April 2002.

Detjen, Stephan: Bericht aus Berlin: Entschärft beschlossen: Verschärfung des Sexualstrafrechts. in: ZRP, Heft 8, 301.

Dodegge, Georg/Roth, Andreas: Betreuungsrecht. Systematischer Praxiskommentar. 2003. (zitiert: BtPrax, Abschnitt, Rn).

Dürr, Hansjochen/Seiler-Dürr, Carmen: Baurecht, Reihe Rheinland-Pfälzisches Landesrecht;1. Aufl. 2000.

Düwell, Franz-Josef: Neu geregelt: Die Stellung des Schwerbehinderten im Arbeitsrecht in: BB 2001, 1527ff.

Eicher, Heinz/Haase, Winfried/Rauschenbach, Fritz: Die Rentenversicherung der Arbeiter und der Angestellten, Kommentar zum SGB VI, Stand: 38. Ergänzungslieferung, Januar 2002.

Enders, Wolfgang: Zum Urteil des OLG Köln vom 08.01.1998 – Behindertenurteil in: Gemeinsam leben – Zeitschrift für integrative Erziehung Nr. 2/98 http://bidok.uibk.ac.at/texte/gel2-98-koeln.html.

Erman, Walter/Westermann, Harm P./Aderhold, Lutz: Erman, Bürgerliches Gesetzbuch. 10. Aufl. 2000. (zitiert: Bearbeiter in: Erman, §, Rn).

Feldes, Werner u. a.: Schwerbehindertenrecht: Basiskommentar zum SGB IX mit Wahlordnung, 7. Aufl. 2002.

Frehe, Horst: Zielvereinbarungen als neues Instrument zur Gleichstellung und Integration in: Bundesarbeitsplatz 2002 (Heft 6), 12ff.

Führich, Ernst: Reiserecht, 3. Aufl. 1998.

Füssel, Hans-Peter: „Integrative Beschulung (ist die) verstärkt realisierungswürdige Alternative zur Sonderschule", Anmerkungen zum Beschluss des BVerfG vom 8. Oktober 1997 in: RdJB 1998, 250ff.

Grimm, Christoph/Caesar, Peter (Hg.): Verfassung für Rheinland-Pfalz, Kommentar, 1. Aufl. 2001 (zitiert: Bearbeiter in: Grimm/Caesar LVerf., Art., Rn).

Grossmann, Ruprecht/Schimanski, Werner/Dopatka, Friedrich-Wilhelm/Pikullik, Heinz/Poppe-Bahr, Marion: Gemeinschaftskommentar zum Schwerbehindertengesetz (GK-SchwbG), 1992.

dies. (Hg.): Gemeinschaftskommentar zum Sozialgesetzbuch IX: Rehabilitation und Teilhabe behinderter Menschen, Grundwerk 2002, Stand: 3. Lieferung Nov. 2002.

Grumbach, Joachim (Hg.): Landesgesetz über die Schulen in Rheinland-Pfalz (SchulG): Kommentar mit Ausführungsbestimmungen, 3. Auf. 2000.

Haak, Karl Hermann: Gleichstellung behinderter Menschen als Aufgabe der ganzen Gesellschaft in: Bundesarbeitsblatt 2002 (Heft 6), 5f.

Hagen, Horst: Zum „Behinderten-Urteil" des LG Frankfurt am Main in: DRiZ 1981, 295ff.

Hammer, Felix: Die Kirchen im staatlichen Baurecht, eine Einführung in: KuR 2000, 179ff. (Ordnungszahl 515, 1ff.).

ders: Kirchliches Arbeitsrecht. Handbuch. Frankfurt a. M. 2002.

Hauk, Karl/Noftz, Wolfgang/Masuch, Peter (Bd-Hg.): SGB IX Rehabilitation und Teilhabe behinderter Menschen, Stand: Grundwerk 2001 (Bearbeiter, K, §).

Hennig, Werner (Hg.): Handbuch zum Sozialrecht (HzS).

Herbst, Hans R.: Behinderte Menschen in Kirche und Gesellschaft, Diss. Marburg 1996.

Hoeren, Thomas: Gehörlose im Zivilrecht, Plädoyer für eine Abschaffung von § 828 Abs. 2 S. 2 BGB in: JZ 1999, 653ff.

Holscher, Theo: Integrationsagentur für behinderte Menschen. Ein Denkmodell im Zeichen der Kosten-/Nutzendiskussion in: arbeit und beruf, Heft 7, 2003, S.195ff.

Horst, Hans R.: Rechtshandbuch Nachbarrecht, 2000.

Horst, Hans R.: Behinderte und chronisch Kranke im Nachbarrecht in: DWW 2001, 54ff.

Jagow, Joachim/Burmann, Michael/Heß, Rainer/Mühlhaus, Hermann: Straßenverkehrsordnung. 16. Aufl. 2000.

Janiszewski/Jagow/Burmann: StVO.

Jordan, Knut: Tätigkeitsbericht des Behindertenbeauftragten des Landkreises Mainz-Bingen für das Jahr 2001.

Jürgens, Gunter/Römer, Veiko: Aufnahme von Behinderten in allgemeine Schule, Besprechung v. OVG Magdeburg Beschl. v. 26.08.97 – NVwZ 98, 898 in: NVwZ 99, 847ff.

Kienzle, Theo: Das Recht in der Heilerziehungs- und Altenpflege, Lehrbuch für die Aus- und Weiterbildung, 3. Aufl. 2002.

Kittner, Michael/Zwanziger, Bertram (Hg.): Arbeitsrecht, Handbuch für die Praxis, 2001

Klie, Thomas: Heimrecht, Rechtsprechungssammlung zum Heimgesetz samt Nebengebieten 1997.

Knittel, Bernhard: SGB IX – Rehabilitation und Teilhabe behinderter Menschen, Kommentar, Stand: 1. Mai 2002.

Köpcke-Duttler, Arnold: Gibt es ein Menschenrecht auf Integration in: Montessori-Forum, 2000, Heft 12.

Kokott, Juliane: Gleichheitssatz und Diskriminierungsverbote in der Rechtsprechung des Bundesverfassungsgericht in: Badura, Peter, Dreier, Horst (Hg.): Festschrift 50 Jahre Bundesverfassungsgericht, Zweiter Bd, S. 128ff.

Kossens, Michael: Gesetz zur Gleichstellung behinderter Menschen in: Gemeinsam leben 2002, 23ff.

Kossens/Maass/Steck/Wollschläger: Grundzüge des neuen Behindertenrechts, SGB IX und Gleichstellungsgesetz, 2003.

Krüger, Rolf: Bürgerlich-rechtliche, öffentlich-rechtliche und strafrechtliche Zwangsunterbringung in: BtPrax 1992, 92ff.

Kunkel, Peter-Christian: Welche Bedeutung hat das SGB IX für die Jugendhilfe? in: SFSH/SGB 2001, 707ff.

Kunz, Eduard/Ruf, Franz/Wiedemann, Edgar: Heimgesetz, Kommentar 8. Aufl. 1998.

Maunz, Theodor/Dürig, Günter/Herzog, Roman: Grundgesetz Kommentar, Loseblattsamm-lung, 37. Ergänzungslieferung Febr. 2001; zitiert: Bearbeiter in: MDH, Art., Abs., Rn.

Mersson, Günter: Barrierefreiheit – doch nicht hindernisfrei! in: NZM 2002 (Heft 8), 313.

Metzler, Heidrun/Wacker, Elisabeth: Beitrag Behinderung in: Otto, Hans-Uwe/Thiersch, Hans (Hg.): Handbuch Sozialarbeit, Sozialpädagogik, 2. Aufl. 2001.

Ministerium für Arbeit, Soziales und Gesundheit (Rheinland-Pfalz): Der Landesbehinder-tenbeauftragte – Ombudsmann für Menschen mit Behinderung,Informationsblatt des Ministeriums, www.masg.rlp.de.

dass. (Hg.): Landesplan für behinderte Menschen 1998.

Ministerium für Bildung, Frauen und Jugend: Bildungswege in Rheinland-Pfalz, Ausgabe 2001/2002.

Moritz, Heinz P.: Die rechtliche Integration behinderter Menschen nach SGB IX, BGG und Antidiskriminierungsgesetz in: ZFSH/SGB 2002 (Heft 4), 204ff.

Mrozynski, Peter: Juristische Anmerkungen zum ersten Urteil des Bundesverfassungsge-richts zur Auslegung des Benachteiligungsverbotes in: Gemeinsam leben – Zeitschrift für integrative Erziehung Nr. 1/98, http://bidok.uibk.ac.at/texte/gl1-98-benachteiligung.html.

ders.: Überblick über das SGB IX – Rehabilitaion und Teilhabe behinderter Menschen in: Gemeinsam leben – Zeitschrift für integrative Erziehung 2001, 131.

Müller, Burkhard: Beitrag Sozialhilfe (C 15.1) in: Kommunalbrevier Rheinland-Pfalz 1999, herausgegeben von den kommunalen Spitzenverbänden Rheinland-Pfalz, 11. Aufl. 1999.

Müller, Ingo: Furchtbare Juristen, Die unbewältigte Vergangenheit unserer Justiz, 1987.

Müller, Gabriele: Zur Wirksamkeit lebzeitiger und letztwilliger Zuwendungen des Betreu-ten an seinen Betreuer in: ZEV 1998, 219ff.

Neumann, Ulfrid/Puppe, Ingeborg/Schild, Wolfgang: Nomos-Kommentar zum Strafgesetz-buch, Loseblattsammlung, 1. Aufl. 1995 (zitiert: Bearbeiter in: Nomos-Komm. StGB §, Rn).

Neumann, Ulfrid/Albrecht, Hans-Jörg: Nomos-Kommentar zum Strafgesetzbuch. Lose-blatt-Ausgabe, Grundwerk: 1. Aufl. 1995. (zitiert: Bearbeiter in: Nomos-Kommentar, §, Rn).

Neuner, Jörg: Die Stellung Körperbehinderter im Privatrecht in: NJW 2000, 1822ff.

Niehues, Norbert: Schul- und Prüfungsrecht, Bd 1: Schulrecht, 3. Aufl. 2000.

Palandt: Bürgerliches Gesetzbuch, Kommentar, 61. Aufl. 2002 (zitiert: Bearbeiter in: Pa-landt §, Rn).

Pardey, Karl-Dieter: Betreuungs- und Unterbringungsrecht in der Praxis – Ein Studienbuch – 1. Aufl. 2000.

Petzke, Christian: Buchbesprechung: Klaus-Peter Schroeder: Vom Sachsenspiegel zum Grundgesetz. Eine deutsche Rechtsgeschichte in Lebensbildern. 2001 in: apf 2002, 118f.

Quambusch, Erwin: Das Recht der geistig Behinderten, Ein Leitfaden, 4. Aufl. 2001.

Ratzinger, Georg: Geschichte der Kirchlichen Armenpflege, 1884.

Rebmann, Kurt/Säcker, Franz J./Rixecker, Roland: Münchener Kommentar zum Bürgerli-chen Gesetzbuch, 4. Aufl. 2000 (Bearbeiter in: §, Rn).

Redeker, Konrad/v. Oertzen, Hans-Joachim: Verwaltungsgerichtsordnung Kommentar 10. Aufl. 1991.

Rhode, Ulrich, S. J.: Vorlesung „Staatskirchenrecht" (Skript, Stand: Juli 2002), www.staatskirchenrecht.de/suche/display.php3?Datei=../inhalt/scriptskr/uebersicht.html.

Richardi, Reinhard: Arbeitsrecht in der Kirche, staatliches Arbeitsrecht und kirchliches Dienstrecht, 3. Aufl. 2000.

Rolfs, Christian/Paschke, Derk: Die Pflichten des Arbeitgebers und die Rechte schwerbehinderter Arbeitnehmer nach § 81 SGB IX in: BB 2002 (Heft 24), 1260ff.

Romey, Stefan: Von der Aussonderung zur Sonderbehandlung in: Sie nennen es Fürsorge: Behinderte zwischen Vernichtung und Widerstand; mit Beiträgen vom Gesundheitstag Hamburg 1981, herausgegeben von Michael Wunder und Udo Sierck 2. Aufl. 1987; http://bidok.uibk.ac.at/texte/mabuse-romey-sonderbehandlung.html.

Rossak, Erich: Neue Vorschriften zum materiellen Recht der Testamentserrichtung und zum Beurkundungsrecht bei Beteiligung von behinderten Erblassern. in: ZEV 2002, 435ff.

Rudolf, Inge/Rudolf, Klaus: Zum Verhältnis der Teilzeitansprüche nach § 15 BErzGG, § 8 TzBfG in: NZA 2002, 602ff.

Sachs, Michael (Hg.): Grundgesetz, Kommentar, 2. Aufl. 1999 (zitiert: Bearbeiter in: Sachs Grundgesetz, Kommentar Art., Rn).

Sachße, Christoph/Tennstedt, Florian: Der Wohlfahrtsstaat im Nationalsozialismus, Geschichte der Armenfürsorge in Deutschland Bd 3, 1992.

Schaub, Günter: Arbeitsrechtshandbuch, 8. Aufl. 1996.

Scherer, Werner/Walz, Dieter: Wehrpflichtgesetz. Kommentar. 6. Aufl. 2003.

Schönke, Adolf/Schröder, Horst/Lenckner, Theodor: Strafgesetzbuch, Kommentar. 26. Aufl. 2001. (zitiert: Bearbeiter in: Sch/Schr, §, Rn).

Schorn, Ulrich: Anhaltende Versäumnisse des Gesetzgebers in: Soziale Sicherheit 2002 Heft Nr. 4, S. 127ff.

Schott, Clausdieter (Hg.): Eike von Repgow: Der Sachsenspiegel, mit Nachwort des Herausgebers.

Schramm, Edward: Über die Beleidigung von behinderten Menschen in: Festschrift für Theodor Lenckner zum siebzigsten Geburtstag, 1998, S. 539ff.

Schumacher, Ulrich: Rechtsstaatliche Defizite im neuen Unterbringungsrecht in: FamRZ 1991, 280ff.

Schwab: Münchener Kommentar zum BGB.

Schwarzbach, Reiner: Chancen auf dem Arbeitsmarkt: Aktive Stellenakquisition in: UNI Magazin (Bundesanstalt für Arbeit) Heft 1, 2003, 25ff.

Seidel, Rainer: Der Anspruch der schwerbehinderten Menschen innerhalb bestehender Arbeitsverhältnisse auf Teilzeitbeschäftigung in: BR 2001, 153ff.

ders.: Der Kündigungsschutz für schwerbehinderte Menschen im Arbeitsleben (SGB IX), 2. Aufl. 2001.

ders.: Schwerbehinderte haben Anspruch auf IntegrationsMaßnahmen in: Sozialrecht + Praxis 2002, 31ff.

Sozialrecht + Praxis (Zeitschrift, Redaktion): Besonderer Kündigungsschutz ist kein Risiko für den Arbeitgeber in: Sozialrecht + Praxis 2002 (Heft 6), 354.

Spiegelhalter, Hans J.: Arbeitsrechtslexikon Bd 1, Stand: Januar 2002 (Artikel, Seite).

Spranger, Tade M.: Verfassungsrechtlicher Schutz Behinderter in der Praxis umgesetzt, Frau mit Handicap darf ihren Hund trotz Hausverbots behalten in: Sozialrecht und Praxis 2002, (Heft 6) 396ff.

Stadler, Hans: Von der „Krüppelfürsorge" zur Rehabilitation bei Körperbehinderung – zur Entwicklung unter medizinischem, pädagogischem und berufsethischem Aspekt in: Zeitschrift für Heilpädagogik 2001, 99ff.

Steiner, Gusti: Gleichstellungs- und Antidiskriminierungsgesetz jetzt in: Gemeinsam leben – Zeitschrift für integrative Erziehung 2002, 129f.

ders.: Vom Schreien, Stöhnen, Kreischen, Gurgeln, Lallen und sonstigen unartikulierten Lauten, das Urteil von Köln am 8.1.1998! in: Gemeinsam leben – Zeitschrift für integrative Erziehung Nr. 2/98, http://bidok.uibk.ac.at/texte/gl2-98-schreien.html.

Streh, Carl: Die Geschichte des Blindenwesens – vom Altertum bis zur Gegenwart in: ZfS 1970, 209ff., 241ff., 304ff.

Strotmann, Monika/Tietig, Eika: Gemeinsamer Unterricht zwischen Anspruch und Wirklichkeit, eine Analyse von Bedingungen von Umschulungen körperbehinderter Kinder in die Schule für Körperbehinderte anhand von Fallbeispielen in: Zeitschrift für Heilpädagogik, 2002, Heft 2, S. 69ff.

Thust, Wiltraud/Trenk-Hinterberger, Peter: Recht der Behinderten, eine systematische Darstellung für Praxis und Studium, 2. Aufl. 1989.

Tilch, Horst/Arloth, Frank (Hg.): Deutsches Rechtslexikon, 3. Aufl. 2001.

Ullrich, Eva/Spereiter, Carsten: Gleichstellungsgesetz – Überblick über die neuen gesetzlichen Regelungen in: Bundesarbeitsblatt 2002, (Heft 6), 7ff.

Unterstell, Rembert/unter Mitwirkung von: Reiners, Heidi: „Studium und Behinderung", Informationen des DSW für Beauftragte für Behindertenfragen und Beraterinnen und Berater bei Hochschulen und Studentenwerken, herausgegeben vom Deutschen Studentenwerk.

Wassermann, Rudolf: Nicht das Urteil ist der Skandal, sondern der Aufruf zum Widerstand – zum Kölner Behindertenurteil in: NJW 1998, 730f.

Weyand, Joachim/Schubert, Jens: Das neue Schwerbehindertenrecht, 2. Aufl. 2002.

Wiedemann, Herbert/Thüsing, Gregor: Fragen zum Entwurf eines zivilrechtlichen Anti-Diskriminierungsgesetzes in: DB 2002, 463ff.

Zeitler, Helmut: Das Gesetz über eine bedarfsorientierte Grundsicherung im Alter und bei Erwerbsminderung in: NDV 2002 (Nov.), 381ff., (Dez.), 421ff.

Zentrum für selbstbestimmtes Leben – Mainz e. V. (Redaktion): Barrierefreies Bauen/Rampen und WC; http://home.rhein-zeitung.de/~zsl/barriere2.html.

Zinsmeister, Julia: Der lange Weg zur Gleichstellung behinderter Frauen und das SGB IX in: Streit – Feministische Rechtszeitschrift 2002 (Heft 1), 3ff.

Zöller, Richard: Zivilprozessordnung mit Gerichtsverfassungsgesetz und den Einführungsgesetzen, 23. Aufl. 2002.

Sachverzeichnis

Druck und Bindung: Strauss Offsetdruck GmbH